capitalismo carcerário

jackie wang

tradução **bruno xavier**

IGRA KNIGA
ИГРА КНИГА

2022

Título original: *Carceral capitalism*.
Publicado originalmente por Semiotext(e).

EDIÇÃO **Bruno Xavier e Maria Teresa Mhereb**
PREFÁCIO **Juliana Borges**
TRADUÇÃO **Bruno Xavier**
ILUSTRAÇÃO **Revista Comando**
REVISÃO TÉCNICA DA TRADUÇÃO **Maria Teresa Mhereb**
PREPARAÇÃO **Maria Teresa Mhereb**
REVISÃO FINAL **Helena Barbosa**
CONSULTORIA **Guilherme Estevão**
PROJETO GRÁFICO, CAPA E DIAGRAMAÇÃO **Gabriel Kerhart**
ORELHA **Jean Tible**

[2022]

EDITORA IGRÁ KNIGA
São Paulo - SP
https://www.igrakniga.com/
igrakniga@gmail.com

@igrakniga
igrakniga.ik.5
twitter.com/k_igra

capitalismo carcerário

jackie wang

tradução **bruno xavier**

Para LaKeyma e Emilie

Todo poder à festa do pijama feminista!

SUMÁRIO

O capitalismo racial é o equivalente a uma vasta necrópole.
Ele se assenta no tráfico dos mortos e das ossadas humanas.
— Achille Mbembe

APRESENTAÇÃO

Bruno Xavier

À leitora e ao leitor interessados neste livro, eu pergunto: por qual razão esse interesse surgiu? Há motivos pessoais para tal? O que te fez, nesses anos tão amargos da história brasileira, separar um dinheiro considerável para comprar essas reflexões sobre a relação entre o capitalismo e o cárcere nos Estados Unidos?

Uma espécie de interesse geral pelo tema vem surgindo e isso não parece outra coisa senão a própria generalização do problema em nossa sociedade. O ritmo galopante do encarceramento no Brasil talvez ajude a responder essas perguntas, e é fato que vamos, à nossa maneira, seguindo os passos certeiros que produziram o sucesso dessa indústria em território estadunidense. As frases "eu já estive preso" ou "tenho um familiar/amigo que está cumprindo pena" vem se tornando cada vez mais parte do nosso cotidiano. Em paralelo, os movimentos pelo desencarceramento e pela abolição penal transbordam os muros da prisão, ganham maior relevância e se estabelecem como crítica abrangente da forma social capitalista. Mesmo assim, é possível que essas questões ainda lhe pareçam distantes. Os motivos para isso você talvez encontre no bairro em que mora, na renda que ganha ou na cor da pele em que habita. Uma coisa, porém, é certa: o fantasma da prisão, antes restrito a circuitos sociais específicos, já não aparece apenas a quem ele ataca. Está visível para todos. Seja qual for o motivo, você comprou este livro.

A publicação de *Capitalismo carcerário* – que chega ao Brasil por meio da editora Igrá Kniga – traz pela primeira vez para o português brasileiro textos da estadunidense Jackie Wang. Wang é abolicionista penal, poeta, professora e pesquisadora sobre a raça e a economia política da polícia e das prisões. Seu livro faz a atualização das dimensões raciais, econômicas, políticas, jurídicas e tecnológicas do encarceramento em massa e é composto por sete ensaios mais uma longa introdução. A extensão desta última parece servir tanto para que a autora avance teoricamente na discussão do capitalismo racial contemporâneo quanto para costurar todo o livro e permitir que cada ensaio mantenha a potência que originalmente lhe trouxe vida.

As perguntas feitas no início desta apresentação buscam trazer o/a leitor.a para o clima do livro. Você não vai ver na escrita de Wang o uso errante do "nós" ou do "nossa pesquisa" – cacoetes tipicamente presentes no texto do/a pesquisador.a afastado/a de seu objeto e que busca o pertencimento a uma coletividade apenas por meio da linguagem. O recurso à primeira pessoa usado por ela expõe o entrelaçamento entre sua vida e os acontecimentos da história recente dos Estados Unidos, transformando seu "eu" em algo que gera um eco coletivo bastante abrangente. Apesar de ser um recurso que atravessa toda a obra, isso fica evidente sobretudo em dois ensaios. No terceiro, intitulado **"'Eles carregam armas em vez de lancheiras': biopoder e delinquência juvenil"**, Wang trata da racialização do mito do "superpredador juvenil", das transformações nas formas de controle biopolítico e do decorrente avanço da punitividade sobre o território etário dos menores de idade com a adoção da cruel prisão perpétua juvenil sem liberdade condicional [*juvenile life without parole* (JLWOP) *sentence*]. A expansão do sistema industrial prisional ocorrida na década de 1990 foi responsável por capturar um de seus irmãos à prisão perpétua quando ainda era menor de idade. É justamente essa cicatriz em sua biografia – responsável por lançar a autora, ainda em seus anos de formação, nos tortuosos corredores da burocracia jurídica estadunidense – que forma a base sobre a qual o livro está construído. No sétimo ensaio, **"O imaginário abolicionista penal: uma conversa"**, a poesia de Jackie Wang surge como a forma necessária para a ideia ali apresentada. Ao se deparar com as impossibilidades do mundo e a concretude da prisão enquanto forma social, o imaginário se torna o espaço de refúgio onde se constrói, de fato, um mundo novo. O abolicionismo penal é – a partir da assunção de que "raça e capitalismo" compõem dois lados da mesma moeda – o motor para as transformações de todas as relações sociais.

Conforme Ruth W. Gilmore, a compreensão do período de grande expansão das prisões nos Estados Unidos deve passar, necessariamente, pelo entendimento da territorialização do complexo industrial prisional ocorrido no interior e nas zonas rurais do país – consequência direta das crises da indústria e do urbano a partir dos anos 1970. Wang, por ser afetada diretamente pela fase mais recente do encarceramento em massa, se preocupa sobretudo com as relações entre capitalismo e cárcere presentes no contexto contemporâneo. Seu livro se concentra na crise financeiro-imobiliária de 2008, volta o olhar para o contexto urbano e traz a discussão sobre endividamento e tecnologia como formas de ampliação do cárcere também para fora das prisões. No primeiro ensaio do livro, **"ACUMULAÇÃO RACIALIZADA POR DESPOSSESSÃO NA ERA DO CAPITAL FINANCEIRO: NOTAS SOBRE A ECONOMIA DA DÍVIDA"**, Wang investiga a formação da crise de 2008 e mostra como a associação existente entre negritude e risco na história dos Estados Unidos foi usada pelo mercado financeiro para a geração de ativos altamente lucrativos. A inclusão da população negra no mercado de crédito estadunidense não ocorreria, porém, senão por meio dos papéis *subprime*, feitos para levar seus mutuários, obrigatoriamente, à inadimplência e à futura despossessão de suas casas. Assim, para Wang, a crise não está meramente no estouro da bolha de 2008, mas já se vê refletida nos mecanismos financeiros racistas anteriores a ele, que tiveram na falsificação de contas, nas sobretaxas raciais e nas taxas de juros discriminatórias sua principal fonte de receita. Não bastasse o assédio das instituições financeiras sobre a população negra e pobre dos Estados Unidos no período de gestação dos *subprime*, a polícia e a justiça criminal, depois de 2008, entram em cena de maneira bastante peculiar para "resolver" os problemas gerados pela quebra da bolsa. Por causa do colapso do setor imobiliário, a arrecadação dos estados e municípios – que tinha nos impostos sobre a propriedade sua fonte principal – despenca e passa a depender da repressão policial e do endividamento proveniente do sistema jurídico para gerar receita direta e cobrir os rombos nos orçamentos. A relação entre a crise orçamentária dos estados e municípios no pós-2008 e a atuação vampiresca da polícia e da justiça criminal sobre a população negra é o tema do segundo ensaio, intitulado "**Policiamento como pilhagem: notas sobre as finanças municipais e a economia política das taxas e multas**".

No quarto ensaio, "'**Esta é uma história sobre nerds e policiais': PredPol e policiamento algorítmico**", a autora explora as relações entre estado, pesquisas universitárias, Vale do Silício e polícia no intuito de compreender como as novas ferramentas de "necropoder algorítmico" vêm se prestando à manutenção do racismo antinegro nos Estados Unidos. Com o objetivo de solucionar a crise de legitimidade vivida pela polícia, as tecnologias de controle e vigilância apresentadas como neutras vêm sendo impostas sobre as cidades, levando, no fim, à calcificação das antigas práticas policiais racializadas. No quinto ensaio, "**O policial cibernético: RoboCop e o futuro do policiamento**", Wang cria um diálogo entre o filme *Robocop: o policial do futuro*, sua infância e as transformações da polícia atual. A autora busca responder a pergunta que aparece constantemente no filme: Qual é o futuro do policiamento? Nos dias atuais, após a crise de 2008 e a falência da cidade de Detroit em 2013, o futuro anunciado pelo filme mostra a sua cara: a força bruta das prisões e da polícia se funde às formas cibernéticas e algorítmicas de controle. Esse diálogo da autora com o filme *Robocop* revela ainda uma característica de sua escrita também observada em outras partes do livro. O constante recurso a filmes e vídeos dá à leitura uma camada imagética que amplifica a discussão.

Por fim, o sexto ensaio, "**Contra a inocência: raça, gênero e política de segurança**", foi o disparador de todo o projeto do livro. Ele foi escrito antes da revolta de Ferguson e do surgimento do movimento *Black Lives Matter*, num período em que, como sinaliza Wang, assumir uma posição antipolícia nos Estados Unidos, mesmo em alguns círculos da esquerda, era considerado algo escandaloso. Sua intenção ao escrever "Contra a inocência", conforme declara ela, foi dar uma resposta ao que entendia ser um impasse político e discursivo, ou seja, uma asfixia provocada pelo liberalismo na forma como se entende a natureza do racismo e as táticas consideradas legítimas para combatê-lo. A inocência da vítima passou a ser um pré-requisito para a mobilização popular contra a violência do estado e uma forma de busca por seu reconhecimento. Isso, entretanto, ignora um atributo histórico dos Estados Unidos: a associação axiomática entre negritude e culpa/criminalidade. Assim, a tentativa de eleger apenas as vítimas inocentes como sujeitos legítimos para a contestação é uma forma de branqueamento da própria luta antirracista, pois ignora os fatores estruturais e históricos do racismo.

*

Capitalismo carcerário dá início à Coleção Raça e Capitalismo, uma série de publicações que relaciona as transformações do capitalismo ao *continuum* carcerário racializado na história dos Estados Unidos. O segundo livro da coleção (a ser publicado em breve) é o clássico *Golden Gulag*, da geógrafa e abolicionista Ruth Wilson Gilmore.

O trabalho coletivo que envolve esta edição foi realizado durante diferentes momentos da pandemia de Covid-19. O início da tradução se deu no começo de 2021, num período de quarentena bastante restrita, e o lançamento da obra, em meados de 2022. Nesse clima de convalescença social da Covid-19, numa espécie de liberdade ainda condicionada aos medos e receios da peste, este livro contou com a leitura atenta de Guilherme Estevão e com a revisão cuidadosa de Helena Barbosa. Maria Teresa Mhereb, com quem dividi o processo editorial, foi também parceira em todas as etapas que resultaram na obra que agora você tem em mãos. Juliana Borges e Jean Tible contribuíram enormemente com a escrita do prefácio e da orelha, respectivamente. Acompanham também a edição as incríveis e perturbadoras ilustrações da *Revista Comando*, retiradas de uma única matriz em xilogravura feita especialmente para o livro e espalhada em fragmentos ao longo dele. As talentosas marteladas finais na diagramação e capa ficaram sob a responsabilidade de Gabriel Kerhart.

Este livro conta com três tipos de notas. As notas da tradução foram produzidas por mim e estão sinalizadas com N.T. Já as notas da edição, indicadas por N.E., foram elaboradas em conjunto ou individualmente pelos editores, Maria Teresa Mhereb e eu, e por Helena Barbosa e Guilherme Estevão. As notas que não vêm acompanhadas de identificação foram escritas pela própria Jackie Wang. As notas da tradução e da edição têm caráter histórico, contextual e linguístico (tratando de questões terminológicas enfrentadas ao longo do processo de tradução), e, assim como as notas da autora, foram elaboradas como forma de comunicação com as leitoras e leitores deste livro.

*

Durante o trabalho minucioso e confinado da tradução, com frequência me vinha à cabeça a imagem do/a leitor.a sentado/a com as pernas esticadas e o livro nas mãos. Era uma espécie de ponto de fuga a partir do espaço que eu ocupava dentro de um quadro imaginário. No primeiro plano, a tradução, os prazos apertados e as preocupações com os detalhes desta edição. Ao fundo, eu via um/a leitor.a relaxado/a que, a cada página lida, colocava o livro de lado, jogava a cabeça para trás e gastava tempo às voltas com aquelas palavras. Ao contrário das horas em que eu passava na escrivaninha, onde o corpo se molda à mesa e se fixa ao formato do trabalho, a leitura que minha imaginação propunha deste livro era de liberdade. Entre um ponto e outro estão as linhas deste livro. A fuga das vidas aprisionadas se projeta nos corpos reflexivos que param para olhar as estrelas por uma brecha da janela.

Boa leitura!

PREFÁCIO

Juliana Borges

No dia 27 de outubro de 2013, um domingo, a Polícia Militar de São Paulo foi acionada para uma ocorrência de "música alta". Por volta das 14h, ao ser abordado, e não reagir, Douglas Martins Rodrigues, um jovem de 17 anos, foi alvejado no tórax e não resistiu ao ferimento, falecendo no hospital próximo ao local, em bairro da zona norte da cidade de São Paulo. Segundo seu irmão mais novo, de 12 anos, Douglas proferiu as seguintes palavras ao policial que realizou o disparo: "Senhor, por que o senhor atirou em mim?"

No dia seguinte, um grande portal de notícias do país reportou o assassinato de Douglas Martins Rodrigues e deu voz à sua mãe. As palavras de Rossana Martins de Souza Rodrigues ressoaram em mim como um alarme. A mãe, aos prantos, informou à reportagem que seu filho era um jovem estudante que "acordava todo dia às 4h30 para ir trabalhar. Voltava, tirava uma sonequinha e ia para a escola"[1]. Duas perguntas vieram à minha cabeça à época, mas só foram coesionadas há pouco mais de seis anos, quando tive contato pela primeira vez com o livro *A nova segregação: racismo e encarceramento em massa*, de Michelle Alexander. Por que foi importante para Rossana explicitar que o filho era estudante e trabalhador? E mais: por que a reportagem considerou essa uma informação relevante ao falar sobre o assassinato de uma pessoa que não resistiu a uma abordagem policial?

Em seu livro, Michelle Alexander levanta uma importante discussão sobre o que denomina "ideologia do aperfeiçoamento moral", que surge a partir de uma "política de respeitabilidade". Segundo a autora, essa política, que "nasceu no século XIX e amadureceu na era do Jim Crow", baseia-se na ideia de que a superação da desigualdade racial será alcançada a partir da prova que negros derem a brancos de que "merecem igualdade de tratamento, dignidade e respeito"[2]. A

1."'Por que o senhor atirou em mim?', perguntou jovem a PM que o matou, diz mãe", *UOL*, 28 de outubro de 2013.

2. Michelle Alexander, *A nova segregação: racismo e encarceramento em massa*. Tradução de Pedro Davoglio. São Paulo: Boitempo, 2018, p. 298.

problemática da ideologia do aperfeiçoamento moral está no fato de imputar aos mais afetados e precarizados pelo racismo a necessidade de garantir os meios para seu combate. Essa perspectiva pode ser aprofundada a partir de outro estudo, que, embora possa ser considerado temporal e geograficamente distante, demonstra o encontro do pensamento de intelectuais da diáspora negra em variados aspectos.

Em 1945, a socióloga e psicanalista brasileira Virgínia Leone Bicudo escreveu sua dissertação de mestrado intitulada *Atitudes raciais de pretos e mulatos em São Paulo*. Essa refinada e importante pesquisa, no entanto, só passou a ser discutida por outros estudiosos quase uma década depois. Bicudo percebeu que negros construíam um autoideal como mecanismo de defesa, como forma de trabalhar frustrações e o sentimento de inferioridade introjetados pelo racismo. Esse autoideal seria praticado na busca pelo alcance de características de um status superior: casamento, exercício de profissões liberais, boa aparência, etc. Porém, como mostrou a autora, as tensões vivenciadas no contato mais constante com o "mundo branco" também eram responsáveis por uma "consciência de cor" por parte de negros que percebiam que sua ascensão educacional ou mesmo econômica não lhes conferia igualdade e respeitabilidade. Desse modo, sua busca por ajustamento social convertia as frustrações e o sentimento de inferioridade em isolamento e certo conformismo. Haveria ainda ressentimento, mágoa e hostilidade entre esses grupos (ou subcategorias) raciais e mesmo no interior deles. Conforme escreve Bicudo, "[o preto] isola-se do branco para evitar o sofrimento de ser evitado pelo branco (...). Isola-se do preto em consequência do mesmo sentimento de inferioridade que o leva a lutar pela aceitação do branco"[3].

A diferença entre as formulações de Alexander e Bicudo se estabelece a partir das diversas formas com que o racismo se configura nos Estados Unidos e no Brasil. O racismo de denegação brasileiro, baseado na assimilação e na alienação, coloca os negros em luta contra o sentimento de inferioridade, criando uma área cinzenta que dificulta seu posicionamento direto ante a branquitude

3. Virgínia Leone Bicudo. Atitudes raciais de pretos e mulatos em São Paulo. Em Marcos Chor Maio (org.). São Paulo: Editora Sociologia e Política, 2010.

como poder e responsável pela situação do negro. Já o processo estadunidense, pela segregação explícita, cria as condições para um posicionamento direto, mas que toma os caminhos da responsabilidade. O que ambas as formulações têm em comum é, por um lado, a falta de uma perspectiva sistêmica e, por outro, a construção de saídas que imputam mudanças aos indivíduos, saídas, portanto, liberais. Com isso, em vez de avançar na luta antirracista, acabam reafirmando estereótipos e desresponsabilizando partes centrais (como a branquitude, grupo privilegiado pelas desigualdades produzidas pelo racismo), criando, assim, obstáculos para a compreensão e o desmantelamento das dinâmicas sócio-raciais existentes.

A ideia de que atingir um bom comportamento ou construir respeitabilidade seria eficaz frente ao racismo reforça estereótipos porque o "bom comportamento" e a "respeitabilidade" estão fundados em padrões brancos. Além disso, faz surgir a situação em que defensores de direitos civis e humanos elaboram agendas próprias – focadas em medidas judiciais e não na criação de um movimento de base antirracista – e em que organizações se afastam de pessoas estigmatizadas, violadoras da lei. Conforme destaca Alexander: "Os militantes descobriram que são mais bem-sucedidos quando chamam a atenção para determinados tipos de pessoas negras (aquelas que são facilmente vistas pela sociedade branca como 'boas' e 'respeitáveis') e contam certos tipos de histórias sobre elas"[4].

As ideias de Alexander e Bicudo vão de encontro ao ensaio "Contra a inocência: raça, gênero e política de segurança", de Jackie Wang, e foram fundamentais para complexificar as perguntas que me fiz a partir do assassinato de Douglas Martins Rodrigues. Para Wang, a perspectiva da inocência, que desloca para os indivíduos a total responsabilidade pela dura punição que recebem, se tornou uma pré-condição para campanhas antirracistas, "posicionando, assim, o estado e o sistema de justiça criminal como *aliados e protetores dos oprimidos*". Dessa forma, a não ser que a inocência de uma pessoa negra seja reivindicada, e provada!, ela não será merecedora de defesa ou de se tornar símbolo da causa. Em diálogo com o pensamento de Frank B. Wilderson III, Wang

4. Michelle Alexander. *A nova segregação*, p. 313.

aponta que, para que uma pessoa negra seja considerada vítima, ela precisa ser "limpa" da "*niggerization*" [crioulização][5], ou seja, de tudo o que a remeta ao que é considerado "preto", de modo que sua identidade seja neutralizada e branqueada. Nesse sentido, reivindicar a inocência como centro de uma ação contra a violência racista reforça um apelo ao "imaginário branco" e não desmantela a criminalização racial.

A afirmativa de Wang é a de que uma "política da inocência" leva ao conhecimento das pessoas apenas atos individuais de violência racista, os quais acabam sendo tratados "como [casos] excepcionais", ao passo que o racismo, na verdade, "opera em um nível estrutural". Ao não defendermos os direitos de pessoas que estão presas por terem violado a lei, individualizamos, despolitizamos e descontextualizamos o crime e a punição, reforçando o Estado Penal.

A Política Criminal é fruto de processos e estruturas político-econômicas e sociais e da necessidade do Estado de impor seu poder por meio da violência. A institucionalização desse poder se dá pela seleção de grupos que são submetidos à coação e imposição de pena, ou seja, que são criminalizados "por um conjunto de agências que conformam o sistema penal"[6]. O poder punitivo tem, de fato, variadas formas organizadas para o seu pleno exercício. Ao focarmos na inocência, como alerta Wang, excluímos as possibilidades de resistência que estão "fora dos limites da lei e nos aliamos ao estado. Dessa forma, ignoramos que as pessoas tidas como 'inimigas' na Guerra às Drogas e na Guerra ao Terror são racialmente definidas, e que gênero e classe delimitam aquelas que são dignas de reconhecimento legal".

O posicionamento de Jackie Wang "contra a inocência" merece destaque especialmente neste momento em que vimos avançar reflexões sobre o papel do poder penal e do sistema de justiça criminal na manutenção de desigualdades baseadas em hierarquias raciais. Ao mesmo tempo que nossos movimentos e organizações avançam na compreensão de que o aprisionamento é uma

5. Ver nota 241 desta edição.

6. Eugenio Raul Zaffaroni. *Derecho Penal: parte general.* Buenos Aires: Ediar, 2002, p. 7.

estratégia de confinamento, precarização e extermínio de grupos racializados, também vemos crescer táticas que corroboram a importância das preocupações levantadas por Wang acerca da inocência. Até que ponto investir na narrativa das carteiras de trabalho em riste como forma de questionar a criminalização e o genocídio negro no Brasil realmente funciona? Ainda no ensaio "Contra a inocência", a autora, mais uma vez em diálogo com Wilderson, mostra que a pergunta de um sujeito negro "por que você atirou em mim?" é seguida pela resposta tautológica de um policial: "Eu atirei em você porque você é negro. Você é negro porque eu atirei em você." E, invocando Frantz Fanon, lembra que, aqui, "a causa é a consequência".

Capitalismo carcerário avança ainda para outros temas e questões fundamentais para construirmos argumentos e fortalecermos a luta por uma sociedade anticapitalista e sem prisões. Não satisfeita com as dicotomias criadas entre formulações do chamado "marxismo negro" e do afropessimismo, Wang articula a conceituação de "capitalismo racial", de Cedric Robinson, à visão de Frank B. Wilderson III e Saidiya Hartman de que o capitalismo também se vale do uso da violência gratuita. Para ela, compreender o capitalismo envolve o entendimento da combinação entre descartabilidade e exploração/expropriação. Racismo e capitalismo são estruturas adaptáveis que necessitam da violência para seu pleno exercício. O caso brasileiro, assim como o estadunidense, não deixa dúvidas quanto a isso. Como em todo lugar, a violência capitalista aqui não é um desvio, mas um mito fundacional – noção que empresto de Marilena Chauí e utilizo para conceber o racismo em nossa sociedade. Isso fica evidente ao refletirmos sobre o processo de colonização – que modula e inverte civilização e barbárie, sendo uma a mais pura expressão da outra – e de transformação forçada e violenta de Pindorama em Brasil. O mesmo vale para o contexto contemporâneo. O conceito de "capitalismo carcerário" de Wang, longe de ser aplicável apenas à realidade dos Estados Unidos, também pode ser uma ferramenta importante para compreendermos nosso país hoje. Em ambos os lugares, apesar de suas particularidades políticas e sócio-econômicas, o capitalismo carcerário cumpre a mesma função: garantir a manutenção de um sistema de privilégios e concentração de riqueza e poder fundado no racismo.

Ao iniciar este prefácio com o caso de Douglas Martins Rodrigues, realizei uma escolha política, baseada fundamentalmente em dados de nosso país que demonstram que vivemos sob um Estado capitalista racializado, no qual a carceralidade é parte constitutiva das dinâmicas sociais, econômicas e políticas. Esse é um ponto importante, posto que Wang afirma que o liberalismo é um limitador dos entendimentos que temos sobre a natureza do racismo e também das táticas que adotamos para contê-lo. Nesse sentido, atentar-nos às dimensões estruturais do capitalismo racial contemporâneo é fundamental para a compreensão do neoliberalismo como organizador e executor, nos termos da autora, de "práticas financeiras predatórias" e de "formas parasitárias de governança". O enfraquecimento do poder do trabalho e a precariedade generalizada abrem espaço para o que ela chama de "expropriação via inclusão financeira". Aqui, é importante um parêntese, dado que o uso de "precariedade", neste caso, é uma escolha conceitual feita por mim. Wang utiliza o conceito de "vulnerabilidade", em que a racialização atua como fator que vulnerabiliza territórios e grupos fenotipicamente diversos. Ao adotar o conceito de precariedade, o faço de encontro ao sociólogo Pierre Bourdieu. A precariedade é entendida pelo autor como algo que desestrutura a existência dos indivíduos e degrada toda a sua relação com o mundo, o tempo, o espaço, as relações sociais e o exercício político do Estado. Em *Contrafogos 1: táticas para enfrentar a invasão neoliberal*, Bourdieu dedica a esse tema o capítulo intitulado "A precariedade está por toda parte", em que afirma a intencionalidade da precarização de vidas e das dinâmicas sociais e do Estado. Para ele, "a precariedade é o produto de uma vontade política, e não de uma fatalidade econômica"[7].

Como também mostra Jackie Wang em *Capitalismo carcerário*, a carceralidade racializada atrela-se hoje à economia da dívida, na medida em que esta funciona por meio da ampliação do crédito e

7. Pierre Bourdieu, "A precariedade está por toda parte". Em *Contrafogos 1: táticas para enfrentar a invasão neoliberal*. Rio de Janeiro: Zahar, 1998, p. 74.

de empréstimos que, ao gerarem juros, deixam grupos sociais "presos a um ciclo de dívidas". A dívida passa, então, a atuar não apenas como um poder financeiro e numérico, mas também disciplinador. A política de pontuação de crédito atualiza a dinâmica das hierarquias racializadas de acesso a ele, dado que raça e território passam a ser fatores de risco. O desmantelamento do Estado, por sua vez, está também associado a esse processo, tendo em vista que a resposta à desigualdade estrutural passa a ser organizada na esfera da financeirização, da expansão do acesso ao crédito e do consumo, e não da distribuição de riqueza, da regulamentação e taxação de fortunas e da promoção de direitos. As prisões e a aplicação da lei aumentam onde a ideologia de minimização do Estado se faz mais presente, posto que manter a lei e a ordem é considerado o limite do domínio organizado e autorizado do governo.

Se colocarmos essa perspectiva de Wang em diálogo com a articulada por Nils Christie em *Uma razoável quantidade de crime*[8], a relação entre autoritarismo, neoliberalismo e punitivismo torna-se ainda mais explícita. Para Christie, o enfraquecimento do Estado tem como consequência um maior envolvimento dos políticos com temas de ordem jurídica – principalmente de aspecto penal –, o que permite uma maior exposição na arena pública de debates, já que se trata de uma preocupação aguda da população. Assim, os políticos que se posicionam como gestores do sistema focam na luta contra o crime como algo indispensável, na tentativa de conferir alguma legitimidade a um Estado enfraquecido. Medidas penais surgem como soluções mágicas para o drama da criminalidade, e a intensificação de uma luta contra o crime se transforma na principal política pública defendida e executada por parasitas que tomam o Estado. Com isso, uma série de aparatos são formulados, reorganizados e articulados para o controle dos grupos selecionados como os inimigos a serem combatidos e penalizados.

Outro ponto central discutido por Jackie Wang em *Capitalismo carcerário* é a tecnologia como ferramenta que tem transformado a prisão e as práticas de vigilância. Na era dos algoritmos, o

8. Nils Christie, *Uma razoável quantidade de crime*. Rio de Janeiro: Instituto Carioca de Criminologia, 2011.

policiamento deixa de ser responsivo e passa a ser preventivo. Para ela, é necessária uma postura veemente contra o policiamento preditivo porque, a despeito de um discurso de neutralidade, os algoritmos são atravessados por subjetividades humanas. Em vez de racialmente neutros, eles recompõem a legitimidade questionada das forças policiais e abrem espaço para novas formas de poder totalizantes. O *soft power* algorítmico não substitui o policiamento militarizado, mas se combina a formas mais amplas de controle. Para além do uso da tecnologia em contextos prisionais, a autora também aborda seu papel dentro do desenvolvimento capitalista. Retomando as formulações de Huey P. Newton e George Jackson, líderes do Partido dos Panteras Negras, ela considera que a tecnologia atua de forma negativa para a população negra e a classe trabalhadora na medida em que colabora com a construção de uma situação permanente de desemprego e precarização. Sendo assim, a tecnologia não nos leva, necessariamente, a uma libertação, mas à criação de populações descartáveis e substituíveis.

Desse modo, não só a lei é uma construção política, projetada para o controle de pobres e grupos racializados, como também a prisão é uma ferramenta política, seja para suprimir tudo o que ameaça a ordem social do capitalismo racial, seja, conforme asseverou a filósofa Angela Davis, como "depósito dos detritos do capitalismo"[9], das vidas precárias e descartáveis. No atual momento de reordenação sistêmica, passamos de cidadãos a usuários, de sujeitos de direitos a mutuários. Nele, o Estado age de forma cada vez mais autoritária e total, ao passo que o mercado atua como credor predatório. Para Jackie Wang, a "hegemonia do financeiro", que caracteriza esse novo momento, é antidemocrática porque as crises (que não são equívocos, mas oportunidades para grupos capitalistas) "autorizam o uso do poder do estado para extorquir a população". E segue: "Esse regime de endividamento não opera apenas por meio da classificação e transformação de certos sujeitos racializados em alvos de empréstimos que são, no fundo, golpes – ele também se territorializa, na medida em que depende da segregação

9. Angela Davis, *Estarão as prisões obsoletas?* Rio de Janeiro: Difel, 2018.

espacializada para funcionar". Nunca antes a bandeira "nós não vamos pagar pela crise" foi tão urgente.

Contudo, a autora critica visões que analisam esse cenário apenas sob uma perspectiva econômica. Ao reivindicar o conceito de "capitalismo carcerário", Wang chama atenção "para as maneiras com que as técnicas carcerárias do estado são moldadas pelos – e trabalham em conjunto com os – imperativos do capitalismo global". Para ela, o desmantelamento do Estado de bem-estar social estadunidense ganhou legitimidade apenas quando passou a ser associado à população negra. Nesse ponto, é impossível não estabelecer novamente paralelos com a realidade brasileira. Ao avanço e continuidade de governos progressistas democraticamente eleitos seguiu-se a necessidade de interromper a ampliação de direitos de grupos que foram historicamente subalternizados e marginalizados do acesso a políticas sociais e educacionais. As elites nacionais mobilizaram-se para frear abruptamente um processo de inclusão social e econômica que havia sido estabelecido com base nas demandas históricas de movimentos e organizações sociais. Não parece ser à toa, portanto, que uma intensificação e ascensão de forças autoritárias neoliberais tenha ocorrido no país, demandando que o Estado provedor de serviços e promotor de direitos sociais se transforme exclusivamente em provedor de segurança.

Vale comentar ainda a relação que Jackie Wang estabelece entre expansão e interiorização de unidades prisionais e fomento econômico por parte do Estado. Segundo ela, essa expansão reaqueceu "as economias rurais dos Estados Unidos branco", já que inúmeros empregos são gerados quando uma unidade prisional é instalada em determinado território. Uma matéria de 7 de dezembro de 2011, publicada pelo jornal *Valor Econômico* e replicada na página do Governo do Estado de São Paulo, mostra que, também quanto a esse aspecto, é possível estabelecer um paralelo direto com nosso país. O título da matéria é explícito: "Presídios geram negócios e empregos no interior de SP". Nela, um agricultor diz entusiasmado: "Se mandarem um presídio para cá e precisar, eu assino para vir". É curiosa a forma como a construção narrativa da reportagem relaciona um certo lirismo da vida pacata de aposentados e agricultores da cidade de Pracinha, que passavam suas tardes jogando baralho em mesinhas de rua, com a ampliação do Estado penal e carcerário. A interiorização presidiária no Estado de São Paulo instalou unidades prisionais prioritariamente em cidades pequenas, muitas com no máximo 20 mil habitantes e economia de base agrícola. Nessas cidades, chamadas "cidades carcerárias", as prefeituras eram as principais empregadoras. Com a chegada dos presídios, houve estímulo em suas economias locais. Isso ocorreu, por exemplo, com a criação de postos de trabalho para agentes penitenciários e o aumento do fluxo de pessoas, especialmente de mulheres, que, entre outras coisas, compram alimentos para incrementar o "jumbo" que levarão na visita aos seus familiares presos. Esse processo é fruto de uma política que retira recursos de direitos sociais e amplia o investimento em prisões e polícias.

No conceito de "capitalismo carcerário" de Jackie Wang, a carceralidade não é mera consequência do capitalismo, mas um *continuum* "que existe paralela e inseparavelmente à dinâmica do capitalismo tardio". Para ela, o centro do encarceramento em massa é o racismo e, como apontado anteriormente, a racialização negra se dá tanto pela lógica da descartabilidade quanto da explorabilidade/expropriabilidade. O capitalismo não foi, para Wang, "uma força modernizadora que personificou uma ruptura total com a velha ordem feudal". Ela mostra, sobretudo a partir do diálogo com Rosa Luxemburgo, David Harvey e Cedric Robinson, que a racialização (como, por exemplo, de judeus, irlandeses, ciganos, eslavos, etc.) e a hierarquia étnico-racial já existiam em território europeu antes do advento do capitalismo a fim de promover a despossessão de determinados grupos dentro da Europa. O capitalismo, portanto, não é apenas um sistema que opera por uma lógica homogeneizante de exploração baseada na relação salarial, mas também pela lógica da expropriação, que depende da diferenciação racial.

Partindo daí, Wang faz uma interessante atualização de um dos principais conceitos do geógrafo marxista David Harvey: ao conceito de "acumulação por despossessão" [*accumulation by dispossession*] ela acrescenta a dimensão racial do processo, passando a defini-lo como "acumulação racializada por despossessão". Conforme sinaliza, o caráter da relação histórica de povos indígenas e negros com o Estado não está essencialmente em sua proletarização. No caso indígena, essa relação é marcada pela despossessão de suas terras por meio da "eliminação genocida, da realocação e do roubo", ao passo que, no caso negro, ela se dá pela "escravidão e pela despossessão *corporal*". No Brasil, também sentimos os efeitos desse processo. Enquanto a maior parte dos estudos se centra nas dinâmicas pós-(falsa)abolição e no processo de "modernização" e proletarização da mão de obra no país – forjado principalmente com o incentivo da imigração europeia –, ainda estamos desejosos de outros que estabeleçam a relação direta entre a racialização e a informalidade como regra (e não como exceção) nas relações de trabalho, já que os postos de trabalho mais precarizados e informais são ocupados majoritariamente por descendentes de africanos e indígenas despossuídos. A questão aqui não é apenas a de apresentar dados estatísticos que atestem que a maioria dos postos informais são ocupados por tais grupos, além de imigrantes africanos e latino-americanos, mas de pensar a configuração das relações de trabalho do ponto de vista das lógicas atualizadas de explorabilidade e expropriabilidade em articulação com as políticas de descartabilidade (violência policial e prisões). Para Wang, essas três dimensões compõem uma ordem racial gerada "a partir da cisão da população em humanos superiores e inferiores".

A autora, porém, não se limita a fazer diagnósticos. Seu último ensaio, "O imaginário abolicionista penal: uma conversa", apresenta sua poesia em meio a escritos de intelectuais, poetas, prisioneiros e outras pessoas cuja vida foi atravessada, de alguma maneira, pelo cárcere. É possível um mundo sem prisões? Essa questão, que é o ponto de partida para esse ensaio-arte, só pode ser respondida positivamente se nos dispusermos a repensar todas as relações sociais existentes, assim como o papel do Estado. Wang nos pergunta ainda: "O reencantamento do mundo pode ser um instrumento para quebrar o realismo da prisão?" Ela, então, dialoga com diversos pensadores na busca por respiro e outras possibilidades de vida. Será que conseguimos pensar em outras formas de mediação de conflitos? Será possível pensar em conflitos solucionados em processos reconciliatórios e reparatórios, em vez de tensionadores e vingativos? Por que acionar para tudo e a todo tempo a dimensão penal, se podemos trabalhar para acionar mecanismos civis, de justiça horizontal, que busquem maior equilíbrio e igualdade, mobilizando decisões locais, focadas na resolução do conflito e não no crime cometido? Será possível construir processos de segurança baseados em lógicas comunitárias e do comum? A autora não deixa de problematizar também as transformações que as corporações policiais criam em seus agentes: policiais que acreditam ser invencíveis em suas fardas, policiais que têm pesadelos constantes diante das violações e violências que exercem cotidianamente, etc.

Além da defesa da abolição das prisões, Wang confere à imaginação o poder de transbordar suas paredes, já que a imaginação "é aquilo que a prisão nunca pôde conter". Sonhos, poesia, teatro, estudos sobre economia, filosofia, entre outros, são formas de exceder o espaço prisional. A "política do sonhar" auxilia o encontro entre ritmo, expressão e possibilidades de vida coletiva e comunitária. Como ela afirma, é nessa perspectiva que os poetas se tornam "os guardiões do tempo da revolução".

Capitalismo carcerário é, por tudo isso, uma importante contribuição ao debate político e teórico nacional. Embora esteja ancorado no contexto estadunidense, o livro de Jackie Wang permite lançar luz sobre problemáticas brasileiras a partir de perguntas que extrapolam fronteiras territoriais. Seu pensamento está em sintonia com os ativismos e movimentos negros e indígenas, mas não deixa de fazer um alerta quanto a algumas de suas estratégias. Engana-se, porém, quem pensa que as consequências negativas da era do capitalismo carcerário afetam apenas esses grupos. Para dar conta da crise de acumulação, o capital tem expandido a exploração e a despossessão para outras racialidades e novas identidades, a fim de que os integrantes do 1% mantenham e ampliem seus privilégios. É o momento, então, de "plantar sonhos" e nos perguntarmos: "O que devemos construir sobre as cinzas de um pesadelo?"

INTRODUÇÃO

Este projeto começa muito antes daqui, há mais de cinco anos, quando escrevi um ensaio intitulado "Contra a inocência". Isso foi antes do movimento *Black Lives Matter* [Vidas negras importam], durante um período em que assumir uma posição antipolícia, mesmo em alguns círculos da esquerda, era frequentemente considerado escandaloso. Foi um período de pensamento e atividade política frenéticos. Inspirados pelo "*movement of the squares*" [movimento das praças] – pelo *Occupy Wall Street* e pela onda global de revoltas –, muitas e muitos de nós nos envolvemos em intensas experiências coletivas. Ao cozinhar e compartilhar comida, iniciar coletivos de arte e de saúde mental, apoiar prisioneiros, criar comunidades intencionais *queer* e de pessoas de cor[1], piratear e

---

1. Nota da Edição (N.E.): "Pessoas de cor" é a tradução literal para o termo em inglês "*people of color*", empregado em contextos antirracistas anglófonos, especialmente no estadunidense, para se referir a pessoas indígenas, negras, caribenhas, asiáticas, nativas das ilhas do Pacífico, do Oriente Médio, latinas, romani, muçulmanas, judias, de mais de uma origem racial e/ou étnica, entre outras. A tradução para "*people of color*" não é consensual no Brasil, sendo muitas vezes adotada a expressão "pessoas não brancas". Nesta edição, porém, reservamos a expressão "não brancas" para a tradução literal do adjetivo "*nonwhite*", empregado duas vezes por Jackie Wang ao longo do livro. Ao optar por "pessoas de cor" para traduzir "*people of color*", seguimos, na esteira dos debates feministas decoloniais, a escolha de tradutoras brasileiras como Tatiana Nascimento e Stephanie Borges, assim como de outras tradutoras latino-americanas que têm utilizado a expressão "*personas de color*". Entendemos que, desse modo, sinalizamos, por um lado, um processo de inversão valorativa do termo no inglês (semelhante ao que ocorreu com o adjetivo "preta/o" no português brasileiro, deslocado por ativistas e militantes de movimentos negros do seu emprego racista para adquirir conotação política afirmativa) e, por outro, justamente por meio do estranhamento que o termo pode causar nas leitoras e leitores brasileiros (para quem o termo "pessoas de cor" possui conotação historicamente racista), indicamos uma manifestação linguística derivada de experiências políticas antirrascistas próprias de culturas anglófonas, neste caso, especificamente a estadunidense. Assim, embora o termo "pessoas de cor" não tenha no Brasil o mesmo lastro político de "*people of color*" nos Estados Unidos (onde seu significado também não é estanque), entendemos que seu emprego pode colaborar com

colocar em circulação ensaios inspiradores, ocupar edifícios e espaços públicos, politizar nosso entendimento sobre amizade e nos engajar em outras atividades cooperativas, inundamos de desejo nossas práticas e movemos a política para além do reino compartimentado da "organização". Essas eram experiências políticas, sim, mas eram também experiências de criação de novos modos e ritmos de existência e de redes sociais materiais enraizadas na reprodução da vida cotidiana.

A Primavera Árabe – seguida pelo movimento *Occupy* – foi o evento que lançou essa onda global de levantes e politizou muitas pessoas da minha geração. Mas o que começou com a Primavera Árabe evoluiu, nos anos seguintes, para o caos e se transformou no palco sobre o qual as potências globais lançam mão da guerra por procuração[2] para ostentar seu poderio militar. Desde então, um momento de possibilidades se converteu em seis anos de guerra civil na Síria; na implosão econômica e política do Egito, da Líbia, do Iêmen e de outras nações; no renascimento da Rússia como potência militar global; e na chamada "crise dos refugiados", que desencadeou movimentos reacionários em toda a Europa e está revitalizando o apoio a partidos de direita fascistas, neofascistas, populistas e ultrarracistas.

Na época, parecia possível derrubar governos com a resistência nas praças, planejar coletivamente nosso futuro por meio do microfone aberto a todas e todos e do processo de tomada de decisão consensual. Algumas pessoas acreditavam que a revolução poderia ser feita com a conectividade de ideias no Twitter e os chamados para a

---

os debates linguísticos, políticos e históricos antirracistas nacionais. Vale destacar ainda que "*people of color*" é uma espécie de "termo guarda-chuva", que abriga inúmeros grupos étnicos-raciais que também podem ser, posteriormente, reunidos em outras categorias mais "específicas", como as de "*black people*" [lit. pessoas negras], "*brown people*" [lit. pessoas marrons] (ver nota 7) ou "*red people*" [lit. pessoas vermelhas]. Por fim, é preciso ter em mente que a própria Jackie Wang, de origem sino-estadunidense, é parte do grupo das *people of color*, conforme afirma no sexto capítulo deste livro.

2. Nota da Tradução (N.T.): Trata-se de conflitos armados travados em territórios alheios aos dos países que estão em conflito e com a utilização de proxies (intermediários, substitutos, mercenários) para que não haja confronto direto entre as forças oficiais desses mesmos países.

ação postados no Facebook. Quando o movimento *Occupy* ganhou força nos Estados Unidos, as análises sobre o papel estrutural da polícia – para a manutenção da supremacia branca e do capitalismo – foram colocadas à margem. Muitos argumentaram que os policiais estavam do lado dos manifestantes, que eram tão oprimidos quanto os trabalhadores e que, portanto, não deveriam ser tratados com hostilidade e suspeição. Mas, em todos os lugares dos Estados Unidos, foi a polícia que removeu os acampamentos do *Occupy*, promovendo, com frequência, ataques surpresa aos acampamentos improvisados no meio da madrugada e demonstrando, mais uma vez, que sempre que o ***status quo*** estiver ameaçado, ela será usada como um instrumento de repressão política.

Muita coisa mudou desde então – positiva e negativamente, pois o mundo está sempre se movendo em múltiplas direções. Desde que comecei este projeto, assisti ao nascimento do movimento *Black Lives Matter* e à transformação causada por ele na forma como o racismo é concebido e contestado. Enquanto eu assistia a uma palestra lotada na Universidade de Harvard sobre Ferguson e a história do Movimento pelos Direitos Civis, chamou minha atenção o fato de como os comentários dos palestrantes e do público haviam mudado tanto em pouco mais de meia década. Entendi que o terreno discursivo havia sido completamente transformado quando ouvi o *rapper* Tef Poe dizer ao público de Harvard – sob muitos aplausos – que virar carros de polícia era uma forma legítima de protesto. Logo após as revoltas e assassinatos policiais que ocorreram em 2014-2015 em Baltimore, Ferguson, Oakland e outras cidades, as principais revistas e veículos de notícias, como *Time*, *Rolling Stone*, *MTV News* e *The Nation,* também publicaram histórias validando os distúrbios como tática de protesto.

Antes mesmo do que aconteceu em Ferguson e do movimento *Black Lives Matter*, eu me vi impelida a escrever "Contra a inocência" como uma resposta ao que eu sentia ser um impasse político e discursivo – isto é, uma asfixia, provocada pelo liberalismo, da forma como entendemos a natureza do racismo e as táticas consideradas legítimas para combatê-lo. Como alguém que pesquisou extensivamente e é pessoalmente afetada pelo encarceramento em massa, sei que, nos Estados Unidos, a negritude está associada à culpa e à criminalidade. Embora essa fusão já aconteça há mais de um século – como Khalil Muhammad observa em *The Condemnation of Blackness* [A condenação da negritude] –, entre as décadas de 1960 e 1990, criminologistas, políticos e legisladores trabalharam vigorosamente para consolidar a figura do criminoso negro no imaginário público. Por essa razão, parecia contraproducente construir uma política antirracista fundada no marco moral da inocência, em que apenas os sujeitos "respeitáveis" são considerados símbolos legítimos para a contestação do racismo. Tal quadro político garantiria que as formas de violência estrutural e do estado contra as pessoas que não são vítimas "legítimas" continuassem fora de foco e não provocassem escândalo. A associação axiomática entre negritude e culpa/criminalidade conforta os Estados Unidos branco; ela permite que as pessoas acreditem que as populações estadunidenses negras são merecedoras de sua condição e que a subsistência dos brancos não está, de forma alguma, ligada à miséria dos negros. Ao mesmo tempo, a ideia de inocência – que fetichiza a passividade – deslegitima formas militantes de revolta que poderiam ser mais potentes no enfrentamento efetivo do racismo. Embora a concepção antirracista liberal não tenha sido completamente desmantelada, sinto que a nova geração de ativistas, mais jovens, não se deixa enganar tão facilmente pelo *establishment* político e pela promessa de reconhecimento por parte do estado — ao contrário daqueles que há apenas alguns anos se apegaram de forma quixotesca à crença de que era possível que revolucionários e policiais andassem de mãos dadas.

A Revolta de Ferguson[3] não apenas tornou a população profundamente consciente do quão racista é a polícia desde a sua constituição, mas também atraiu atenção suficiente para que o Departamento de Justiça (DOJ, na sigla em inglês) iniciasse uma

3. N.T.: Ocorrida na pequena cidade de Ferguson, estado de Missouri, região central dos Estados Unidos, a revolta teve início em 9 de agosto de 2014, após o policial branco Darren Wilson assassinar a tiros Michael Brown, um jovem negro de 18 anos que se encontrava desarmado. Uma nova onda de protestos tomou conta da cidade, bem como de outras partes do país, quando, em 24 de novembro do mesmo ano, a justiça decidiu não levar o policial a julgamento pela morte de Brown.

investigação sobre as práticas do Departamento de Polícia local. A investigação acabou revelando a existência de um sistema de pilhagem municipal, envolvendo o secretário de finanças da cidade, John Shaw, e o Departamento de Polícia. Além da descoberta de que a polícia estava matando e assediando os moradores, o DOJ também constatou que ela e os tribunais eram usados pela cidade na geração de receitas para equilibrar o orçamento municipal. Depois de ler o relatório e pesquisar sobre o assunto, comecei a prestar mais atenção às notícias relacionadas às finanças municipais e estaduais. Percebi que, em todo o país, municípios e estados estavam cada vez mais dependentes do uso de mecanismos de extorsão[4], que pressionavam as pessoas mais pobres por dinheiro. Que porra estava acontecendo?

Para mim, esses métodos de extorsão marcam uma virada naquilo que alguns chamam de era neoliberal. O neoliberalismo foi definido como:

> um conjunto de políticas e princípios ideológicos que inclui a privatização de bens públicos; a desregulamentação ou eliminação dos serviços do estado; a estabilização macroeconômica e o desestímulo às políticas keynesianas; a abertura comercial e a desregulamentação financeira; a ênfase discursiva em soluções "neutras", eficientes e técnicas para os problemas sociais; e o uso da linguagem de mercado para legitimar novos padrões e neutralizar a oposição.[5]

---

4. N.T.: No original, *"coercive extractive mechanisms"*. Embora a tradução literal para a expressão seja "mecanismos de extração coercitiva", optamos por "mecanismos de extorsão" por entender que a palavra "extorsão" já contempla a atitude coercitiva de um policial que busca obter ganho sobre alguém, além de ser mais corrente no Brasil. No entanto, a tradução literal pode dar ao ouvido brasileiro também uma outra camada de entendimento, que remete à invasão corporal que o estado promove sobre o sujeito, removendo de suas entranhas, a partir da extorsão policial, até mesmo seus sais minerais, como se verá mais adiante. Apesar da escolha pelo termo "extorsão", parece interessante que o/a leitor/a carregue consigo, ao longo da leitura, também o outro significado aqui indicado.

5. Michael C. Dawson e Megan Ming Francis, "Black Politics and the Neoliberal Racial Order", *Public Culture*, vol. 28, n. 178, janeiro de 2016, p. 27.

Quase meio século de políticas econômicas que corroeram o poder do trabalho e possibilitaram um alto grau de mobilidade do capital resultou não apenas em uma forte baixa fiscal, destruindo a base tributária do país, como também transformou a própria natureza da governança. Se – tomando emprestada a taxonomia de Wolfgang Streeck – o *estado fiscal* (ou seja, o estado de bem-estar social keynesiano do pós-guerra) evoluiu para o *estado endividado* (que autoriza a austeridade), então o que estamos testemunhando agora é o surgimento do *estado predatório*, que funciona para modular os aspectos disfuncionais do neoliberalismo e, em particular, o problema da realização no setor financeiro. Os elaboradores da teoria monetária moderna afirmam que os governos com sistema de moeda fiduciária (que os Estados Unidos se tornaram quando o presidente Richard Nixon retirou o país do padrão ouro, em 1971) não precisam aumentar a receita para cobrir os gastos do governo, já que possuem o monopólio da emissão de suas respectivas moedas. No entanto, isso não é verdadeiro para os estados e municípios dos Estados Unidos, pois eles não são capazes de emitir a moeda nacional nem de manter seu funcionamento a partir do aumento arbitrário de seu teto da dívida. Estados e municípios devem emitir títulos (e continuar pagando suas dívidas) ou encontrar uma maneira de aumentar a receita. Embora os estados não possam decretar falência, os municípios podem fazê-lo de acordo com o Capítulo 9, Parágrafo 11 do Código de Leis dos Estados Unidos. Dependendo das leis de um determinado estado, os municípios podem decretar falência para honrar suas obrigações previdenciárias. Durante a falência de Detroit, o advogado Timothy M. Wittebort, especializado em processos na área, apareceu na televisão divulgando o mito, amplamente difundido (e falso), de que *pessoas comuns* detêm a dívida pública, e que, portanto, os investidores deveriam ter a mesma prioridade que os aposentados. Na realidade, entre 1989 e 2013, a posse de títulos municipais pelas famílias caiu de 4,6% para 2,4%, e, em 2013, os 0,5% das famílias mais abastadas possuíam 42% de todos os títulos municipais.[6] A questão de a quem pertence

6. Daniel Bergstresser e Randolph Cohen, "Changing Patternsin Household Ownership of Municipal Debt: Evidence from the 1989-2013 Surveys of

a dívida pública é uma questão política que permite que o setor financeiro e os estadunidenses mais ricos façam valer seus interesses alegando que são interesses *de todos*. Como a dívida pública é financeirizada e o dinheiro para cobrir os gastos do governo vem cada vez mais do setor financeiro, os órgãos governamentais se tornam mais comprometidos com os credores do que com a população. Com o tempo, isso tem um efeito corrosivo para a democracia.

Em suma, o resultado das políticas neoliberais e da redução fiscal federal não foi apenas a privatização e a austeridade, mas a governança predatória e parasitária nos níveis estadual e local e o endividamento como condição social generalizada. Cada vez mais, os governos locais estão se envolvendo em formas arriscadas de empréstimos e fazendo apostas financeiras de alto risco com o dinheiro público. Quando esses acordos dão errado – como aconteceu com muitos deles na esteira da crise financeira de 2008 –, os governos procuram equilibrar o orçamento nas costas dos pobres, dos desempregados e das populações negras e marrons[7]. Como os impostos são projetados para que as corporações e os ricos escapem facilmente da tributação, quando o mercado imobiliário entrou em colapso em 2008, os governos locais perderam uma parcela substancial de uma de suas principais fontes de receita: os impostos sobre propriedade. Recentemente, a cidade de Miami, no estado da Flórida, processou o Bank of America por danos financeiros indiretos causados por empréstimos hipotecários *subprime* discriminatórios. Esses empréstimos, com altas taxas de juros, tinham como alvo pessoas negras e latinas, e foram projetados com o objetivo de tornar seus mutuários inadimplentes.

Ao examinar os recentes acontecimentos políticos, é possível desvendar a inter-relação entre economia, policiamento e finanças

---

Consumer Finances" (documento de trabalho, Brookings Institute, 15 de Julho de 2015). https://www.brookings.eduwpcontent/uploads/2016/07/Bergstresser-Cohen-with-tables.pdf.

7. N.E.: No original, "*brown people*". Embora não seja raro encontrar a tradução "pessoas (ou populações) pardas", a categoria "*brown people*" é empregada, em geral, para se referir a uma diversidade de pessoas, como latinas, indígenas, do Sudeste Asiático, do Oriente Médio ou do Norte da África, razão pela qual optamos aqui pela tradução literal "pessoas marrons".

municipais: o colapso do mercado imobiliário gerou uma crise econômica global que levou à perda de receita dos municípios, catalisando a criação de esquemas fiscais municipais que passaram a se utilizar da polícia para pilhar os moradores. Mas, dado que os policiais locais são bancados pelas municipalidades, sua existência não estaria ameaçada por essa nova situação fiscal? Embora sob o neoliberalismo o poder do trabalho tenha sido enfraquecido tanto no setor público quanto no privado, a polícia continua a operar com orçamentos inchados e a receber pensões generosas. Na realidade, nos últimos anos, os sindicatos de policiais (e, por vezes, os sindicatos de bombeiros e de policiais penais) estão entre um pequeno punhado de sindicatos que realmente se saíram bem. Quando o governador de Wisconsin, Scott Walker, reescreveu as leis trabalhistas estaduais e desmantelou os direitos de negociação coletiva, ele protegeu os sindicatos dos policiais e dos bombeiros, excluindo-os dos cortes de pensões do estado.

Ainda que o financiamento do aparato de segurança continue sendo uma prioridade dos governos locais, a escassez de receitas seguiu pressionando seus departamentos de polícia. Na revista *The Police Chief*, Paul LaCommare – um comandante do Departamento de Polícia de West Covina – abre um artigo sobre o uso da polícia para a geração de novas fontes de receita com a observação de que "ocorreu uma espiral descendente nas fontes de receita dos governos municipais da Califórnia ao longo dos últimos cinco anos, começando com a bolha imobiliária que derrubou em 40% as declarações de impostos sobre a propriedade." Ele prossegue observando que "a reação normal a uma crise orçamentária é a redução de pessoal e o corte nos serviços. O foco deste artigo é fornecer às agências policiais uma alternativa à redução de pessoal e serviços."[8] Em 2008, "especialistas nas áreas de governo municipal, negócios, setor imobiliário e empreendedorismo" se reuniram para "identificar possíveis novas fontes de receita que poderiam surgir por meio da aplicação da lei". As ideias incluem:

8. Paul LaCommare, "Generating New Revenue Streams", *The Police Chief Magazine*, n. 77, 2010, p. 22-30.

> taxas para pessoas que cometem crimes sexuais, registradas em uma determinada jurisdição; empresas de guincho da municipalidade; aumento de 50% no valor de multas; policiamento pago; taxa de monitoramento de casas de veraneio; pagamento de taxa no campo de tiro da polícia, mesmo em horários abertos ao público; escola de trânsito online para pequenos infratores, administrada pelo departamento de polícia; serviço de segurança com vigilância domiciliar e monitoramento por câmeras de segurança sediado no departamento de polícia; uma empresa designada para limpar cenas de crimes biológicos; taxas estaduais e judiciais para todos os criminosos condenados que retornam à comunidade; permissão para uso do nome da agência de polícia em propaganda e *branding*; multas triplas por dirigir sob a influência de álcool ou drogas; taxação residencial semelhante ao imposto sobre serviços públicos; imposto ou taxa sobre todo o álcool vendido na cidade; imposto ou taxa sobre todas as munições vendidas na cidade; taxas de segurança pública sobre todos os novos empreendimentos da cidade; cobrança de taxa pelo uso do número de emergência (911); propaganda comercial no *site* do departamento de polícia; venda ao público de "um dia com a polícia", com acompanhamento do trabalho de agentes nas viaturas policiais; e aulas sobre uso seguro de armas de fogo, administradas pelo departamento de polícia.[9]

Muitas das ideias apresentadas acima, que representam um movimento em direção ao policiamento e à punição financiados pelo infrator, incentivam a hiperexploração dos residentes pela polícia por meio da monetização direta do policiamento ou da aplicação de taxas e multas que arrancam dinheiro das pessoas quando entram em contato com polícia. Lugares como Ramsey County, no estado de Minnesota, foram recentemente criticados por cobrarem uma série de taxas de detenção, independentemente de a pessoa detida ser considerada culpada ou não. Como esse artigo sugere, no novo ambiente fiscal, a polícia está assumindo cada vez mais o papel de

9. Ibid.

geradora de receita direta, o que garante que seus departamentos não sofram grandes cortes orçamentários ou demissões quando houver déficits na receita municipal. Em outras palavras, sua sobrevivência e expansão estão ligadas à sua capacidade de usar o poder policial e o sistema judiciário para saquear os moradores. Como vimos com o aumento exponencial das prisões na segunda metade do século XX (que ocorreu em conjunto com a liberalização dos mercados), o suposto enxugamento do governo não leva necessariamente à redução dos gastos policiais, penitenciários e militares. Na verdade, as prisões e o policiamento podem crescer quando a ideologia de um governo enxuto é hegemônica, pois a manutenção da lei e da ordem é considerada o domínio apropriado (moralmente autorizado) do governo. Para Bernard E. Harcourt, a penalidade neoliberal está enraizada, por um lado, na "assunção da legitimidade e competência do governo no campo penal e, por outro, na presunção de que o governo não deve desempenhar papel em nenhum outro lugar".[10] No entanto, o colapso do estado fiscal devido à neoliberalização criou uma situação em que os meios de subsistência dos órgãos dos governos locais estão cada vez mais dependentes das estruturas fiscais predatórias que fomentam o saque.

Embora seja importante analisar as condições econômicas que têm impulsionado as práticas policiais contemporâneas, uma análise das prisões e da polícia concentrada exclusivamente na economia política da punição seria incompleta. Existem formas gratuitas de violência estatal racializada que são "irracionais" do ponto de vista do mercado. Do ponto de vista econômico, o novo regime de condenações que emergiu em consonância com a Guerra às Drogas – como as *three strike laws*[11] por porte de drogas – faz

10. Bernard E. Harcourt, *The Illusion of Free Markets: Punishment and the Myth of Natural Order*. Cambridge: Harvard University Press, 2012, p. 202-3.

11. N.T.: A expressão completa é "*three strikes and you're out*", que em tradução literal para o português significa "três faltas e você está fora". Vem de uma regra do basebol que estabelece que o rebatedor tem três tentativas para atingir a bola, sob pena de ser eliminado do jogo após a última. Cada uma das chances perdidas é chamada de *strike*. A lei da Califórnia apelidada de "*three strikes and you're out*" (e que foi aplicada também em diversos outros estados dos Estados Unidos) surgiu na década de 1990 e tem o pressuposto

pouco sentido econômico: por que desperdiçar uma quantia exorbitante de dinheiro público encarcerando infratores não violentos, às vezes pelo resto de suas vidas? Se analisarmos a situação sob a perspectiva dos estadunidenses brancos das zonas rurais que se beneficiam da criação dos empregos prisionais que acompanham a expansão das prisões, veremos que existe uma lógica econômica. No entanto, essa lente, por si só, não é suficiente para explicar muitas das facetas do encarceramento em massa, incluindo o regime obrigatório de prisão perpétua juvenil sem liberdade condicional [*juvenile life without parole* – JLWOP] que se tornou lei em meados da década de 1990. Em meu ensaio "Eles carregam armas em vez de lancheiras", eu examino a interação entre o discurso criminológico, a biopolítica e o direito.

Escrevi esse ensaio sobre a criminalização de jovens[12] pouco antes de ativistas do *Black Lives Matter* intervirem em um comício de Hillary Clinton. A jovem ativista Ashley Williams interrompeu o evento de arrecadação de fundos para a então presidenciável, em Charleston, na Carolina do Sul, perguntando a razão pela qual ela havia usado o termo "superpredador" em um discurso

---

de que os indivíduos condenados pela terceira vez não são passíveis de reabilitação e, por isso, devem ser excluídos do convívio social por longo período de tempo. As "*three strike laws*" ("lei dos três *strikes*" ou "lei das três infrações"), portanto, estabelecem prisão perpétua para o indivíduo que receber a terceira condenação, cumprindo ao menos vinte e cinco anos da pena em regime fechado.

12. N.E.: No original, "*juveniles*". É importante sinalizar que há diferenças entre as concepções do termo "jovem" no sistema jurídico brasileiro e de "*juvenile*" (literalmente, "jovem") no estadunidense. No Brasil, segundo o Estatuto da Juventude, é considerada jovem a pessoa que tem entre 15 e 29 anos. Caso tenha entre 15 e 18, porém, a lei penal aplicada está condicionada ao Estatuto da Criança e do Adolescente. Nos Estados Unidos, o termo "*juvenile*" estaria mais próximo do que designamos como "adolescente" ou "menor de idade". No entanto, a maioridade penal nesse país pode flutuar entre 16 e 21 anos, a depender do estado onde ocorre o delito. Justamente por não haver uma delimitação etária clara para o menor de idade nos Estados Unidos e para que não se crie uma confusão com a maioridade penal brasileira, optamos, neste livro, pela tradução literal do termo "*juvenile*", que se refere, aqui, sempre ao menor de idade de cada estado, independente de sua idade.

de 1996 que visava a angariar apoio ao projeto de lei criminal de 1994 de Bill Clinton.[13] Enquanto o clima político *law-and-order* [lei-e-ordem] das décadas de 1980 e 1990 dificultava a eleição de políticos que não adotassem uma postura dura contra o crime, o cenário político atual é tão diferente que a exposição do antigo uso da retórica do "superpredador" funcionou como um grande constrangimento durante sua última campanha presidencial. Quanto à questão da punição e do encarceramento em massa, pareceu, por um momento, que a maré estava mudando. O apoio à Guerra às Drogas vinha perdendo espaço e o uso de drogas foi reenquadrado como um problema de saúde pública – talvez porque o vício em opiáceos havia feito suas incursões pelos Estados Unidos branco. Dadas as barreiras estruturais que impedem os estadunidenses brancos de sentirem empatia pelos estadunidenses negros, não surpreende que as políticas draconianas que criminalizam o uso de drogas estejam sendo reduzidas justo no momento em que este passou a ser também um "problema dos brancos". Antes da eleição de Donald Trump, também parecia que os Estados Unidos estavam se tornando menos punitivos. Não muito antes de Trump ser eleito, o Pew Research Center divulgou um relatório afirmando que o apoio público à pena de morte havia sido o mais baixo em quarenta e cinco anos: em 1994, era de 80%; em 2016, estava em torno de 49%.[14]

13. N.T.: A *1994 Crime Bill* (Lei do Crime de 1994), como ficou conhecida, é uma lei do Congresso estadunidense que acirrou ainda mais a aplicação da lei para seus cidadãos, transformou o entendimento legal sobre o que é "crime" e promoveu a ampliação das verbas federais destinadas à segurança. Aprovada também no Senado, a partir da redação do então senador Joe Biden, o texto ganhou força de lei e incorporou à estrutura nacional 100 mil novos agentes ligados à segurança, acrescentou US$ 9,7 bilhões em financiamento para o sistema prisional e US$ 6,1 bilhões para programas de prevenção, além de ampliar a pena morte e criminalizar pequenas infrações. Já é consenso dizer que essa lei foi uma das grandes responsáveis pelo crescimento exponencial da população carcerária nos Estados Unidos testemunhado a partir da década de 1990.

14. Baxter Oliphant, "Support for Death Penalty Lowest in More Than Four Decades", *Pew Research Center*, 29 de setembro de 2016. https://www.pewresearch.org/fact-tank/2016/09/29/support-fordeath-penalty-lowest-in-more-than-four-decades.

Então, durante a eleição de 2016, vimos um reposicionamento dramático em direção à punição. Os três estados que realizaram referendos sobre a pena de morte votaram a favor da punição capital: Califórnia e Oklahoma votaram por manter a pena de morte na legislação, enquanto Nebraska votou por restabelecê-la. Não foi nenhuma surpresa, dado que a pesquisa feita pelo Pew Research Center também descobriu que os homens e as pessoas brancas eram mais propensas a apoiar a pena de morte – o mesmo grupo demográfico na órbita de Trump. Com a eleição de Trump e a escolha do senador Jeff Sessions para o cargo de procurador-geral, a situação não parece promissora para aquelas pessoas dentre nós que lutam pela abolição das prisões e da polícia. Durante seu discurso inaugural, o presidente Trump, baseando-se no antigo discurso político contra o crime, pintou um quadro sombrio das cidades dos Estados Unidos: nossas ruas, afirmou ele, estão devastadas pelo crime, pela "carnificina" e pela ilegalidade. Ele jurou apoiar a aplicação da lei e ressuscitar os Estados Unidos; em suma, sua retórica sugeria que, sob sua presidência, haveria um revigoramento da Guerra contra o Crime e da Guerra às Drogas.

No dia em que postei meu ensaio sobre a prisão perpétua juvenil sem liberdade condicional em meu blog, a Suprema Corte dos Estados Unidos determinou, no processo judicial "Montgomery *versus* Louisiana"[15], que a decisão alcançada no processo "Miller *versus* Alabama" (que tornou inconstitucional a JLWOP *obrigatória*) aplicava-se retroativamente.[16] Essas decisões da Suprema Corte ainda deixam aberta a possibilidade de que os juízes condenem jovens infratores à prisão perpétua sem liberdade condicional; elas apenas estipulam que os juízes devem considerar o status juvenil do

15. N.T.: Apenas duas semanas após completar 17 anos, em 1963, Henry Montgomery foi considerado culpado pelo assassinato de Charles Hunt, recebendo, num primeiro momento, a pena de morte e, após um novo julgamento, a prisão perpétua sem liberdade condicional. Mesmo após a decisão do caso "Miller *versus* Alabama" (2012) – que tornou inconstitucional a condenação *obrigatória* de jovens perante a Oitava Emenda – e o pedido de reconsideração feito por Montgomery, ele segue preso.

16. É curioso que, no direito estadunidense, algo considerado inconstitucional pelos tribunais ainda possa ser legal se tiver acontecido antes da decisão.

infrator durante o julgamento. No entanto, essas decisões criaram uma zona jurídica cinzenta que levou muitos estados a conceder novas audiências para aqueles que foram condenados à JLWOP, incluindo meu irmão mais velho. É muito cedo para dizer se essas decisões da Suprema Corte resultarão na redução de sentenças para os infratores juvenis. Na Flórida, onde meu irmão mais velho está atualmente preso, muitos dos que cumprem as sentenças JLWOP foram condenados outra vez à prisão perpétua (meu irmão aceitou um acordo de quarenta anos). Por um instante, parecia possível imaginar que até mesmo as sentenças discricionárias da JLWOP seriam abolidas pela Suprema Corte, mas agora, com uma Suprema Corte Federal novamente conservadora, essa possibilidade está retrocedendo rapidamente. Sem uma revolução ou um movimento de rua massivo, até mesmo o avanço legislativo formal, que foi feito para reduzir o encarceramento em massa, corre o risco de ser desfeito.

Penologia do *Sunbelt*[17]

Elaborei muito do que penso sobre a condenação juvenil ao ter de navegar pelo lamaçal jurídico do caso do meu irmão na Flórida. Como alguém que se formou nesse caldeirão que é a Flórida, eu agora vejo que o estado encarna o nexo entre política neoconservadora, desinvestimento social e expansão prisional. A Flórida está na vanguarda do que Alex Lichtenstein chama de "penologia do Sunbelt": uma ideologia penal que surgiu no sul dos Estados Unidos, mas se tornou paradigmática em todo o país. Em alusão à Flórida, Califórnia e Texas ("os três maiores sistemas carcerários do país"), ele rotula como "Flocatex" a região que adotou com maior vigor esse modelo penal:

17. N.T.: *Sunbelt* [Cinturão do Sol] é a região dos Estados Unidos que compreende o sul e o sudoeste do país.

> No meio século que transcorreu desde a aprovação da Agência de Assistência à Aplicação da Lei [*Law Enforcement Assistance Administration* – LEAA], em quase todos os quesitos – número total de prisioneiros, despesas com prisões, emprego de pessoal, privatização e construção de novas prisões – os estados da Flórida, Califórnia e Texas (o que chamarei de Flocatex) ditaram o ritmo do encarceramento em massa em todo o país.[18]

Esse duplo processo de desinvestimento social e expansão prisional foi palpável durante os anos que passei na Flórida (desde que nasci, até os vinte e dois anos). Enquanto residia lá, frequentei escolas públicas e uma faculdade pública de *liberal arts* [artes liberais][19], a New College of Florida. Nas pesquisas nacionais, o sistema de escolas públicas da Flórida está consistentemente classificado entre os 25% piores no que diz respeito ao número de formados, pagamento de professores, notas em provas, gastos com educação e assim por diante. Quando o orçamento da educação foi cortado por Jeb Bush[20], lembro-me vividamente de meu professor do ensino médio anunciando que não havia livros suficientes para todos os alunos e que, portanto, teríamos de deixá-los sobre nossas mesas para que pudessem ser compartilhados com outros alunos durante todo o dia (impossibilitando-nos de estudar em casa). Minhas salas estavam superlotadas, e muitas das aulas eram ministradas dentro de estruturas "portáteis", que são essencialmente salas de aula no estilo "casa móvel", bastante inseguras do ponto de vista da vulnerabilidade da Flórida aos furacões. Como em muitos outros estados do país, as políticas fiscais da Flórida favoreceram o

---

18. Alex Lichtenstein, "Flocatex and the Fiscal Limits of Mass Incarceration: Toward a New Political Economy of the PostwarCarceral State", *Journal of American History*, vol. 102, n. 1, 2015, p. 115-16.

19. N.E.: *Liberal Arts Colleges* [Faculdades de Artes Liberais] são instituições de ensino superior em que a formação acadêmica é interdisciplinar e não especializada, ou seja, permitem que estudantes cursem disciplinas de diferentes áreas do conhecimento.

20. N.T.: Jeb Bush, filho do ex-presidente George H. W. Bush, do Partido Republicano, foi governador do estado da Flórida entre 1999 e 2007.

investimento em prisões ao invés de programas sociais e educacionais. Como observa Lichtenstein, "desde 1995, a Flórida abriu onze grandes novas instalações prisionais, sendo seis delas administradas por empresas privadas".[21] O estado gasta anualmente cerca de US$ 2,3 bilhões em prisões, e por volta de 16% dos empregos estaduais estão dentro delas.[22] Um relatório de 2016 do Departamento de Educação dos Estados Unidos observa uma tendência semelhante em todo o país:

> ao longo das últimas três décadas, os gastos dos governos estaduais e locais com prisões e cadeias[23] aumentaram cerca de três vezes mais rápido do que os gastos com a educação primária e secundária. No ensino superior, o contraste é ainda maior: de 1989-90 a 2012-13, os gastos estaduais e locais com instalações prisionais aumentaram 89%, enquanto as verbas estaduais e locais destinadas ao ensino superior permaneceram estáveis.[24]

Antes de conseguir desemaranhar as forças políticas, econômicas, culturais e raciais que moldavam meu contexto, eu pude sentir seus efeitos. As políticas fiscais da educação superior na Flórida eram tais que a faculdade pública que frequentei na graduação estava cronicamente sob risco da falência. Eu estava na metade do meu bacharelado quando a crise financeira de 2008

---

21. Alex Lichtenstein, "Flocatex and the Fiscal Limits of Mass Incarceration", p. 119.

22. Ibid.

23. N.T.: Nesta edição, traduzimos o termo "prison" por "prisão" ou "penitenciária", enquanto que o termo "jail" foi traduzido por "cadeia". "*Prison*" possui um caráter de mais longa duração e, por isso, se refere ao local do cumprimento da pena, para onde se envia a pessoa presa em caráter provisório na "*jail*" depois que recebe a condenação. Embora, no Brasil, a distinção entre "prisão" e "cadeia" não seja empregada de forma rigorosa na linguagem cotidiana da maioria das pessoas, esse rigor é vivido por aquelas e aqueles que passam pelas instâncias do sistema prisional.

24. "State and Local Expenditures on Corrections and Education", Departamento de Educação dos Estados Unidos, julho de 2016.

estourou, e Sarasota foi uma das cidades particularmente atingidas pelo colapso do mercado imobiliário. Muitos dos alunos que eu conhecia e que viviam fora do *campus*, inclusive eu, moravam em quartos alugados de casas inadimplentes – casas que estavam supervalorizadas e tinham sido compradas com empréstimos hipotecários que acabaram se tornando impagáveis. Nossos proprietários pararam de pagar suas hipotecas, e avisos de despejo eram entregues diretamente em nossas portas. Durante a crise, eu também trabalhava na recepção dos hotéis mais baratos de Sarasota: o Seabreeze Inn e o Super 8 (na época, um quarto no Seabreeze Inn custava US$ 26 por noite). Muitas das pessoas que chegavam a esses pequenos hotéis estavam na transição entre a vida em casas suburbanas e a situação de rua. As pessoas que alugavam os quartos compartilhavam as histórias do momento em que caíram em desgraça: "Eu tinha uma boa casa e um ótimo trabalho", diziam. "De repente... perdi tudo". Mas o que, exatamente, fez com que o chão de suas vidas se abrisse sob seus pés? A mãe de uma grande amiga minha do colégio, que era corretora imobiliária, sempre se gabava do dinheiro que fazia com a venda de tantas casas de meio milhão de dólares nos subúrbios. Agora, ela também estava desempregada. Eu tinha vinte anos durante a crise financeira e mal entendia o que estava acontecendo ao meu redor, mas essas experiências deixaram em mim uma marca profunda. Como a Flórida havia sido duramente atingida pelo colapso do mercado imobiliário, assim que me formei, a New College of Florida encontrava-se à beira da falência devido aos cortes no orçamento do estado. O financiamento para bolsas de estudos fornecido pelo estado (como o Bright Futures Scholarship, de que a maioria dos alunos da New College of Florida dependia) foi reduzido, e alguns de meus amigos que se formaram depois de mim foram obrigados a devolver milhares de dólares quando o estado decidiu mudar as regras de como deveria ser feito o cálculo do financiamento de bolsas. Agora, a faculdade está enfrentando novamente uma crise orçamentária sob a administração do governador Rick Scott, que optou por alocar fundos para as universidades e faculdades com base em quantos alunos elas destinam, no estado da Flórida, para empregos de tecnologia, ciência, engenharia e matemática (a New College of Florida é uma instituição voltada para a pós-graduação e, portanto, essa métrica de "sucesso" dificilmente se aplica).

Ainda que eu não tivesse uma compreensão estrutural profunda das condições da minha vida naquela época, as experiências de ter um irmão na prisão, passar pelo processo devastador das escolas públicas da Flórida e testemunhar a crise financeira como trabalhadora de um hotel barato me permitiram adquirir uma compreensão observacional da interação entre o endividamento da economia, a política fiscal neoconservadora, o encarceramento em massa, a desregulamentação do mercado neoliberal e o desinvestimento social.

A economia da dívida

Como estudei em uma faculdade pública estadual, trabalhei e recebi uma bolsa de estudos e uma *need-based Pell Grant*[25], sou uma das poucas estudantes que conseguiu se formar sem dívida estudantil. Mesmo assim, foi impossível escapar da economia da dívida. Enquanto cursava o ensino médio, trabalhei em uma mercearia por US$ 5 e uns trocados por hora, e várias vezes conversei com os empacotadores sobre seus planos de vida. Um dos garotos, que era do meu colégio, me perguntou se eu tinha planos de entrar na faculdade. Eu disse que, embora dois dos meus amigos tivessem tentado me convencer a entrar na Sarah Lawrence College, no final eu tinha decidido ir para a New College of Florida porque não queria ficar amarrada financeiramente depois da faculdade. Ele me perguntou se eu faria empréstimos estudantis. Eu disse que não achava necessário, pois tinha conseguido uma bolsa integral, uma *need-based Pell Grant* e um emprego de meio período, também oferecido pelo auxílio estudantil. Ele respondeu que eu tinha de fazer empréstimos estudantis,

25. N.T.: O *Pell Grant* é um programa do governo federal que destina subsídios a alunos de baixa renda com o objetivo de promover o acesso destes ao ensino superior. Equivale, no Brasil, às bolsas de permanência estudantil fornecidas por algumas universidades públicas.

porque "todo mundo faz empréstimos estudantis". E lá estávamos nós: adolescentes ingênuos, trabalhando em troca de um salário mínimo em Holiday, na Flórida, prontos para dar nossas vidas e nossos futuros de bandeja, porque nos disseram que era *obrigatório* que nos endividássemos. Minha melhor amiga, que conseguiu o emprego na mercearia para mim – uma porto-riquenha gótica *queer*, que trabalhou exaustivamente para comprar um Mustang verde esportivo –, já estava enterrada sob montanhas de dívidas antes mesmo de entrar na casa dos vinte anos. Tão desalentador quanto isso foi ver alguns dos amigos do meu irmão caçula se endividarem tentando obter diplomas de instituições com fins lucrativos não credenciadas (faculdades de fachada), que mais tarde faliram quando Barack Obama buscou regular o setor, impedindo essas faculdades de receber empréstimos federais (faculdades como o ITT Technical Institute também faziam propaganda em peso na escola pública em que estudei).

Atualmente, o crédito ao consumidor tornou-se essencialmente obrigatório. Ao longo da última década, observei uma acentuada intensificação da entrada desse crédito em nossas vidas. Durante nossas inúmeras transações econômicas diárias, somos constantemente bombardeados com oportunidades para abrir uma linha de crédito: está comprando algo online usando o PayPal? *Por que não pagar com cartão de crédito?* Precisa de uma calça jeans? *Por que não fazer um cartão de crédito da Gap e economizar 10% na compra?* Vai abrir uma conta bancária? *Por que não obter "proteção contra o cheque especial" (que é, na verdade, uma linha de crédito)?* Precisa trocar moeda porque está viajando? *Por que não fazer um cartão de crédito para viajantes?* Sempre que faço escala em algum aeroporto, não consigo ir de um portão a outro sem ser perseguida para aderir a um cartão de crédito. Mas, hoje em dia, você sequer precisa consentir em ter um cartão de crédito para que ele seja feito em seu nome, como revelou o escândalo das contas falsas do Wells Fargo.[26]

26. N.T.: O escândalo refere-se à criação de milhões de poupanças e contas correntes fraudulentas em nome de clientes do banco Wells Fargo sem o consentimento deles. A notícia da fraude se tornou amplamente conhecida no final de 2016, muito depois de os clientes já terem sido cobrados por taxas imprevistas, receberem cartões de crédito ou débito inesperados ou entrarem em linhas de crédito nunca solicitadas.

Quando recuso educadamente uma oportunidade de abrir uma linha de crédito, muitas vezes ouço um discurso moralizador sobre a necessidade de construir o meu crédito para que não seja impedida de conseguir um empréstimo para comprar um carro, pagar uma hipoteca ou até mesmo para alugar um apartamento. Por qual razão um modelo de cota de vendas está sendo aplicado ao setor bancário? O que eles estão vendendo para você? Essas instituições financeiras estão vendendo seu *próprio endividamento*, pois o dinheiro emprestado gera dinheiro na forma de *juros*. É por isso que a maior agência de cobrança de empréstimos estudantis, a Navient Corporation, perdeu, deliberadamente, os pagamentos dos estudantes (como revelado recentemente em uma ação judicial coletiva): os pagamentos perdidos garantiram que a dívida dos estudantes inchasse, mantendo, portanto, os mutuários presos a um ciclo de dívidas. Como o crescimento da economia "real" continua baixo, categorizar falsamente os mutuários como inadimplentes – dentro do funcionamento perverso da economia da dívida – tornou-se uma oportunidade financeira em si mesma.

Há um fundo de verdade no discurso do insistente negociante de créditos quando adverte que, para fazer muitas coisas em nossa sociedade, você precisa construir seu crédito. Hoje em dia, a pontuação de crédito tem uma série de implicações em nossas vidas – muitas das quais são invisíveis. As pontuações de crédito (e as ainda mais duvidosas "pontuações eletrônicas" levantadas por empresas privadas de mineração de dados) são frequentemente usadas no momento da contratação porque os empregadores acreditam que elas são um indício confiável do nível de responsabilidade de uma pessoa. No entanto, considerando que as dívidas médicas são a causa mais comum de falência nos Estados Unidos e que existem barreiras estruturais racializadas ao acesso a formas de crédito não predatórias, é ultrajante usar a pontuação de crédito como medida do caráter pessoal e como forma de elaborar julgamentos morais sobre alguém. Você poderia ter uma pontuação de crédito terrível simplesmente por ser uma pessoa negra ou marrom, sem cobertura de seguro (sem riqueza acumulada), que sofreu um acidente de bicicleta. Em resumo, usar a pontuação de crédito para punir os pobres exacerba as desigualdades socioeconômicas já existentes.

Embora a economia da dívida tenha se expandido para sustentar altos níveis de consumo em meio a salários estagnados e ao alto nível de desemprego que coincidiu com a recessão financeira que se seguiu à crise de 2008, o controle que a dívida exerce sobre nossas vidas não é meramente numérico. À medida que internalizamos a ideologia que naturaliza o endividamento, ele passa a funcionar como um aparato disciplinar. Como espero que minhas anedotas ilustrem, somos, desde muito jovens, socializados em uma forma de cidadania financeira que nos obriga a aceitar o endividamento como inevitável e a nos engajar constantemente em atos autodisciplinares que autorizam e ampliam a economia da dívida – seja buscando um emprego como advogado corporativo, e não como defensor público, para pagar os empréstimos estudantis, seja dizendo a seus colegas que eles são irresponsáveis por não construírem seu crédito.

Tecnologia prisional

Até agora, fiz algumas observações pessoais sobre discurso, direito e economia política, e sobre como o racismo contemporâneo opera por meio dessas várias formas de poder. Mas uma análise contemporânea das prisões, da polícia e da dominação racial estaria incompleta sem uma análise da tecnologia e do poder algorítmico. O ritmo das mudanças, especialmente quando se trata da tecnologia da comunicação, é vertiginoso. Em 2004, quando meu irmão foi preso aos dezessete anos, ele não tinha endereço de e-mail, quase nunca usava a internet e – é claro – não tinha *smartphone*, já que isso ainda não existia. Eu mesma não tive um telefone celular até me formar na faculdade. Lembro-me do meu irmão me perguntando uma vez, em uma carta que escreveu da prisão, se era preciso pagar para enviar e-mails. A pergunta dele me deixou dolorosamente ciente de que, em termos de tecnologia, estamos vivendo em dois mundos diferentes, nos movendo pela vida em velocidades muito diferentes, com ritmos de vida diferentes. Esse sentimento é provavelmente familiar para qualquer pessoa que tenha um membro da família, amigo ou companheiro cumprindo uma longa pena na prisão, pois elas provavelmente também tiveram a experiência desoladora de serem questionadas pela pessoa confinada sobre as minúcias de como o mundo funciona e de como é o lado de fora. Ashley C. Ford percebeu a distância tecnológica entre prisioneiros e pessoas livres quando seu pai saiu da prisão. Ela escreve:

> As lojas eram demais para ele. Ele não entendia por que todo mundo andava por aí olhando para seus telefones. Ele não conseguia imaginar o que poderia estar acontecendo no telefone para manter as pessoas tão fascinadas. Tentei explicar que muitas vezes havia outras pessoas para conversar ou ver nos telefones. Que, às vezes, essas pessoas estavam longe, ou eram pessoas que nem conheciam. Que quase não havia tarifas de longa distância; que havia fotos e vídeos – basicamente, o mundo inteiro poderia estar nessas telas. Ele pensou por um minuto e disse: "Mas há pessoas bem aqui. Um monte de gente que não conhecemos. Por que simplesmente não olhar para elas?" Eu não tinha uma resposta para isso.[27]

Mas ter um membro da família na prisão não funciona, para mim, simplesmente como um indicador deprimente da rapidez com que o mundo está mudando, mas também me torna ciente de como a tecnologia transformou as práticas carcerárias e policiais. Na prisão do condado onde meu irmão estava detido enquanto esperava uma nova audiência, ele podia usar o *Jail Mail* [email da cadeia] (essencialmente, um serviço de e-mail pago) para se comunicar. Ao invés de enviar selos dentro de uma carta, eu podia depositar dinheiro em sua conta para que ele escrevesse para mim e para outras pessoas. Enquanto a introdução dessa tecnologia particular de comunicação, dentro dessa cadeia, permite uma comunicação mais imediata entre presidiários e pessoas do lado de fora,

27. Ashley C. Ford, "My Father Spent 30 Years in Prison. Now He's Out", *Refinery*, 1 de maio de 2017.

outras dessas inovações ampliaram e, simultaneamente, colapsaram a distância entre os prisioneiros e o mundo exterior. Além do *Jail Mail*, essa prisão também introduziu o HomeWAV, um sistema de conversa com vídeo para presidiários semelhante ao Skype (mas com taxas de uso extremamente altas). No entanto, a introdução do HomeWAV foi acompanhada pela eliminação progressiva das visitas pessoais sem contato físico. Quando perguntei à minha mãe como ela se sentia em relação àquela mudança para as visitas digitais, ela disse: "Eu gosto. Posso mostrar os cachorros para R." É verdade, meu irmão agora pode dar uma olhada no interior dos espaços onde moramos e conhecer os bassês que minha mãe ganhou depois que os cães de nossa família morreram. Celulares contrabandeados (às vezes levados por policiais penais) estão circulando cada vez mais no interior das prisões, permitindo que os presos se envolvam em uma série de atividades, desde tirar *selfies* até organizar greves nacionais.

Contudo, o que aconteceria se as visitas com contato físico fossem completamente eliminadas e suplantadas pelas visitas digitais? Todas as relações sociais estão passando por uma transformação semelhante? Como a introdução dos serviços de comunicação digital permite que alguns estados sem dinheiro reduzam ou eliminem os momentos de visitação, a perspectiva de os presidiários não terem mais contato físico com pessoas de fora me preocupa. Embora eu sempre tenha tido pavor da experiência de esperar todo o processo da administração penitenciária apenas para poder falar com meu irmão por trás de uma placa de vidro, a experiência fenomenológica de entrar em um espaço de absoluta não liberdade e degradação social torna a existência das prisões algo muito mais palpável (ao invés de uma fantasia *em outro lugar*) – além de fazer com que a tarefa de abolir as prisões seja moralmente ainda mais urgente (e profundamente sentida).

Ampliação da sociedade carcerária e "abolicionista" do controle

Ao mesmo tempo que o desenvolvimento de novas tecnologias de comunicação tem se tornado uma fonte lucrativa de receita para empresas contratadas pelo estado para fornecer serviços na prisão, surge a questão: as prisões sobreviverão às crises fiscais do governo que estão se desenrolando por todo o país? As promoções dos interesses dos sindicatos de policiais penais, das empresas que se beneficiam dos contratos prisionais e dos teimosos políticos da lei e da ordem certamente prolongarão a existência do encarceramento em massa – mas por quanto tempo? Desde a crise financeira de 2008, os estados estão cada vez mais relutantes em arcar com o custo de alojar os prisioneiros. Em todo o país, muitos estados estão na iminência de grandes crises orçamentárias por causa desse alto custo. Uma forma de cortar custos é expandir as prisões privadas. De acordo com Lichtenstein, na Flórida, seis das onze instalações penitenciárias abertas entre 1995 e 2015 são operadas por empresas privadas, colocando a Flórida na vanguarda dos experimentos que mesclam interesses privados e punição. No entanto, a pressão orçamentária das prisões também levou alguns estados a incluírem a redução da população carcerária em suas agendas. Seguindo Obama e o governo federal, os estados que começaram a reduzir suas populações carcerárias priorizaram os chamados infratores não violentos e que tinham baixo envolvimento com drogas.

É importante notar que a diminuição do número total de pessoas encarceradas não significa necessariamente que nossa sociedade, como um todo, esteja se tornando menos carcerária. À medida que a Guerra às Drogas perde legitimidade, as tentativas de desencarcerar infratores não violentos, presos devido a algum tipo de envolvimento com drogas, são, às vezes, acompanhadas por um *aumento* da punitividade para os condenados "violentos", pois se tornou conveniente para os políticos aumentar a duração das penas de prisão para crimes "violentos" a fim de compensar a redução das sentenças para os demais crimes (a ênfase reformista em infratores não violentos pode, na verdade, fortalecer o sistema penal, razão pela qual os abolicionistas penais resistem à dicotomia violento-não violento e se concentram em desafiar o sistema prisional em sua totalidade). Em alguns lugares, também estamos vendo uma articulação de programas privados que auxiliam na reintegração social de quem sai da prisão, de serviços privados de supervisão de liberdade condicional e assistida e de outras formas de custódia que envolvem vigilância e monitoramento. É possível que, à medida que as tecnologias de controle sejam aperfeiçoadas, a carceralidade penetre na sociedade. Nesse caso, a distinção entre o interior e o exterior da prisão ficará mais esfumaçada. É até possível imaginar um futuro em que a prisão – enquanto uma estrutura física – seja substituída pela vigilância total sem confinamento físico.

Enquanto eu escrevia esta introdução, meu palpite sobre a direção de nossa sociedade carcerária foi confirmado pela reportagem de capa de uma edição de maio de 2017 da *The Economist*. Pulseiras com GPS, pulseiras para monitoramento de drogas e álcool, além de outras tecnologias de vigilância de baixo custo, foram propostas como uma alternativa mais progressista e humana do que alojar fisicamente os presos. Citando o professor da Universidade de Nova York, Mark Kleiman, o artigo observa que "tornozeleiras/braceletes também podem ser usados como uma alternativa para prender os condenados – uma 'prisão sem muros'"[28]. Embora essas presilhas corporais e outras tecnologias de vigilância – que já estão sendo usadas em muitos estados – sejam geralmente discutidas como uma alternativa em que "todos-ganham" (estados economizam dinheiro, enquanto condenados têm mais liberdades), podemos inadvertidamente estar autorizando o nascimento de um estado policial mais abrangente. É possível que as tecnologias de vigilância inicialmente desenvolvidas para uso em prisioneiros – seja a tecnologia de identificação biométrica ou dispositivos de rastreamento – sejam usadas um dia em quase todos.

No capítulo 2, um ensaio sobre finanças municipais, também argumento que as práticas policiais predatórias transformam o espaço

28. "America's Prisons Are Failing. Here's How to Make Them Work", *The Economist*, 27 de maio de 2017.

que está sendo policiado em um espaço carcerário. Essas práticas não apenas transformam jurisdições inteiras em zonas destinadas ao saque, mas também limitam a mobilidade dos moradores – em sua maioria negros – e os "encaixotam" das mais diferentes maneiras. As formas algorítmicas de poder – e o policiamento preditivo em particular – também fazem isso. Seja uma estrutura financeira municipal secreta que autoriza a pilhagem ou um algoritmo que gera pontos em um mapa e identifica locais com tendência a roubos, formas invisíveis de poder estão ao nosso redor, nos classificando e nos circunscrevendo em celas invisíveis que nos confinam, por vezes sem nosso conhecimento. Talvez uma cela invisível possa ser descrita como um aparato carcerário que não controla ou confina as populações dentro de estruturas físicas. Ela se refere à maneira como certas populações estão sendo constantemente categorizadas (colocadas em listas de observação e "*heat lists*"[29] geradas por algoritmos), vigiadas (pense nos muçulmanos nos Estados Unidos, mesmo sob o governo Obama), desmobilizadas (pense nos moradores de Ferguson, onde o hiperpoliciamento fez com que eles ficassem relutantes em sair de casa, já que havia uma média de três mandados de prisão por família), tornadas alvo (pense em como os algoritmos podem identificar pessoas pobres com base em suas buscas na internet e gerar anúncios direcionados para empréstimos consignados, faculdades com fins lucrativos e outros golpes) e gerenciadas (pense em todas as pequenas maneiras com que nosso comportamento é modificado por forças invisíveis, como o desenho das cidades ou o monitoramento por circuito fechado de TV).

29. N.T.: Lista gerada por algoritmo para identificar pessoas com maior probabilidade de se envolver em um incidente com arma de fogo. Sujeitos são submetidos à "intervenção policial proativa": carta de notificação, acionamento de serviços de assistência, aumento da vigilância, convite para reuniões comunitárias, etc.

Policiamento algorítmico e análise preditiva

Com a expansão da ciência de dados e o crescente desenvolvimento de softwares de policiamento preditivo, estamos testemunhando agora uma transformação na temporalidade do policiamento: o policiamento não tem mais como objetivo principal responder efetivamente ao crime, mas *antecipá-lo* e *preveni-lo*. Esse elemento antecipatório do policiamento sempre esteve presente, mas até recentemente o julgamento do policial era considerado superior ao das máquinas. À medida que os sistemas de inteligência artificial de autoaprendizagem são refinados e nossa fé nas máquinas e na análise preditiva aumenta, cedemos cada vez mais aos algoritmos o poder de tomar decisões. Quais são as chances de alguém em liberdade condicional se tornar reincidente? Onde a polícia deve fazer sua patrulha? Quem a polícia deve monitorar? De maneira crescente, essas decisões estão sendo tomadas por algoritmos, às vezes com uso de softwares que analisam os dados policiais para fazer tais previsões.

Enquanto eu assistia ao documentário *Do Not Resist* [Não resista] – um filme sobre a militarização da polícia –, fiquei muito impressionada com um comentário feito por Richard Berk, pesquisador de policiamento preditivo e professor de criminologia e estatística da Universidade da Pensilvânia, que disse que seria possível calcular a probabilidade de alguém se envolver em atividades criminosas *antes de nascer*, analisando, teoricamente, a riqueza e o sustento da família, local de residência, raça e fatores socioeconômicos. (Ele apoia explicitamente o uso da raça para fazer previsões de crimes.) Esse comentário me fez refletir sobre minha própria situação. Meu irmão mais velho está cumprindo uma pena de quarenta anos de prisão, enquanto eu sou uma estudante de doutorado na Universidade de Harvard. Estatisticamente falando, antes de nascer, nós dois tínhamos as mesmas chances na vida, mas, na realidade, ocupamos posições diametralmente opostas na sociedade: a dele, de absoluta degradação social (sob a tutela do estado); a minha, de alto prestígio social (no caminho de receber um diploma do mais alto grau educacional na escola mais rica do mundo). Digo isso não para endossar dissimuladamente o mito da meritocracia, nem para apoiar a noção de competência individual, mas para chamar a atenção para a impossibilidade de superar a incerteza e prever o futuro com precisão. As previsões tratam muito mais de construir o futuro por meio da gestão presente de sujeitos categorizados como ameaça ou risco. Esse é o ponto em que as tendências atuais na economia de crédito coincidem com o movimento em direção ao policiamento preditivo: ao serem marcados como riscos potenciais, os sujeitos são, na realidade, produzidos como tais riscos. Com o alastramento da prática de indexação de preços ao risco, sujeitos que são direcionados para empréstimos *subprime*, por estarem no grupo de alto risco (pois o credor acredita que há uma grande chance de se tornarem inadimplentes), acabam drenados para empréstimos impossíveis de pagar e que, essencialmente, garantem a inadimplência. Da mesma maneira, quando os presos tentam a liberdade condicional e esta lhes é negada porque recebem uma pontuação COMPAS[30], que indica sua propensão ao risco de serem reincidentes, eles são preventivamente considerados culpados e, portanto, tratados como tal.

Mesmo a tarefa supostamente simples de prever resultados de referendos e eleições de grande importância tem se mostrado difícil. No ano de 2016, vimos uma série de resultados que frustraram não apenas nossas expectativas pessoais, mas também todas as previsões públicas convencionais. Durante os meses que antecederam a votação do Brexit, os jornais relataram consistentemente que, embora fosse um pleito acirrado, parecia quase certo que o Reino Unido votaria pela permanência na União Europeia. Durante a votação, enquanto eu pegava carona pela Islândia, meu celular captava esporadicamente um sinal de wi-fi e o aplicativo

30. N.T.: COMPAS – sigla para *Correctional Offender Management Profiling for Alternative Sanctions* [Perfil de Gerenciamento de Infrator Penal para Sanções Alternativas] – é uma ferramenta privada de gerenciamento e suporte a decisões jurídicas usada pelos tribunais dos Estados Unidos para avaliar o risco e a probabilidade de um réu se tornar reincidente. O software utiliza um algoritmo para avaliar esse potencial que, por sua vez, processa dados muitas vezes já contaminados pelo preconceito.

do *Guardian* no meu celular me enviava notificações com atualizações sobre a votação. Na noite da votação, eu estava hospedada em um albergue em Skógar, onde meu telefone deve ter encontrado o sinal instável de wi-fi, pois recebi uma notificação, pouco antes de dormir, dizendo que os resultados preliminares mostravam que o Reino Unido provavelmente havia votado por ficar. De manhã, recebi outra notificação: o Reino Unido tinha votado pela saída da União Europeia. Para mim, essa votação marcou uma crise na ordem mundial neoliberal, que – antes da eleição de Emmanuel Macron e da reeleição de Angela Merkel – parecia estar se desmanchando diante de nossos olhos. Foi a primeira grande ruptura na psique dos liberais, que não só contavam, entre eles, com a continuidade do mundo como estava, mas também tinham na ciência de dados o apoio para seus métodos. Então, as expectativas do público foram reviradas novamente quando Theresa May, esperando obter muitas cadeiras no Parlamento, convocou eleições antecipadas para o dia 8 de junho de 2017. Apesar das previsões de que ela seria favorecida pela votação, seu partido acabou perdendo cadeiras e, com isso, a maioria parlamentar. No dia seguinte, investidores escreveram editoriais para a imprensa financeira lamentando novamente os erros das previsões, o que levou seus pares não apenas a um movimento atabalhoado de ajuste ao novo contexto, mas também a um pânico existencial em relação às incertezas do futuro. Wolfgang Münchau, editor associado do *Financial Times*, escreveu: "Em um mundo de incerteza radical, as apostas tornam-se mais difíceis, uma vez que as informações nas quais se baseiam são menos confiáveis". Münchau apela aos investidores para que reconheçam que vivemos em tempos radicalmente incertos:

> A incerteza radical é um grande desafio, porque você nunca pode ter certeza de muita coisa. Em particular, você não pode mais ter certeza de que pode extrapolar as tendências do passado no futuro. As pesquisas de opinião estão se tornando menos relevantes (mesmo que sejam capazes de produzir uma fotografia precisa da opinião em algum momento). Até as ferramentas ultramodernas, como a análise de redes

> sociais, não podem avançar sobre um futuro desconhecido. A utilidade dessas ferramentas se limita a explicar o que deu errado no passado.[31]

Depois do Brexit, uma segunda grande ruptura que mergulhou o mundo na incerteza foi a eleição de Donald Trump. Mesmo com análises preditivas avançadas – análise de dados, pesquisas de opinião, pesquisas de boca de urna e outras ferramentas desenvolvidas por cientistas políticos, sociais e de dados –, a grande maioria das previsões do resultado da eleição presidencial dos Estados Unidos de 2016 estava errada.[32] Mesmo na noite da eleição, horas após o início da contagem das cédulas, a mídia, de forma unânime, dava Hillary Clinton como vencedora. No início da noite, o termômetro do *New York Times* indicava que Hillary Clinton estava claramente à frente e, em alguns momentos, suas chances de vencer chegaram a em torno de 85%. Mas, às 21h30, as chances de vitória de Clinton despencaram e Trump assumiu a liderança; daí em diante, as chances de o republicano vencer só aumentaram noite adentro. Mas o que houve de mais bizarro nas previsões da noite da eleição foi a discrepância entre a realidade do que estava acontecendo e o que estava sendo relatado. Enquanto monitorava o termômetro eleitoral do *New York Times*, eu também acompanhava a transmissão de canais de notícias, como a CBS. Mesmo depois de as contagens indicarem que havia de 90% a 95% de chance de vitória para Trump, os apresentadores ainda declaravam que Clinton venceria. Eu sabia que algo estava errado quando os especialistas começaram a gaguejar e uma comentarista liberal anunciou, ao vivo, que teria um "ataque de pânico". A realidade estava forçando violentamente sua entrada no imaginário liberal, rasgando o tecido de seus universos psíquicos. *Ninguém previu isso.* Mas os liberais continuaram a negar que Trump realmente se tornaria presidente: *Talvez*

31. Wolfgang Münchau, "Politicians and Investors Adapt to the Age of Radical Uncertainty", *Financial Times*, 18 de junho de 2017.

32. O professor Allan Lichtman, um historiador político que leciona na American University, previu, com sucesso, todas as eleições presidenciais desde 1984 usando um conjunto de treze questões de verdadeiro ou falso.

uma recontagem revele que a eleição foi fraudada? Talvez uma investigação sobre a interferência russa anule os resultados? Talvez possamos fazer uma petição para abolir o colégio eleitoral e declarar Clinton vencedora, já que ela obteve a maioria do voto popular? Quem sabe ele não sofrerá um impeachment antes de tomar posse? Talvez Joe Biden o assassine? Essas foram as muitas fantasias que os liberais alimentaram a fim de repelir psiquicamente a catástrofe da vindoura presidência de Trump. A crise de Donald Trump é mais do que uma crise de governança; é uma crise de incerteza.

Agora, às portas de um novo mundo, é hora de perguntar novamente: algum dia seremos capazes de dominar o futuro? Até onde nossa confiança nos levará? Teremos, em algum momento, o poder de erradicar a incerteza? Tal como são hoje, nossas previsões tendem a prever o que já acreditamos que acontecerá (afinal, o software algorítmico ainda é projetado por humanos). Depois da eleição, li artigos sobre a Ada, a ferramenta algorítmica que Clinton usou para orientar sua campanha. Aparentemente, seu sofisticado software algorítmico direcionou-a para *não* fazer campanha em Wisconsin e Michigan, mesmo com a vitória de Sanders nesses estados nas primárias. Esses estados votaram em Obama nas últimas eleições. Estatisticamente falando, eles não votariam outra vez nos democratas?

Talvez você ache curioso que eu esteja insistindo nesse ponto sobre a impossibilidade de prever o futuro. Quem se importa se as previsões do *New York Times* estavam erradas sobre a eleição? Meu ponto é: tornamo-nos tão confiantes em nossa capacidade de fazer previsões que estamos, cada vez mais, contando com as análises preditivas para determinar o que fazemos no presente. Assim, a previsão de um *boom* do crime pode catalisar a construção de prisões e a aprovação de leis penais mais duras. No campo político, o prenúncio de uma ameaça iminente dá autoridade às políticas que estão sendo implementadas no presente. É por essa razão que os políticos da lei e da ordem costumam se concentrar nos jovens: eles personificam as ansiedades coletivas sobre o futuro da sociedade. Portanto, as previsões fazem muito mais do que nos apresentar um resultado provável, elas *promovem* o futuro.

As consequências de uma única previsão errada em áreas onde há grandes riscos para as pessoas deveriam ser suficientes para questionar a confiança generalizada que depositamos sobre elas. Uma coisa é a recomendação errada de um produto, do tipo "Você também deve se interessar por..." na Amazon, outra bastante diferente é uma previsão errada nos campos da punição, do policiamento e das finanças. A ProPublica investigou a eficácia do algoritmo COMPAS, que é usado por tribunais e conselhos que deliberam sobre a liberdade condicional para calcular o risco de reincidência. A ProPublica analisou as pontuações de mais de dez mil réus no condado de Broward, na Flórida, e comparou-as com dados de quem tinha sido preso por algum crime num período de dois anos. Descobriu-se então que "réus negros estavam duas vezes mais propensos a serem incorretamente rotulados como de maior risco do que réus brancos".[33] Em um acompanhamento do estudo, quatro equipes de pesquisa independentes analisaram o algoritmo e descobriram que o "preconceito racial [...] surge inevitavelmente já na maneira com que o teste foi desenvolvido."[34] Jornalistas da ProPublica observam que, "cada vez mais, os funcionários da justiça criminal estão usando [...] as equações de previsão de risco para chegar a decisões sobre fiança, condenação e liberação antecipada. Os pesquisadores descobriram que a fórmula, e outras semelhantes, foi escrita de forma a garantir que os réus negros sejam identificados incorretamente como futuros criminosos com mais frequência do que seus pares brancos."[35] No entanto, a Northpointe – a empresa que vende o COMPAS – afirma ser racialmente neutra. Na verdade, muitas empresas envolvidas no negócio de venda de produtos preditivos para tribunais e departamentos de polícia afirmam, em seus anúncios, que seus produtos serão mais igualitários, uma vez que eliminam o preconceito humano e, portanto, não são racistas em suas previsões (ao contrário de um juiz, de um policial ou de um conselho de liberdade condicional constituído por

33. Julia Angwin e Jeff Larson, "Bias in Criminal Risk Scores Is Mathematically Inevitable, Researchers Say", *ProPublica*, 30 de dezembro de 2016.

34. Ibid.

35. Ibid.

indivíduos que podem, consciente ou inconscientemente, ser preconceituosos). Mas por que, exatamente, esses algoritmos supostamente neutros em questão racial são racistas em suas previsões? A resposta para isso é bastante complicada. Para uma resposta técnica com maiores nuances, recomendo a leitura das descobertas da ProPublica e do livro de Cathy O'Neil sobre algoritmos e desigualdade, *Algoritmos de destruição em massa: como o Big Data aumenta a desigualdade e ameaça a democracia*. Resumindo o argumento de O'Neil, ela escreve em seu livro que uma razão pela qual os algoritmos podem carregar preconceito racial é que alguns dos fatores levados em consideração por eles servem de substitutos para a raça, mesmo quando não são explicitamente racializados (como o bairro). Além disso, as ferramentas de previsão muitas vezes consagram o preconceito porque usam conjuntos de dados que estão eles próprios manchados pelo preconceito racial.

Com o passar do tempo, o poder dos algorítmicos vem se consolidando. No entanto, como testar a eficácia de um algoritmo e responsabilizar seus criadores quando os próprios algoritmos são frequentemente patenteados e não estão abertos ao escrutínio público? Mesmo se não for legível, a ideologia de uma sociedade estará codificada em seus algoritmos. Uma sociedade desigual e racista usará algoritmos para preservar a desigualdade e proteger o *status quo*. Em vez de exigir algoritmos mais inteligentes e precisos (que é onde O'Neil às vezes chega em sua análise), precisamos desmontar a fetichização que temos por uma análise preditiva e desafiar as formas de poder que invocam o futuro para autorizar o presente estado de coisas. É o que argumento em "Esta é uma história sobre nerds e policiais" (capítulo 4), um ensaio que escrevi em 2014 e que analisa as dimensões ocultas do policiamento. O ensaio foca no lado tecnológico do policiamento e na ascensão das práticas policiais preditivas. Ele critica a ideia de que o policiamento preditivo é "racialmente neutro" e argumenta que a "ciência policial" é uma forma de os departamentos de polícia se reformularem frente a uma crise de legitimidade. Depois que escrevi esse ensaio, o policiamento tecnológico atingiu um novo patamar quando a equipe da SWAT do Departamento de Polícia de Dallas usou um robô para matar o atirador Micah Xavier Johnson em 2016, inaugurando o uso letal de um robô pela polícia. Quando olhamos para o surgimento do policiamento algorítmico e robótico, precisamos responder à seguinte pergunta: como a repressão cibernética e robótica alterará o terreno da resistência política?

Poder algorítmico

> *A política ocupa-se do que se vê e do que se pode dizer sobre o que é visto, de quem tem competência para ver e qualidade para dizer, das propriedades do espaço e dos possíveis do tempo.*
>
> —Jacques Rancière,
> *A partilha do sensível* [36]

Com a ascensão do poder algorítmico na Era da Big Data, somos apresentados a uma série de problemas que são, ao mesmo tempo, políticos e estéticos: se o que podemos perceber com nossos sentidos delimita aquilo que é politicamente possível, então como tornar legíveis formas de poder que são invisíveis? Como podemos nos imaginar fora de uma caixa na qual nem sabemos que estamos presos? Como uma personagem em um enredo kafkiano, somos chamados à presença, conduzidos, confinados e punidos por uma autoridade que temos dificuldades de localizar ou identificar; e toda vez que embarcamos em uma busca por respostas, encontramos apenas protelação e adiamento infinitos.

Um candidato a um emprego pode se perguntar: por que minha inscrição foi rejeitada?

Porque uma empresa privada deu-lhe uma pontuação eletrônica que indica que você não é digno de confiança.

Por que eu recebi essa pontuação? Quais dados foram usados para fazer esse cálculo?

Não temos como dizer. Nós não sabemos.

---

36. Jacques Rancière, *A partilha do sensível: estética e política*. Tradução de Mônica Costa Netto. São Paulo: Editora 34, 2005, p. 16-7.

Então, como eu faço pra sair dessa caixa invisível que me cerca?

Essas novas formas de poder criam a ilusão de liberdade e flexibilidade ao mesmo tempo que são mais totalizantes em sua difusão. Quando o poder se opera por meio de circuitos automatizados e autorreguláveis, a remoção do elemento subjetivo torna esse mesmo poder ainda mais difícil de conceituar ou desafiar. Ainda assim, vale a pena reafirmar que, quando se trata do policiamento, o *soft power* (policiamento algorítmico) não substituiu o *hard power* (policiamento militarizado). Hoje, nos primeiros dias da presidência de Trump, estamos acompanhando um ressurgimento do poder soberano, sintetizado pelo disparo de ordens executivas emitidas por Trump na primeira semana de sua presidência. Com a ascensão do neofascismo ao redor do mundo, vemos a coexistência de poder soberano e governança tecnológica. A relação entre Trump e o Vale do Silício é representativa da conexão profundamente ambivalente entre essas forças – entre velhas e novas formas de poder. Na retórica, Trump mostrou preferência pelo modelo da velha escola de crescimento econômico, centrado em ressuscitar a indústria nos Estados Unidos, implementar políticas comerciais protecionistas e revigorar as indústrias extrativas, como as de carvão e petróleo. Ao longo do tempo, a agenda nacional se deslocou do futuro e se moveu em direção ao passado, o que também é sintetizado pelo *slogan* da campanha de Trump: "*make America great... again*" [torne a América grande... de novo]. No entanto, o Vale do Silício e a indústria de tecnologia sabem que a única coisa que ainda impede mudanças infraestruturais massivas, como os carros autônomos e o transporte por drones, é a aprovação de uma legislação governamental que permita a implementação dessas novas tecnologias. Por esse motivo – embora o Vale do Silício tenha estado, em algumas ocasiões, em guerra com o governo dos Estados Unidos –, alguns pesos pesados da tecnologia, como Elon Musk, tentaram cortejar o governo Trump, enquanto outros o condenaram. Travis Kalanick, o (agora antigo) CEO da Uber, juntou-se brevemente ao conselho econômico de Trump para renunciar logo depois de um boicote à Uber levar a uma perda significativa de receita para a empresa. Recentemente, 160 empresas de biotecnologia assinaram uma carta criticando a ordem executiva de Trump que proibia viagens de sete países predominantemente muçulmanos. A proibição foi particularmente prejudicial à indústria de biotecnologia porque ela depende fortemente da mão de obra altamente qualificada de pesquisadores e trabalhadores estrangeiros.

Mesmo que Trump decida agir contra os interesses da indústria de tecnologia, ele acabará sendo incapaz de evitar o que algumas pessoas estão chamando de "segunda revolução industrial" e "segunda era das máquinas". A automação em massa está no horizonte, e isso levanta uma série de questões sobre o futuro da economia e nosso papel dentro dela. Em dezembro de 2016, a Amazon fez sua primeira entrega usando drone e os carros autônomos rodam pelas estradas da Califórnia, mesmo após uma liminar para bani-los. Sob o governo Obama, vimos uma grande mudança na forma da guerra promovida pelos Estados Unidos no exterior – da guerra terrestre à guerra com drones. Os militares britânicos estão desenvolvendo armas e canhões a laser capazes de abater os drones cada vez mais usados nas guerras. A inovação tecnológica está reestruturando rapidamente a economia, as relações sociais, a governança, a cultura e a guerra.

Tudo isso para dizer que um vasto número de humanos – sejam trabalhadores ou soldados – deve se tornar supérfluo, embora possamos ainda ser necessários (pelo menos por agora) enquanto *usuários* e *consumidores*. No entanto, o futurista Jerry Kaplan desafia essa ideia de que os humanos ainda sejam necessários como consumidores:

> Quando a taxa de crescimento dos bens de luxo exceder consistentemente a taxa de crescimento de todas as vendas no varejo, não demorará muito para que ela responda por uma grande proporção dos gastos totais. De acordo com Mark Zandi, economista-chefe da Moody's Analytics, os 5% mais ricos são responsáveis por cerca de um terço de todos os gastos, e os 20% mais ricos respondem por aproximadamente 60% dos gastos. É bastante plausível que, na próxima década, os 5% mais ricos possam gerar mais da metade dos gastos de

varejo nos Estados Unidos. Essa seria uma economia próspera, impulsionada não pela mítica classe média, mas por um quadro cada vez mais concentrado da elite.[37]

O que acontecerá quando novas populações excedentes forem criadas e os humanos não forem mais necessários para a produção ou o consumo? À medida que os Estados Unidos se desindustrializaram e o estado de bem-estar social foi destruído (um processo que teve início na década de 1970), a solução para o problema do que fazer com os desempregados que haviam migrado para as cidades para se tornarem trabalhadores industriais – bem como com os doentes mentais alojados em hospitais que estavam fechando por todos os lados – foi o *encarceramento em massa racializado*. Já nas décadas de 1960 e 1970, os intelectuais negros associados ao Partido dos Panteras Negras teorizavam esses processos.

O Partido dos Panteras Negras, a lumpenização e a automação

Nas discussões contemporâneas sobre automação, raramente há qualquer reconhecimento das teorizações do marxismo negro sobre o assunto, tal como as produzidas pelo Partido dos Panteras Negras [*Black Panther Party* – BPP]. Além de ter sido uma organização política revolucionária, o BPP foi também um movimento político que produziu muitas contribuições significativas para o pensamento político negro. Antes dos Panteras Negras, poucos pensadores além de Malcolm X haviam assumido o imenso desafio de organizar o lumpemproletariado em uma organização política e teorizar sobre como e por que o lúmpen deveria ser incluído em uma luta revolucionária. O BPP também foi singular na medida em que muitos de seus líderes e teóricos – como George Jackson,

37. Jerry Kaplan, *Humans Need Not Apply: A Guide to Wealth and Work in the Age of Artificial Intelligence*. New Haven: Yale University Press, 2016, p. 118.

Huey P. Newton e Eldridge Cleaver – eram antigos agitadores e membros da mesma classe sobre a qual teorizavam.

As teorizações do BPP sobre o lumpemproletariado são um tanto distintas das concepções marxistas tradicionais. Na visão marxista, os desempregados (a classe lúmpen) são, essencialmente, trabalhadores sem trabalho: uma reserva de trabalho que é necessária para manter os salários baixos e enfraquecer o poder dos sindicatos. Historicamente, no entanto, eles não foram considerados pelos marxistas como uma classe revolucionária em si, pois não controlam os meios de produção e são notoriamente difíceis de organizar, dadas as poucas forças sociais, políticas e materiais que os unem. Por exemplo, os operários industriais são considerados organizáveis porque compartilham interesses materiais (condições de trabalho semelhantes e uma oposição compartilhada a seus patrões), bem como um espaço físico por meio do qual podem desenvolver uma consciência da classe trabalhadora e coordenar suas ações. A classe lúmpen, por outro lado, é um agregado de pessoas, em sua maioria não qualificadas, que às vezes opera fora da economia formal.

Nas teorizações pós-marxistas de Newton, Cleaver e Jackson sobre a nova economia capitalista, a maior parte da humanidade (exceto uma pequena classe de tecnocratas) acabará subjugada pela tecnologia. Esse é um afastamento significativo do otimismo tecnológico do marxismo e da visão de que o capitalismo é um estágio necessário para o desenvolvimento do comunismo, já que ele catalisa inovações tecnológicas que reduzem o trabalho humano necessário para atender às necessidades materiais da humanidade. Supostamente, isso libertaria as massas da servidão enfadonha do trabalho alienado e permitiria que as pessoas se desenvolvessem realizando atividades mais satisfatórias. No entanto, para o BPP, tanto o lúmpen quanto a classe trabalhadora têm uma relação negativa com a tecnologia. Esses pensadores previram que a rápida inovação tecnológica levaria a uma "lumpenização" das classes mais baixas, que se tornariam, por sua vez, permanentemente desempregadas à medida que a produção automatizada substituísse rapidamente os trabalhadores. Para o BPP, os estadunidenses negros seriam os primeiros a sentir os efeitos negativos da automação (bem como da desindustrialização), embora essa condição pudesse, eventualmente, se tornar generalizada e afetar a todos os trabalhadores. Na medida em que são os primeiros a sofrer as consequências da reestruturação política e econômica, os estadunidenses negros representam o que alguns chamam de "*the canary in the coal mine*"[38]. Newton escreve:

> Neste país, o Partido dos Panteras Negras [...] vê que, embora o lumpemproletariado seja a minoria e os proletários a maioria, a tecnologia está se desenvolvendo em um ritmo tão acelerado que a automação progredirá para a cibernetização, e esta, provavelmente, à tecnocracia. [...] Se o grupo dominante permanecer no poder, parece-me que os capitalistas continuarão a desenvolver sua maquinaria tecnológica, pois não estão interessados no povo. [...] Se a revolução não ocorrer quase imediatamente, e digo quase imediatamente porque a tecnologia está dando grandes saltos (deu um salto até a lua), e se o grupo dominante permanecer no poder, o proletariado definitivamente entrará em declínio, pois não encontrará recolocação, e, portanto, aumentará as fileiras do lúmpen, onde estão os atuais não empregáveis. Todo trabalhador está em perigo por causa do grupo dominante, e é por isso que dizemos que o lumpemproletariado tem potencial para a revolução, que provavelmente realizará a revolução, e em um futuro próximo será a maioria da população. Claro, eu não gostaria de ver mais gente do meu povo desempregada ou

38. N.T.: Em tradução literal, a expressão "*the canary in the coal mine*" significa "o canário na mina de carvão". Ela remete a uma prática dos mineradores de carvão, que levavam canários para dentro das escavações. Como os pássaros são mais sensíveis do que os seres humanos, se um deles morresse, os mineradores sabiam que estavam expostos a gases perigosos e abandonavam a mina. A expressão, usada aqui pela autora, passa a ideia de que os negros são expostos à descartabilidade e à morte prematura pelo movimento da economia, mas também servem aos brancos como alerta de que todo o sistema está em perigo.

> tornando-se não empregável, mas sendo objetivo, porque somos materialistas dialéticos, devemos reconhecer os fatos.[39]

Assim, segundo Newton, haveria uma mudança gigantesca na composição de classe: à medida que a classe trabalhadora encolhesse, o lumpemproletariado cresceria e eventualmente se tornaria maioria. Mas como, uma vez que os trabalhadores estarão lumpenizados, o lúmpen consumirá mercadorias? O consumo, argumenta Cleaver, impulsiona o crescimento econômico, e os lucros caem quando há poucas pessoas com renda disponível para comprar os produtos que estão sendo produzidos. No entanto, em "*On Lumpen Ideology*" [Sobre a ideologia lúmpen], Cleaver demonstra que o problema do subconsumo seria resolvido pelo estado com a criação de um sistema de bem-estar social que permitiria ao lúmpen participar da economia como consumidor, sem participar do processo de produção. Talvez alguém possa dizer que, hoje, os problemas do subconsumo e da queda da taxa de lucro identificados por Cleaver tenham sido temporariamente resolvidos (ou adiados) pela criação de uma economia da dívida que permite que as pessoas consumam mercadorias usando dinheiro emprestado.

Para os Panteras Negras, a transformação tecnológica do processo produtivo exige a criação de estratégias e táticas políticas que deem conta da nova situação. Dado que profetizavam que a classe trabalhadora acabaria sendo rebaixada às fileiras do lumpemproletariado, tornou-se necessário que esse fosse o ponto de partida para suas teorias políticas, e que suas estratégias atendessem à pergunta de como o lúmpen poderia ser convertido em classe revolucionária. Para Jackson, os negros dos Estados Unidos são — como os ex-escravizados e o estrato hiperexplorado da classe trabalhadora — revolucionários, pois possuem uma "terrível relação histórica com a violência do sistema produtivo", fato que os torna mais comprometidos em extirpar todo o sistema, enquanto a classe operária branca seria mais suscetível à neutralização pelo fato de não ter uma *relação totalmente antagônica com a produção* e, portanto, ter no suborno

---

39. Huey P. Newton, *The Huey P. Newton Reader*. Nova York: Seven Stories Press, 2011, p. 166-67.

um interesse para a manutenção do sistema.[40] Essa relação antagônica com a produção também redefine como a Guerra Popular deve ser travada: em vez de tomar os meios de produção, Jackson foca na destruição *das forças protetoras e produtivas*. Ele defendia a desestabilização do capitalismo por meio da interrupção da produção pela sabotagem, tornando, assim, o terreno inabitável para os capitalistas, bem como impróprio para o investimento de capital. Ele escreve: "O objetivo, repito, da destruição de um complexo industrial de uma cidade e de suas forças protetoras é criar a mais pura desordem, interromper todos os processos de interação que lhe permitam produzir e distribuir mercadorias, sendo isso mais facilmente realizado de dentro do processo do que de fora."[41] Mas sabotar a produção também significava que o BPP teria de desenvolver, simultaneamente, uma infraestrutura autônoma para garantir, como diziam os Panteras, a *sobrevivência até a chegada da revolução*.

A última das contribuições de Jackson para as teorizações políticas sobre o lumpemproletariado que quero examinar é a análise que ele faz sobre a função das prisões e dos prisioneiros enquanto classe. Quando Jackson estava escrevendo *Blood in My Eye* [Sangue no meu olho], no início dos anos 1970, as prisões nos Estados Unidos estavam no processo de se tornar – embora ainda não fossem – majoritariamente negras. Em uma de suas cartas, ele observou que estava em seu décimo primeiro ano de encarceramento no "maior sistema prisional do mundo". Mas foi somente nas décadas de 1980 e 1990, após sua morte, que as taxas de encarceramento começaram a disparar, marcando a expansão de um processo que agora é comumente referido como "encarceramento em massa". Por essas razões, as observações de Jackson sobre as prisões são particularmente proféticas.

Existem várias camadas em sua análise das prisões e da classe dos prisioneiros. A primeira, e mais básica, é um argumento que vem sendo rotineiramente elaborado pelos cientistas sociais: o encarceramento tem pouco a ver com o "crime" em si, mas é

40. George Jackson, *Blood in My Eye*. Baltimore: Black Classic Press, 1996, p. 10.

41. Ibid., p. 62.

impulsionado por forças econômicas e políticas. Jackson escreveu que, em 1969, 87% de todos os crimes eram crimes contra a propriedade.[42] Para ele, não era coincidência que um número desproporcional de negros estivesse encarcerado e que "todos" dos "milhares de prisioneiros" que encontrou "eram da classe trabalhadora ou do lumpemproletariado".[43] Para Jackson, a própria lei é uma construção política projetada especificamente para gerenciar "pessoas pobres e desesperadas como eu".[44] Ele escreve: "A lei burguesa protege as relações de propriedade e não as relações sociais".[45] Sua discussão sobre os termos "crime" e "lei" tenta desnaturalizá-los e revelar como a classe determina a forma como a lei é aplicada. "Crime", escreve Jackson, "é o simples resultado de uma distribuição grosseiramente desproporcional de riqueza e privilégios, um reflexo do estado atual das relações de propriedade".[46] Em outras palavras, o que provoca o crime, bem como o que determina quais tipos de atividades são consideradas criminosas, são as condições socioeconômicas.

Além da análise de classe que Jackson faz sobre as prisões, ele também argumenta que elas possuem uma função política: as prisões são uma das principais instituições repressivas que constituem o que ele chama de "estado capitalista totalitário", cuja existência, afirma, serve para "desencorajar e proibir certas atividades".[47] Em outras palavras, as prisões são usadas como instrumento de repressão política. Ele escreve: "Ao longo de sua história, os Estados Unidos usaram as prisões para suprimir qualquer esforço organizado que desafiasse sua legitimidade – desde suas tentativas de desmontar a Working Men's Benevolent Association[48]

42. Ibid., p. 97.

43. Ibid., p. 98.

44. Ibid., p. 100.

45. Ibid.

46. Ibid., p. 106.

47. Ibid., p. 99.

48. N.T.: A Working Men's Benevolent Association foi uma organização trabalhista do século XIX constituída, em sua maioria, por mineradores de carvão. Organizada em 1868, a associação convocou greves para aquele

[Associação Benevolente de Homens Trabalhadores], até o banimento do Partido Comunista [...] às tentativas de destruir o Partido dos Panteras Negras".[49] Para Jackson, todas as ações que ameaçam a ordem social capitalista colocam automaticamente o aparato repressivo em movimento, razão pela qual ele acredita que a guerra civil seja o único meio pelo qual uma revolução total pode ser realizada.

Encarceramento em massa, a economia da dívida e a sociedade do pós-trabalho

O objetivo do resumo, feito acima, da análise do Partido dos Panteras Negras sobre as prisões – e sobre como a inovação tecnológica pode levar à lumpenização da classe trabalhadora – é chamar a atenção para a possibilidade de que as tecnologias que eliminam trabalho, ainda que caminhem na direção da sociedade da pós-escassez e do pós-trabalho, não necessariamente libertam os humanos do trabalho. Ao contrário, podem levar à criação de populações excedentes que são alojadas – e geram valor – nas prisões ou que são incorporadas à economia como devedoras. Embora Cleaver tenha levantado a hipótese de que o estado de bem-estar social sustentaria o consumo à medida que mais pessoas fossem afastadas do processo de produção, nas décadas seguintes à publicação de seu ensaio, o estado de bem-estar se contraiu, enquanto a economia da dívida cresceu. Maurizio Lazzarato, em *The Making of the Indebted Man* [A produção do homem endividado][50], analisa o significado dessa transição do *direito social* para a *dívida social*: "Quando os

---

mesmo ano, bem como para os anos de 1869 e 1871. Dessas paralisações, a organização obteve ganhos trabalhistas e sofreu ataques que resultaram em assassinatos e prisões.

49. Ibid., p. 107.

50. N.E.: Livro originalmente publicado em francês sob o título *La fabrique de l'homme endetté* (Paris: Éditions Amsterdam, 2011).

direitos sociais (seguro-desemprego, salário mínimo, assistência médica etc.) se transformam em dívida social e dívida privada e os beneficiários se transformam em devedores cuja contrapartida significa a adoção de comportamentos pré-determinados, as relações subjetivas entre instituições 'credoras', que distribuem os direitos, e 'devedores', que se beneficiam da assistência ou serviços, começam a funcionar de uma forma radicalmente diferente, exatamente como Marx previu".[51] Para Lazzarato, a dívida deve ser conceitualizada não apenas em termos de dinheiro e pagamento, mas também em termos de sua função disciplinar e das dóceis subjetividades produzidas pelo endividamento. Em suas palavras:

> Diferentemente do que acontece nos mercados financeiros, não se espera do beneficiário, na figura do "devedor", que ele dê retorno em papel moeda, mas em conduta, atitudes, formas de comportamento, planos, compromissos subjetivos, tempo dedicado a encontrar um emprego, tempo usado para se enquadrar nos critérios postos pelo mercado e negócios etc. A dívida implica diretamente uma disciplina de vida e um modo de vida que requer "trabalhar seu eu", uma negociação permanente consigo mesmo, uma forma específica de subjetividade: a do homem endividado. Em outras palavras, a dívida reconfigura o poder biopolítico ao exigir uma produção de subjetividade específica do homem endividado.[52]

Assim, à medida que mais pessoas se juntam às fileiras do lúmpen ou do precariado e que a produção migra ao redor do mundo ou se torna mais eficiente, testemunhamos a expansão da economia da dívida. A dívida não significa apenas que o credor possui, de fato, o futuro da dívida (o que afetaria, consciente e inconscientemente, as escolhas de vida feitas pelo devedor), mas que esta realmente produz um tipo específico de subjetividade.

---

51. Maurizio Lazzarato, *The Making of the Indebted Man: An Essay on the Neoliberal Condition*. Los Angeles: Semiotext(e), 2012, p. 104.

52. Ibid.

Em seu livro *Humans Need Not Apply: A Guide to Wealth and Work in the Age of Artificial Intelligence* [Humanos são dispensáveis: um guia para a riqueza e o trabalho na era da inteligência artificial], Jerry Kaplan – um futurista, empresário e pesquisador do Stanford Center for Legal Informatics – prevê que 90% dos empregos atualmente existentes serão, em algum momento, automatizados. Embora alguns críticos de tecnologia pós-marxistas levantem a hipótese de que a automação conduzirá, inevitavelmente, à garantia da renda básica, à monetização do valor social de nossa participação como *usuários* e à criação de uma sociedade do pós-trabalho, parece igualmente plausível – dada as tendências recentes – que a crise social e econômica do desemprego causada pela automação levará à criação de novos regimes de dívida e crédito. Essas inovações já estão em curso no Vale do Silício. Em *Humans Need Not Apply*, Kaplan propõe a hipoteca de trabalho como uma forma de resistir ao que ele acredita ser uma fase de transição econômica:

> Vou propor uma abordagem desse problema sob a forma de um novo tipo de instrumento financeiro, a "hipoteca de trabalho", garantida, exclusivamente, por seu trabalho futuro (renda auferida), semelhante à maneira como a hipoteca de sua casa tem na propriedade sua única forma de garantia. Está sem trabalho? Os pagamentos são suspensos por um período de carência razoável até que você encontre outra ocupação.
>
> No sistema proposto, empregadores e escolas terão incentivos para colaborarem dentro de um novo formato. Se você adquirir habilidades específicas, os empregadores emitirão cartas de intenção para contratá-lo e obterão certas isenções fiscais na folha de pagamento, se, no final das contas, seguirem com o contrato. Essas cartas de intenção terão, para os credores das hipotecas de trabalho, o mesmo propósito que uma avaliação de imóvel tem para um credor de hipoteca residencial. As instituições de ensino terão de elaborar seus currículos em torno das habilidades específicas exigidas pelos empregadores patrocinadores, com o objetivo de atender aos

> requisitos dos empréstimos, caso contrário, os alunos não se matricularão. Você não precisará se comprometer, de antemão, a aceitar uma determinada colocação se outra pessoa lhe fizer uma oferta melhor, e ao mesmo tempo você terá o conforto de saber que está adquirindo as habilidades valorizadas pelo mercado. Com efeito, esse esquema introduz uma nova forma de *feedback* e liquidez nos mercados de trabalho, aplicada por meio da disciplina do mercado livre.[53]

Longe de inaugurar a utopia comunista que muitos de nós desejamos, as inovações tecnológicas que reduzem a necessidade do trabalho humano podem simplesmente se tornar uma oportunidade para que instituições financeiras tenham um domínio mais amplo de nosso futuro por meio da criação de novos instrumentos de crédito. Tal instrumento, como a hipoteca de trabalho, não seria apenas uma forma de injetar liquidez nos mercados de trabalho, mas serviria como um aparato disciplinar que vem em conjunto com uma série de termos e requisitos. Mesmo que a hipoteca de trabalho fizesse com que as instituições de empréstimo tivessem direito a uma porcentagem da renda futura dos mutuários, se estes não viessem a encontrar trabalho, ainda teriam de pagar uma parte do empréstimo. Mas permanecem dúvidas sobre como os mutuários seriam punidos caso não cumprissem os requisitos da hipoteca de trabalho. E se um mutuário pegar um empréstimo e decidir mudar de carreira? E se o devedor desistir e decidir viver em uma casa punk e pegar carona pelo país? E se, depois de aprender a programar o software para carros autônomos, um mutuário decidir que isso não é para ele e, como alternativa, começar a produzir música eletrônica? Será possível imaginar tais futuros para nós na medida em que o sistema de crédito coloniza todas as áreas de nossas vidas e aprisiona nossos futuros? Esses instrumentos de crédito e a "disciplina do livre mercado" reduzirão nossas vidas à aquisição de "habilidades comercializáveis", tornando impossível explorar, vagar, criar, inventar, aprender (em oposição a "adquirir habilidades"), relaxar, formar laços sociais

53. Jerry Kaplan, *Humans Need Not Apply*, p. 13-14.

não instrumentalizados, vadiar e sonhar? Sem uma revolução ou um movimento social para derrubar ou enfrentar os rumos da economia da dívida e do capitalismo tecnológico, poderemos ser catapultados para um futuro em que nossas vidas sejam disciplinadas e determinadas pela dependência do crédito.

O novo capitalismo racial

Os ensaios presentes neste livro – que são mais sugestivos do que conclusivos – tentam atualizar a análise do capitalismo racial para o contexto contemporâneo. Em vez de focar no âmbito da produção, analisando como o racismo opera por meio da diferenciação salarial, este trabalho tenta identificar e analisar o que eu considero as duas principais modalidades do capitalismo racial contemporâneo: o empréstimo predatório e a governança parasitária. Essas formas de governança e práticas econômicas racializadas estão conectadas na medida em que ambas surgem para protelar, temporariamente, as crises geradas pelo capital financeiro. Ao intitular este livro *Capitalismo carcerário*, espero chamar a atenção para as maneiras com que as técnicas carcerárias do estado são moldadas pelos – e trabalham em conjunto com os – imperativos do capitalismo global.

Empréstimos predatórios são uma forma de empréstimos de má-fé que se utilizam da ampliação do crédito como método de despossessão. Ao analisar as práticas econômicas contemporâneas, pode-se fazer uma distinção entre formas de crédito de boa-fé e de má-fé. Empréstimos de boa-fé costumam ter uma taxa de juros fixa e são projetados de maneira que há a possibilidade de serem pagos. Eles permitem que os mutuários acumulem riqueza, embora, à medida que a economia da dívida se expande, torne-se cada vez mais difícil para as pessoas se livrarem do endividamento. Empréstimos de má-fé costumam ter uma alta taxa de juros ou uma taxa de juros flutuante (muitas vezes oferecida como uma taxa para quem está "em dificuldades", mas que eventualmente expira) e são projetados de forma que os mutuários provavelmente se tornem inadimplentes e, assim, sua propriedade possa ser confiscada (seus bens retomados, suas casas executadas judicialmente, etc.). Nos Estados Unidos, o tipo de crédito a que um mutuário tem acesso depende, em parte, de sua raça. Hoje, antes de trabalhar nesta introdução, li um artigo do *The New York Times* sobre como o JP Morgan – o maior banco dos Estados Unidos – pagará US$ 55 milhões em indenizações por práticas de crédito discriminatórias que tinham como alvo a aplicação de empréstimos hipotecários com juros mais altos para pessoas negras e latinas, em comparação com os cedidos a pessoas brancas da mesma faixa de renda (o Wells Fargo também teve de pagar US$ 175 milhões por se envolver em práticas similares). Como o empréstimo predatório impede sistematicamente que estadunidenses negros, principalmente os pobres, acumulem riqueza ou propriedade privada, ele é uma forma de exclusão social que opera por meio da inclusão de populações marginalizadas como mutuárias. Pois é como mutuárias que elas são, afinal, identificadas para uma maior exclusão social (por meio do crédito e pontuações eletrônicas). O empréstimo predatório existe em muitos formatos, incluindo os empréstimos hipotecários *subprime*, empréstimos estudantis para faculdades particulares de fachada (as quais Obama tentou regulamentar, mas que podem ser reativadas pela Secretária de Educação, Betsy DeVos), empréstimos para automóveis e assim por diante. As práticas de empréstimos predatórios também possuem um caráter fortemente espacializado. Em áreas urbanas empobrecidas, os empréstimos predatórios existem na forma de golpes sobre pessoas que alugam casas com a intenção de comprá-las, empréstimos de curto prazo com altas taxas de juros, comercialização de fianças e outras práticas. No geral, o empréstimo predatório permite a maximização do lucro quando o crescimento está estagnado. Entretanto, essa forma de crédito sempre estará ameaçada por problemas de realização, que às vezes são solucionados usando a força do estado.

As formas parasitárias de governança – que se intensificaram na esteira do *crash* de 2008 – estão, na verdade, enraizadas em problemas de décadas anteriores e que só agora vêm à tona. A partir dos anos 1970, houve uma revolta na classe capitalista que minou o estado fiscal e causou a transformação das finanças públicas. Durante as décadas subsequentes, o estado fiscal foi gradualmente transformado em estado endividado: isto é, um estado que "cobre grande parte – por ventura, uma parte cada vez maior – de suas despesas contraindo empréstimos e não cobrando impostos; acumulando, por conseguinte, uma enorme dívida para cujo financiamento tem de utilizar uma porcentagem cada vez maior de suas receitas."[54] Esse modelo de finanças públicas cria uma situação em que os credores, e não o povo, se tornam o eleitorado privilegiado dos governos. A hegemonia do financeiro é antidemocrática não só porque as instituições financeiras não são transparentes e podem influenciar as finanças por meio de sua participação na dívida pública, mas também porque as crises fiscais (que podem ser induzidas pelo setor financeiro) autorizam o uso do poder do estado para extorquir a população.

A governança parasitária, como uma modalidade do novo capitalismo racial, usa cinco técnicas primárias: 1) estados financeiros de exceção, 2) processamento automatizado, 3) extorsão e saque, 4) confinamento e 5) violência gratuita (sendo a execução a manifestação extrema desta técnica).

O estado financeiro de exceção

O que eu chamo de estado financeiro de exceção talvez seja melhor exemplificado pelos recentes casos da crise da água em Flint e da crise fiscal porto-riquenha.[55] Ambos envolvem a suspensão dos

---

54. Wolfgang Streeck, *Tempo comprado: a crise adiada do capitalismo democrático*. Tradução de Marian Toldy e Teresa Toldy. São Paulo: Boitempo, 2018, p. 118.

55. N.T.: Em 2005, os Estados Unidos interromperam os incentivos fiscais a empresas atuantes em Porto Rico. A fuga de capitais se aliou ao fato de que a maioria da população porto-riquenha depende de assistência do estado, forçando o endividamento público, majoritariamente por meio da emissão de títulos. Porém, o status de território da ilha, diferente dos outros cinquenta

chamados modos democráticos regulares de governança (em que as decisões são tomadas por funcionários eleitos) e a implementação de regras por gestores de emergência [*emergency managers* – EMs] que representam os interesses do setor financeiro. Em geral, é uma crise de dívida estadual, municipal ou soberana que autoriza o controle financeiro da governança (mas também pode ser um desastre "natural", como vimos em Nova Orleans com o furacão Katrina). Um estado financeiro de emergência também pode ser induzido quando os bancos criam uma escassez de liquidez, recusando-se abruptamente a emprestar dinheiro a órgãos do governo (que foi o que ocorreu na falência da cidade de Nova York, em 1975). Flint, no estado de Michigan, é um exemplo perfeito de como um estado financeiro de exceção pode se tornar um pesadelo. Enquanto escrevo esta introdução, Flint já está há mais de mil dias sem água potável – mas o que isso tem a ver com os processos financeiros e governamentais que descrevi acima? Em 2011, o governador Rick Snyder nomeou gestores de emergência para assumir o controle dos assuntos financeiros da cidade em nome do bem público. Como muitas outras cidades desindustrializadas que enfrentaram dificuldades em Michigan – incluindo o decréscimo populacional e o colapso da base tributária –, Flint estava em meio a uma crise fiscal. Em 2014, para cortar custos, a cidade mudou sua fonte de abastecimento de água do sistema do Lago Huron, em Detroit, para o Rio Flint. As autoridades – incluindo os gestores financeiros de emergência – fizeram isso sabendo que a cidade não tinha infraestrutura para tratar a água da maneira adequada. A água não tratada corroeu os encanamentos e altos níveis

---

estados dos Estados Unidos, permitiu que os investimentos fossem feitos sem imposto de renda, gerando um novo fluxo de capitais atraído por esse incentivo. Em 2016, após o governador de Porto Rico, Alejandro Padilla, declarar que a dívida era "impagável", o governo federal estabeleceu a criação de uma Junta de Supervisão Fiscal (JSF) para "instituir a responsabilidade fiscal e garantir acesso aos mercados de capital". Assim, o decreto de falência de Porto Rico (antes considerado ilegal também por sua condição de território especial) só foi aceito pelo governo federal mediante a perda de poder sobre a governança e a reestruturação da economia, sendo a JSF a responsável pela implementação de reformas, que, na prática, resultou em cortes nos orçamentos das aposentadorias, saúde e educação dos habitantes da ilha.

de chumbo se misturaram à distribuição, envenenando, majoritariamente, os moradores negros da cidade. Para se ter uma ideia de como a água estava tóxica, considere que com cinco mil partes por bilhão de chumbo a água é considerada um refugo perigoso. Quando LeeAnne Walters, moradora de Flint, teve sua água testada, o nível de chumbo estava em 13.200 partes por bilhão. Como muitas das crianças e bebês expostos à água contaminada, Gavin, o filho de Walters, foi diagnosticado com envenenamento por chumbo. Em suma, o estado financeiro de exceção criado pela crise orçamentária autorizou a implementação de gestores financeiros de emergência cujo objetivo principal era tornar Flint solvente a todo e qualquer custo, mesmo que isso significasse colocar em risco a saúde dos moradores. Sob o olhar vigilante dos EMs, Flint foi proibida de pedir dinheiro emprestado ou emitir títulos. Uma vez que o atual paradigma fiscal não permite que o governo federal forneça recursos significativos para as cidades, os moradores agora sofrem as consequências dos dramáticos cortes de gastos.

Por mais árido, técnico e enfadonho que seja o tema das finanças municipais e da retração fiscal, é possível observar, a partir da crise da água em Flint, que essas questões formam o pano de fundo de nossas vidas: elas determinam diretamente nossa qualidade de vida e até mesmo o que acontecerá com nossa saúde. Não podemos, mesmo no nível corporal, florescer sob essas condições. Mas é necessário enfatizar que a vulnerabilidade às práticas parasitárias de governo não é igualmente distribuída pelo país. As práticas às quais você está exposta ou exposto dependem de onde você mora (o que, em função do quão segregado é nosso país, é determinado, em grande parte, por sua raça e classe).

Automação

A segunda técnica do modelo de governança parasitária que estou esboçando aqui é a automação. Em *Algoritmos de destruição em massa*, Cathy O'Neil aponta que "os privilegiados, veremos vez após outra, são processados mais pelas pessoas; as massas, pelas máquinas"[56]. Quando os órgãos do governo precisam de dinheiro, podem aumentar a receita implementando softwares que automatizam o processo de cobrança das pessoas, a penhora de salários, de previdência social e retornos fiscais, a aplicação de multas à população e a extração de riqueza – tudo isso enquanto se evita o custo de contratação de pessoal para abrir casos individuais contra as pessoas. Para citar um exemplo comum: quando se tem sensores e câmeras instalados nos semáforos, multas de trânsito, como por ultrapassar o sinal vermelho, podem ser emitidas e enviadas por correio. Embora essa prática pareça benigna, ela pode se transformar numa espécie de pesadelo quando uma pessoa (talvez porque tenha se mudado) não recebe a multa e, em consequência, ganha um mandado de prisão contra ela. Mas talvez o exemplo mais paradigmático dessa prática seja uma situação que recentemente veio à tona – mais uma vez – em Michigan. Em 2013 – durante o auge da mesma crise fiscal que levou Detroit à falência e Flint à crise da água –, a Michigan Unemployment Insurance Agency (UIA) [Agência de Seguro-Desemprego de Michigan] implementou um sistema que emitiu automaticamente mais de vinte mil acusações de fraude contra pessoas que estavam se inscrevendo para receber o seguro-desemprego. Depois que uma ação coletiva foi movida, uma revisão dos casos descobriu que 93% das alegações de fraude emitidas pelo Michigan Integrated Data Automated System (MIDAS) [Sistema Automatizado de Dados Integrados de Michigan] eram falsas. Após a implementação do MIDAS, o saldo do fundo contingencial da UIA (que consiste, em sua maioria, de fundos gerados por multas emitidas a partir de fraudes) disparou de US$ 3,1 milhões para US$ 155 milhões. Apenas uma semana antes de o relatório ser divulgado, Michigan aprovou uma medida legal que permitia ao estado usar o dinheiro do fundo contingencial da UIA para equilibrar o orçamento estadual. Como disse o advogado David Blanchard: "É, literalmente, equilibrar as contas nas costas dos desempregados

56. Cathy O'Neill, *Algoritmos de destruição em massa: como o Big Data aumenta a desigualdade e ameaça a democracia.* Tradução de Rafael Abraham. Santo André: Rua do Sabão, 2020, p. 15.

e dos mais pobres de Michigan".[57] Infelizmente, como as consequências sociais do processamento automatizado são difíceis de identificar e compreender, situações como as do caso MIDAS raramente são registradas como escândalos.

Extorsão e saque

A expropriação racializada, enquanto uma ferramenta tanto do capital financeiro quanto do estado parasitário, é discutida em maior profundidade em meus capítulos sobre a economia da dívida e as finanças municipais. Embora a extorsão e o saque sejam as forças vitais do capitalismo global, elas também ocorrem internamente na esfera pública, quando órgãos governamentais – longe da pressão para satisfazer seus credores privados – prejudicam a população não apenas destruindo os serviços sociais, mas também saqueando-a por meio de impostos regressivos, de cobrança de taxas e multas, de "serviços" da justiça criminal financiados pelo próprio infrator, tal como serviços privados de fiscalização de liberdade condicional, e assim por diante. Enquanto no setor privado a ampliação do crédito *subprime* é frequentemente implantada como uma forma racializada de expropriação, no setor público, os governos municipais (em conjunto com ou em nome das instituições financeiras) usam a polícia e o sistema de justiça criminal para saquear os moradores, em sua maioria de jurisdições negras. Muitos pensadores marxistas e pós-marxistas, incluindo David Harvey, analisaram como as economias globais avançadas – e os Estados Unidos em particular – usam seu poderio militar, econômico e político para garantir o acesso a recursos naturais e ao trabalho barato, seja por meio de empréstimos, força militar, intermediação em acordos com autocratas corruptos, patrocínio de golpes ou acordos comerciais internacionais feitos sob os termos do Norte Global. Alguns argumentam que a expansão do capitalismo requer

57. Ryan Felton, "Michigan Unemployment Agency Made 20,000 False Accusations", *The Guardian*, 18 de dezembro de 2016.

o uso da força para expropriar riqueza das áreas que estão "fora" de sua esfera formal. Harvey chamou essa dinâmica do capitalismo tardio de "novo imperialismo". Em um mundo pós-colonial, a expropriação deve ter continuidade sob outros formatos que não apenas a expansão territorial bruta. Voltarei a esse debate teórico em meu capítulo sobre a economia da dívida, mas, antes, gostaria de retomar brevemente a análise de Brandon Terry sobre o que poderia ser descrito como uma encenação *doméstica* de um processo semelhante: a expropriação de riqueza dos Estados Unidos negro.

Em "*Insurgency and Imagination in an Age of Debt*" [Insurgência e imaginação na Era da Dívida], Terry usa o conceito de "colônia interna", de Stokely Carmichael e Charles V. Hamilton, para elucidar a relação predatória do capital financeiro com os Estados Unidos negro. Desde a neoliberalização da economia estadunidense, a dívida das famílias explodiu, sendo que a carga dessa dívida é suportada desproporcionalmente pelos estadunidenses negros e pelos pobres. Entre 1980 e 2006, "a relação entre a dívida das famílias e a renda pessoal disponível passou de 72,1% para 139,7%".[58] Dada a carga desigual de endividamento entre os estadunidenses negros urbanizados que perderam o acesso a empregos estáveis (devido à perda de empregos sindicalizados na indústria e à redução do setor público), Terry tem razão em focar na "dívida e financeirização", e não no "trabalho e produção", como seu eixo principal de análise. Esse regime de endividamento não opera apenas por meio da classificação e transformação de certos sujeitos racializados em alvos de empréstimos que são, no fundo, golpes – ele também se territorializa, na medida em que depende da segregação espacializada para funcionar. Em sua descrição da "vida de consumidor do gueto", Terry fornece uma série de exemplos de esquemas predatórios que só são possíveis considerando o gueto como uma configuração espacial:

> [...] um Playstation 4, no momento da redação deste ensaio, custa US$ 299,99 no varejista de produtos eletrônicos Best

58. Brandon Terry, "Insurgency and Imagination in an Age of Debt", *Du Bois Review* (a ser publicado).

> Buy. Em outro varejista, o Rent-A-Center, em Dorchester, no estado de Massachusetts, que faz contratos de venda a partir de um aluguel mensal, o mesmo produto, incluindo despesas com seguro, custa US$ 122 por mês, durante um prazo de dezesseis meses, totalizando US$ 1.952 – um aumento de preço de mais de 650%. Quando os consumidores ficam inadimplentes – mesmo que muitas centenas de dólares já tenham sido pagos –, taxas de atraso são cobradas, a polícia pode ser acionada e as mercadorias talvez sejam retomadas e revendidas pelo mesmo preço exorbitante. Estes são lucros parasitários se consideradas as muitas condições que constituem o gueto – emprego precário, desvantagens de riqueza herdadas e cumulativas, educação inferior, assimetria de informação enraizada na discriminação e marginalização social, falta de mobilidade e de acesso ao comércio. Onde esses fenômenos não existem, esses contratos de venda a partir do aluguel de produtos são uma característica insignificante da vida do consumidor.[59]

Em guetos urbanos, prevalecem os métodos de extorsão, pois os moradores estão espacialmente expostos à predação. Terry sugere que, dado o caráter territorializante e expropriativo da relação do capital com os Estados Unidos negro, a analogia conceitual feita por Carmichael e Hamilton destes enquanto uma colônia interna se encaixa bem dentro dos domínios da geografia e da economia (precisamente onde a analogia parece "mal ajustada").[60] Alguns teóricos – e, particularmente, afro-pessimistas como Jared Sexton – provavelmente protestariam contra o uso do colonialismo enquanto um eixo analítico para entender as dinâmicas sociais antinegros, já que a racialização das pessoas negras ocorreu no processo histórico da escravidão (ao associar a negritude à condição de mercadoria transferível dada pela escravidão) e não da colonização ou da conquista territorial. No entanto, a análise de Terry é convincente na medida em que mostra como a segregação racial e a

59. Ibid.

60. Ibid.

concentração espacial da pobreza são capazes de criar zonas identificadas como saqueáveis. A pilhagem persiste porque os moradores dessas áreas não têm acesso a créditos de "boa-fé" nem a meios materiais para escapar da exposição espacial à predação.

Confinamento

Enquanto as três primeiras categorias (financeirização, automação e saque) representam processos de exclusão que se desenrolam por meio da inclusão (subjetivação dos cidadãos como devedores, incorporação por meio da ampliação do crédito), o confinamento e a violência gratuita são exemplos de processos de exclusão que resultam na morte cívica e real. Em outras palavras, nos três primeiros casos, o estado parasitário e o sistema de crédito predatório devem manter as pessoas vivas para promover a extorsão; nos últimos dois, devem confinar e matar para manter a ordem racial atual.

À medida que avançamos para a quarta e a quinta técnicas de governança parasitária – confinamento e violência gratuita –, chegamos ao ponto em que a economia política falha como instrumento de análise da dinâmica racial nos Estados Unidos. Embora o conceito de complexo industrial-prisional chame a atenção para as indústrias que se beneficiam do *boom* das prisões nas últimas décadas – incluindo as construtoras contratadas para construí-las, as empresas contratadas que fornecem alimentos e itens administrativos, as empresas predatórias de telefone e vídeo contratadas para fornecer serviços de comunicação e as empresas privadas que fazem a operação das prisões, como a GEO Group e a Corrections Corporation of America (que recentemente se rebatizou como CoreCivic) –, a motivação exclusiva do lucro não é suficiente para explicar o fenômeno do encarceramento em massa racializado. Ainda assim, uma análise econômica das prisões não deve ser totalmente descartada.

Além de chamar a atenção para as empresas privadas que se beneficiam da existência das prisões, a economia política ainda pode nos dizer muito mais sobre o encarceramento nos Estados Unidos: ela pode elucidar como as economias rurais dos Estados Unidos branco foram reanimadas a partir da construção de prisões e do emprego de trabalhadores brancos – antes ociosos – como policiais penais; pode explicar como a desindustrialização e a migração de empregos para os subúrbios e para fora do país criaram zonas de concentração de pobreza urbana negra; e pode mostrar como a expansão das prisões "resolveu" a crise de excedente populacional causada pela onda de desemprego que se seguiu à reestruturação da economia estadunidense. A economia política também nos dá um caminho para entender o crescimento das prisões privadas das últimas décadas (especialmente na área da detenção juvenil) e o uso do trabalho prisional para produzir mercadorias a um custo médio de 93 centavos [de dólar] por hora.[61] As análises a partir da economia política podem até mesmo lançar luz sobre por que houve uma diminuição marginal na população carcerária após a crise financeira de 2008, que levou à queda de receitas que deixou muitos estados desesperados para cortar gastos públicos.

Ainda assim, seria equivocado dizer que o encarceramento em massa serve apenas à promoção do lucro, posto que a maioria dos presos é mantida em instalações estaduais e federais operadas pelos órgãos públicos, bem como em cadeias públicas locais. Ainda que por volta de setecentos mil presos estejam empregados em diferentes ocupações (variando desde a manutenção de instalações a empregos de manufatura em indústrias, como a da produção de móveis), a maioria dos que estão dentro das prisões e cadeias não trabalha. No fim das contas, o custo de alojar os prisioneiros é alto, e é o setor público que sustenta o fardo desse custo. Uma questão que a visão puramente economicista falha em abordar é por que, quando o estado de bem-estar social estava sendo desmantelado e havia um eixo ideológico que passava ao largo do "grande governo", a população foi induzida a acreditar na legitimidade da farra das prisões, enquanto o gasto em serviços sociais, educação e criação de empregos tornava-se algo ilegítimo? É possível que,

61. Peter Wagner e Brigette Sarabi, *The Prison Index: Taking the Pulse of the Crime Control Industry*. Springfield: Prison Policy Initiative, 2003.

posto que o governo se retirou da arena do bem-estar social e a revolta entre aqueles da classe capitalista reorganizou a política de tal forma que o governo não teve mais permissão para regular a economia, a única prerrogativa social remanescente – a prerrogativa que existe para dar ao estado, enquanto uma entidade, sua coerência – seja a prerrogativa da *segurança*? Como disse o presidente Lyndon B. Johnson em seu discurso de 8 de março de 1965 ao Congresso, na antessala da era do encarceramento em massa: "Nenhum direito é mais elementar para nossa sociedade do que o direito à segurança pessoal e nenhum direito precisa de proteção mais urgente. Nossas ruas devem estar seguras. Nossas casas e locais de trabalho devem estar seguros. Experiência e sabedoria nos dizem que uma das funções mais legítimas do governo é a preservação da lei e da ordem."[62]

Essa modificação na função social do estado, de *provedor de serviços sociais* à *provedor de segurança*, também representou uma modificação na forma como se daria a gestão das populações racializadas nos Estados Unidos. O projeto de desmantelamento do estado de bem-estar ganhou legitimidade com a associação feita entre os direitos sociais e a negritude. Se os estadunidenses negros eram vistos como os principais beneficiários dos programas sociais (fossem de ação afirmativa, saúde ou auxílio alimentação), então a visão conservadora da era pós-direitos civis – de que eles estavam progredindo às custas dos estadunidenses brancos – deslegitimaria convincentemente a função do estado na ampla promoção do bem-estar social. Talvez seja por isso que muitos estadunidenses pobres e da classe trabalhadora acabem protestando contra o estado de bem-estar e as "minorias gananciosas", sem se dar conta de que são os beneficiários dos serviços e programas que seus sentimentos destruíram. Não surpreende que, em uma pesquisa recente, 43% dos republicanos tenham dito que os brancos, e não negros, sofrem muita

62. Lyndon B. Johnson, "Special Message to the Congress on Law Enforcement and the Administration of Justice" [Mensagem Especial ao Congresso a respeito da Aplicação da Lei e da Administração da Justiça] (discurso, Washington, DC, 8 de março de 1965). Disponibilizado por Gerhard Peters e John T. Woolley em *The American Presidency Project*. http://www.presidency.ucsb.edu/ws/?pid=26800.

discriminação, enquanto apenas 27% dos republicanos tenham afirmado acreditar que são os negros que vivem essa situação.[63] Dado que os conservadores brancos sentem que os negros têm uma vantagem social sobre os brancos, e que essa "vantagem injusta" é, na opinião deles, facilitada pelo estado, destruir direitos sociais produz, portanto, sua versão distorcida de "igualdade".

Tudo isso para dizer que o racismo antinegro está no cerne do encarceramento em massa e da transformação do estado de bem-estar não apenas no estado da dívida (neoliberal), mas também no *estado penal*. No início da era carcerária, os Estados Unidos escolheram o caminho do *desinvestimento* em direitos sociais e do *investimento* na polícia e nas prisões. Como Elizabeth Hinton nos mostra em seu brilhante livro *From the War on Poverty to the War on Crime: The Making of Mass Incarceration in America* [Da guerra contra a pobreza à guerra contra o crime: a produção do encarceramento em massa nos Estados Unidos], não havia nada que não fosse evitável na trajetória dessas políticas públicas.

O projeto de desmonte do estado de bem-estar social esteve intimamente ligado à construção da ideia de que os estadunidenses negros das áreas urbanas, confinados em zonas de pobreza concentrada, são merecedores de sua situação. O racismo codificado serviu para a construção da pobreza enquanto uma falha moral pessoal. Uma análise estrutural da pobreza urbana foi deixada de lado e uma narrativa racializada da patologia cultural foi retomada. Ao responsabilizar pelo próprio sofrimento aqueles mais duramente atingidos por mudanças cataclísmicas na economia (atribuindo sua situação à preguiça, à propensão ao crime e à inferioridade cultural), os estadunidenses negros foram, ao mesmo tempo, considerados *merecedores de punição*. A conversão da pobreza em falha moral pessoal estava intimamente conectada à construção dos negros estadunidenses como descartáveis e sujeitos ao encarceramento em massa. O racismo antinegro, e não apenas a motivação para o lucro,

---

63. "Low Approval of Trump's Transition but Outlook for His Presidency Improves", *Pew Research Center*, 8 de dezembro de 2016. https://www.people-press.org/2016/12/08/low-approval-oftrumps-transition-but-outlook-for-this-presidency-improves/.

está no cerne do encarceramento em massa. Assim, o título deste livro, *Capitalismo carcerário*, não é uma tentativa de postular a carceralidade como um efeito do capitalismo, mas de pensar sobre o *continuum* carcerário que existe paralela e inseparavelmente à dinâmica do capitalismo tardio.

Violência gratuita

Há discordâncias fundamentais entre as pessoas que usam o capitalismo racial como instrumento de análise (seja com ênfase na dívida, no trabalho ou na expropriação) e aquelas que usam uma lente afro-pessimista, que está parcialmente centrada na violência gratuita como uma característica definidora do racismo antinegro. O foco na dinâmica do capitalismo e em como as populações negras são trapaceadas por esse sistema (como trabalhadoras ou devedoras) ignora o fato de que a condição de existência do capitalismo global era a escravidão negra – um legado que continua até hoje sob iterações modificadas. Sob a escravidão, os negros eram – enquanto sujeitos racializados – considerados mercadorias; e não eram os donos da sua força de trabalho, como os trabalhadores brancos, nem da propriedade, tal qual o capitalista. Wilderson escreve, para o desgosto de Michael C. Dawson, que

> o trabalho é uma categoria branca. O fato de milhões e milhões de negros trabalharem não explica nada. A questão é que nunca se pretendeu que fôssemos trabalhadores; em outras palavras, o capital e a supremacia branca não nos imaginam incorporados ou inseridos. Desde o início, estivemos destinados a ser acumulados e à morte. [...] Hoje, no final do século XX, ainda não se espera de nós que sejamos trabalhadores. Estamos destinados à prisão e à morte.

Dawson responde que essa afirmação está "fundamentalmente errada: fomos trazidos aqui para trabalhar, e para morrer."[64] O que está em jogo nessa discordância talvez seja a questão de saber se a racialização do negro se dá por meio da lógica da *descartabilidade* ou da *explorabilidade*.

A ideia de que o "trabalho" é uma categoria branca ignora que tanto a supremacia branca quanto o capitalismo se adaptam, de maneira flexível, às condições históricas em constante transformação. Pense no Decreto de *Juneteenth*[65], que foi emitido para libertar escravos no Texas:

> O povo do Texas é informado de que, de acordo com uma proclamação do Executivo dos Estados Unidos, todos os escravos estão livres. Isso implica uma igualdade absoluta de direitos pessoais e de direitos de propriedade entre antigos senhores e escravos, e a conexão até agora existente entre eles torna-se aquela entre empregador e trabalhador contratado. Os libertos são aconselhados a permanecer quietos nos locais onde moram e a trabalhar por salários. Eles são informados de que não há mais quantia alguma a receber nos postos militares e de que não terão apoio caso estejam ociosos, seja nesses ou em outros lugares.[66]

O Decreto de *Juneteenth* recodificou a relação senhor-escravo (entre proprietário e propriedade) na relação empregador-trabalhador, não obstante o tenha feito completamente nos termos dos (ex-)proprietários de escravos. Assim, os trabalhadores negros recém-libertos – embora lhes tivessem sido prometidos direitos pessoais e direitos de propriedade – não tinham liberdade de contrato, pois o

64. Michael C. Dawson, "Hidden in Plain Sight: A Note on Legitimation Crises and the Racial Order". *Critical Historical Studies*, vol. 3, n. 1, 2016, p. 158.

65. N.T.: *Juneteenth* é o nome dado ao feriado comemorado no dia 19 de junho, em memória a esse dia no ano de 1865, quando foi anunciada a proclamação de emancipação da escravidão no Texas e, de maneira geral, também nos demais estados confederados do sul dos Estados Unidos.

66. *Texas General Orders*, n. 3 (emitido em 19 de junho de 1865).

regime legal que então surgira visava a regular a mobilidade negra a partir da criminalização da vagabundagem. Marx, junto com economistas políticos clássicos, afirmou que as condições necessárias para a acumulação capitalista eram, como Harvey resume, "mercados competitivos de livre funcionamento com arranjos institucionais de propriedade privada, individualismo jurídico, liberdade de contrato e estruturas legais e governamentais apropriadas, garantidas por um Estado 'facilitador' que também garante a integridade da moeda como estoque de valor e meio de circulação."[67] Uma análise sob o enfoque do capitalismo racial deve estar alinhada às maneiras pelas quais a liberdade contratual ou o direito à proteção da lei e do governo nem sempre foram, historicamente, aplicados às pessoas negras, mesmo quando incorporadas ao sistema capitalista como trabalhadoras. Seja como devedores, inquilinos ou trabalhadores, os termos da exploração e da expropriação se operam diferentemente entre os estadunidenses negros e brancos.

Neste livro, sustento que a racialização do negro se dá, ao mesmo tempo, por meio das lógicas da descartabilidade *e* da explorabilidade. Enquanto analiso como o governo e as instituições financeiras se utilizam de mecanismos de extorsão, desenhados para pilhar as populações estadunidenses negras, também estou ciente de que esse caminho de pensamento pode levar ao entendimento de que o racismo é racional, já que, dessa maneira, ele pode ser reduzido a um conjunto de determinantes econômicos ou à motivação pelo lucro. Uma análise pelo viés do determinismo econômico apenas faria encobrir e suavizar a brutalidade crua do racismo estadunidense. Para os afro-pessimistas, não é a esfera econômica que forma a "base" da qual emerge a "superestrutura" da sociedade civil, da política e da cultura, mas é a violência antinegro que possibilita e se torna uma necessidade para o capitalismo global, para a liberdade, a sociedade civil e a vida comunitária de sujeitos brancos (e não negros). Em suma, a violência antinegro não é um desvio dos supostos valores liberais estadunidenses de igualdade,

67. David Harvey, *O novo imperialismo*. Tradução de Adail Sobral e Maria Stela Gonçalves. São Paulo: Edições Loyola, 2013, p. 120.

multiculturalismo e liberdade – ela é a fundação sobre a qual os Estados Unidos foram erguidos.

Embora as análises do capitalismo racial sejam muito mais refinadas do que as caricaturas do marxismo articuladas pelos pensadores afro-pessimistas, as análises que focam em como o racismo é impulsionado pelo capitalismo e instrumentalizado para a obtenção de ganho monetário podem acabar se esquivando da dimensão psicológica intratável do racismo. Em "*Beyond the Wages of Whiteness: Du Bois on the Irrationality of Antiblack Racism*" [Para além da recompensa da branquitude: Du Bois e a irracionalidade do racismo antinegro], Ella Myers descreve como as análises boiseanas sobre raça, que reduzem a branquitude a uma "recompensa pública e psicológica", levam em conta, de maneira seletiva, apenas parte das considerações de W. E. B. Du Bois sobre a forma como se opera a supremacia branca. Essas análises se baseiam na narrativa do dividir para conquistar: o racismo dá suporte ao capitalismo ao criar uma cisão na classe trabalhadora e fornecer uma compensação psicológica aos brancos explorados, o que, por sua vez, permite a continuidade do funcionamento do capitalismo ao impedir a cooperação política entre pessoas brancas e negras da classe trabalhadora. No entanto, se Du Bois se concentra na dimensão proprietária da branquitude (quando escreve que a branquitude é "a dona da terra, para todo o sempre, Amém"), Myers observa que ele também estava atento às maneiras pelas quais a supremacia branca era sádica, definida tanto pela "sede de sangue" como pela exploração econômica e compensação psicológica. Ainda que Du Bois acreditasse inicialmente que o racismo fosse uma questão de ignorância – e que o conhecimento poderia libertar os brancos de suas ilusões raciais –, depois de testemunhar o linchamento de Sam Hose, um homem negro do estado da Geórgia, ele reconheceu a profundidade do ódio que os brancos nutriam pelos negros e se desiludiu com as ciências sociais. Du Bois – que se orgulhava de sua meticulosidade acadêmica e compromisso com a objetividade – estava prestes a entregar "uma declaração cuidadosa e bem fundamentada sobre os fatos evidentes" a respeito do caso de Hose quando soube do linchamento. Em sua autobiografia de 1940, *Dusk of Dawn* [Crepúsculo da alvorada], ele escreveu que havia "considerado axiomático que o mundo quisesse aprender a verdade".[68] A compreensão de que o ódio racial superava a razão esclarecida o havia levado a duas conclusões: "primeiro, não se podia ser um cientista calmo, frio e imparcial enquanto os negros eram linchados, assassinados e morriam de fome; e em segundo lugar, não havia uma demanda definida para o trabalho científico do tipo que eu estava fazendo".[69] Além disso, Du Bois tornou-se mais ciente das dimensões "irracionais" do racismo no início da era freudiana: "Eu agora comecei a perceber que, na luta contra o preconceito racial, não estávamos enfrentando apenas as determinações racionais e conscientes da opressão dos brancos sobre nós, negros; estávamos enfrentando complexos de longa data, agora em grande parte submersos no hábito inconsciente e no impulso irracional".[70] Como o teórico decolonial martinicano Frantz Fanon, Du Bois foi capaz de oferecer uma narrativa do racismo em várias camadas, combinando uma análise marxista do capitalismo com uma análise psicanalítica da vida inconsciente do racismo.

Os afro-pessimistas, ao focar na violência gratuita como uma das características definidoras do racismo antinegro, também chamam a atenção para a dimensão psicológica intratável do racismo. O assassinato e a tortura de pessoas negras (homens, mulheres, pessoas trans e não binárias) são manifestações "irracionais" do racismo na medida em que essas ações não podem ser claramente atribuídas a uma causa econômica – e podem, na verdade, até ser economicamente prejudiciais quando a violência policial antinegro resulta em departamentos de polícia tendo que pagar milhões de dólares em acordos oficiais ou quando policiais violentos perdem seus empregos em meio à pressão pública (embora policiais raramente sejam condenados quando assassinam pessoas negras). Mesmo que seja muito possível que, financeiramente, as indenizações pela violência policial prejudiquem mais os moradores do que os departamentos de polícia, seria equivocado limitar a violência policial a

68. W. E. B. Du Bois, *Writings*. Nova York: Library of America, 1987, p. 603.
69. Ibid.
70. Ibid., p. 771.

termos econômicos, ainda que o policiamento, em sua totalidade, funcione para manter socialmente os estadunidenses negros em seu lugar. É provável que o desejo de fornecer uma explicação funcionalista para a violência policial decorra de uma incapacidade de enfrentar os aspectos mais perturbadores da supremacia branca: o fato de que alguns brancos – especialmente os policiais – possuem um prazer sádico em dominar, brutalizar e matar pessoas negras. Ademais, não é apenas uma questão de alguns brancos serem sádicos; a branquitude enquanto categoria é, em parte, mantida pela violência ritualizada contra os negros e pelo consumo branco de imagens espetacularizadas desses atos. A identidade branca se consolida nos momentos em que a posição do espectador é compartilhada e quando os brancos têm a oportunidade de habitar o mesmo espaço afetivo que outros brancos, tal qual quando participam coletivamente de linchamentos como observadores.

No momento em que escrevo esta introdução, ao longo de uma única semana, três julgamentos separados, ligados ao assassinato a tiros de um homem negro por um policial, não resultaram em condenações. Após a absolvição de Jeronimo Yanez – o policial que atirou em Philando Castile –, a mãe de Castile, Valerie Castile, fez um potente discurso aos repórteres que estavam reunidos para ouvir as declarações da família. Quando ela falou sobre o julgamento, sua declaração ecoou os pensamentos de Du Bois após o linchamento de Sam Hose: a verdade não havia servido de nada para trazer justiça. Imagens de câmeras revelaram que Castile estava em seu carro e que ele calmamente sinalizou que estava carregando uma arma (legalmente). Quando o policial gritou para que ele não sacasse a arma e ele calmamente respondeu que não iria fazê-lo, o policial atirou nele sete vezes. Dado que Castile vivia na região de Saint Paul, em Minnesota, onde a elaboração de um perfil racial é uma prática comum da polícia, não é de se surpreender que, antes desse encontro fatal, Castile tenha sido parado pela polícia cinquenta e duas vezes por pequenas infrações de trânsito.

Evidências empíricas (como as imagens de vídeo) que revelam policiais matando pessoas negras sem motivos exercem muito pouco efeito sobre as crenças de algumas pessoas brancas de que as ações policiais são justificáveis. Veja, por exemplo, as imagens de Yanez atirando em Castile. Alguns comentaristas conservadores afirmaram que, quando Castile disse que não pegaria sua arma, o que ele realmente havia dito é que a pegaria. Essa "interpretação" é factualmente errada e insensata enquanto explicação. Por que Castile calmamente indicaria que estava carregando uma arma de fogo se planejasse atirar no policial? Mesmo os muitos comentaristas não simpáticos a Castile tiveram de admitir, com base no vídeo, que o oficial estava com vontade de apertar o gatilho, mas justificaram ficar do lado do policial caracterizando Castile como um bandido, identificando-o, portanto, como indigno de simpatia. Um comentarista do YouTube observou: "Esse policial não tinha treinamento de tiro, e isso é inteiramente culpa dele [...] Mas algumas pessoas estão agindo como se Castille [*sic*] fosse uma espécie de santo, ELE NÃO ERA!"[71]

Ao ler os comentários, fiquei impressionada com a forma com que o racismo afeta as pessoas no nível da percepção, permitindo-lhes criar uma realidade alucinada que se conforme às suas expectativas pré-determinadas. Assim, as expectativas raciais delirantes permitiram que um comentarista conservador ouvisse Castile dizer "vou sacar minha arma" ao assistir o vídeo de Yanez atirando nele. Da mesma forma, o policial Darren Wilson imagina que Mike Brown se transformou no Hulk enquanto o multava; e o policial Raymond Tensing imagina uma ameaça que não é comprovada pelas imagens da câmera acoplada a seu corpo quando atira em Samuel DuBose. Quando as imagens de câmera não amparam a alegação do policial Tensing de que ele havia atirado em DuBose porque seu braço estava preso no volante e DuBose tentava fugir, o julgamento, em vez de ter nisso um motivo para condenar o policial, passou a se pautar pelo que estava na "cabeça" do policial no momento em que ele atirou – em outras palavras, passou a considerar se era plausível que Tensing "imaginasse" uma ameaça.

Esse caso expõe a falácia da crença de que as câmeras corporais irão inibir o policiamento antinegro. Essa "solução" não só amplia

71. Atividade Policial, "Police Dashcam Footage of Philando Castile Fatal Shooting", vídeo, 9:48.

o estado de vigilância, como também parece mais provável que as imagens capturadas pelas câmeras corporais sejam usadas contra as pessoas que estão sendo policiadas e não contra os policiais que recebem *legalmente* o arbítrio para atirar nelas. As declarações da irmã e da mãe de Castile interrompem essa linha de pensamento desejada: mesmo a verdade (capturada pela câmera) não trará "justiça", já que as instituições julgadoras foram sistematicamente projetadas para falhar com os negros (e não apenas para falhar, mas para serem usadas *contra* eles). O desespero e a raiva crua na voz de Valerie Castile quando ela diz que o "sistema segue falhando com os negros" rompe o mito da equidade e justiça estadunidenses. A irmã de Philando Castile, Allysza Castile, ecoou esse sentimento quando terminou sua declaração com o mantra "nunca terei fé nesse sistema; nunca terei fé nesse sistema; nunca terei fé nesse sistema" – repetido três vezes enquanto se retirava do microfone, deixando sua voz desaparecer assustadoramente.

O mundo hoje é comércio. O mundo se tornou uma negociata; história é história econômica; viver é ganhar a vida. Será mesmo necessário questionar o quanto há de expropriação e de conduta honrosa nisso? Há certamente algo das duas coisas. O establishment dos sistemas de crédito em todo o mundo se baseia na notável confiança e fé recíproca de seus parceiros. Mas isso é, afinal, tão pequeno e elementar, que às vezes parece apenas uma honraria entre bandidos, pois as revelações dos imensos roubos e trapaças no mundo dos negócios – e em todos os seus grandes centros modernos – têm despertado nos corações de todos os homens verdadeiros de nossos dias um estrondoso grito por uma revolução nos atuais modos e conceitos básicos de produção e de troca.

— W. E. B. Du Bois

1. ACUMULAÇÃO RACIALIZADA POR DESPOSSESSÃO NA ERA DO CAPITAL FINANCEIRO: NOTAS SOBRE A ECONOMIA DA DÍVIDA

O desenvolvimento da hermenêutica do "capitalismo racial" pode ser rastreado desde o teórico político Cedric Robinson, que desenvolveu essa concepção em seu trabalho inovador *Black Marxism: The Making of the Black Radical Tradition* [Marxismo negro: a produção da tradição radical negra] (1983). Enquanto trabalhava no livro, durante um ano sabático no Reino Unido, Robinson ouviu o termo "capitalismo racial" usado para descrever a economia da África do Sul. Ele, então, se apropriou do termo e o ampliou para uma análise que coloca a raça como característica central do capitalismo. Sua análise não reivindica que o próprio capitalismo tenha produzido distinções raciais, nem mesmo propõe que as categorias e estereótipos raciais tenham sido elaborados para colocar os trabalhadores uns contra os outros ou para "justificar" a escravidão e a exploração.[72] Em vez disso, demonstra que o racialismo já fazia parte da civilização ocidental antes do advento do capitalismo. Assim, o capitalismo não foi uma força modernizadora que personificou uma ruptura total com a velha ordem feudal, mas emergiu dela e conservou algumas de suas características. As sociedades ocidentais foram moldadas no pensamento racial antes mesmo do colonialismo e da escravidão de base racial, já que os próprios europeus estavam divididos em grupos raciais. Como Robin D. G. Kelley observa, quando o capitalismo emerge, os "primeiros proletários europeus eram sujeitos *raciais* (irlandeses, judeus, ciganos, eslavos etc.), vítimas da despossessão (cercamentos), do colonialismo e da escravidão *dentro da Europa*."[73]

Os críticos de Marx que adotaram a hermenêutica do capitalismo racial de Robinson contestam a divisão populacional que Marx faz da sociedade capitalista entre as categorias universais de classe dos trabalhadores e capitalistas. No entanto, essa crítica deixa de considerar que, em outros textos, para além d'*O Capital* – particularmente em seus escritos históricos e jornalísticos –, Marx escreve sobre um complexo elenco de personagens que não pode ser reduzido somente a capitalistas e trabalhadores (lembre-se: n'*O*

72. Robin D. G. Kelley, "What Did Cedric Robinson Mean by Racial Capitalism?", *Boston Review*, 12 de janeiro de 2017.

73. Ibid.

Capital, Marx nos apresenta *modelos abstratos* como uma forma de criticar a economia política clássica e, portanto, esses modelos não devem ser tomados como descrições empíricas da realidade). No entanto, persiste uma tensão entre aqueles que afirmam que os processos capitalistas tendem a *homogeneizar* os sujeitos e aqueles que sustentam que o capitalismo opera por meio da *diferenciação*. Os que aderem a esta última perspectiva afirmam que "o capitalismo *não* foi o grande modernizador que deu origem ao proletariado europeu enquanto sujeito universal", pois – como escreve Robinson – a "tendência da civilização europeia não foi a de, por meio do capitalismo, homogeneizar, mas diferenciar – aprofundar as diferenças regionais, subculturais e dialéticas em diferenças 'raciais'".[74]

No entanto, se nos abrirmos às afirmações de pensadoras e pensadores, como Rosa Luxemburgo e David Harvey, de que o capitalismo tem um caráter duplo, torna-se possível analisar como esses dois eixos – um que *homogeneíza* e outro que *diferencia* – operam simultaneamente. Se o eixo da *exploração* é caracterizado por uma relação salarial homogeneizante (na medida em que produz sujeitos-trabalhadores que nada têm a vender senão sua força de trabalho), o eixo da *expropriação* repousa sobre uma lógica de diferenciação, que reproduz sujeitos racializados (bem como diferenciados por gênero). É a partir desse segundo eixo que desenvolvo este ensaio sobre raça, expropriação e dívida enquanto método de despossessão na era do capital financeiro. Mas antes de discutir essas técnicas modernas de extorsão, eu examino, em primeiro lugar, os debates a respeito da acumulação permanente pela despossessão e pelo capitalismo racial, começando com a análise de Marx sobre a acumulação primitiva.

74. Ibid.

Acumulação primitiva

No capítulo XXIV do primeiro volume d'*O Capital*, Marx busca descrever os processos históricos que criam as condições necessárias para o surgimento do capitalismo. Ele descreve a "pré-história" do capitalismo como um processo de "acumulação primitiva". Ao contrário de seus contemporâneos, Marx não naturalizou o processo da acumulação primitiva, e rejeitou a narrativa de que o surgimento do capitalismo tenha sido o resultado do empreendimento de certos indivíduos que teriam acumulado riqueza por trabalhar mais duro que os demais. Ao invés disso, ele se concentrou no uso da força – particularmente no poder do estado – como o elemento que pavimentou o caminho para o capitalismo: "Na história real, como se sabe, a conquista, a subjugação, o assassínio para roubar, em suma, a violência, desempenham o papel principal."[75]

Mas o que é exatamente a acumulação primitiva? Ela implica a criação de um mercado de trabalho e de um sistema de propriedade privada conquistados por um processo violento de desapropriação das pessoas de suas terras e de seus modos de vida, para que possam ser convertidas em trabalhadores para os capitalistas. Para transformar camponeses, pequenos artesãos e outros em trabalhadores que nada têm a vender senão sua força de trabalho, é necessário, primeiramente, que essas pessoas sejam alienadas de seus meios de subsistência. Como Marx escreve:

> O que faz época na história da acumulação primitiva são todos os revolucionamentos que servem de alavanca à classe capitalista em formação; sobretudo, porém, todos os momentos em que grandes massas humanas são arrancadas súbita e violentamente de seus meios de subsistência e lançadas no mercado de trabalho como proletários livres como os pássaros. A expropriação da base fundiária do produtor

75. Karl Marx, *O Capital: crítica da economia política*, vol. I, tomo II. Tradução de Regis Barbosa e Flávio R. Kothe. São Paulo: Nova Cultural, 1996, p. 340.

> rural, do camponês, forma a base de todo o processo. Sua história assume coloridos diferentes nos diferentes países e percorre as várias fases em sequência diversa e em diferentes épocas históricas.[76]

O que se segue nos itens 2 e 3 do capítulo XXIV d'*O Capital* é uma breve história do que Marx considera a forma "clássica" da acumulação primitiva: a transformação gradual do campesinato inglês em força de trabalho industrial. Esse processo – que envolveu, inicialmente, o roubo de terras por meio da força bruta – foi sacramentado pelo aparato estatal nos séculos XVIII e XIX por meio da aprovação de milhares de leis, ou das Leis dos Cercamentos de Terras, que formalmente destruíram as terras comunais e as privatizaram. Para o propósito deste ensaio, não entrarei em grandes detalhes sobre a descrição que Marx faz desse processo, mas é importante notar que, embora tenha usado a Inglaterra como seu estudo de caso, ele reconhece que o processo é historicamente contingente e segue caminhos diferentes em diferentes contextos. Ainda que o relato de Marx deixe espaço para uma variedade de situações históricas, os pensadores marxistas às vezes encontram problemas em sua suposição de que os métodos de saque expropriativos e violentos que caracterizam a acumulação primitiva tenham ocorrido exclusivamente *antes* da implementação do modo de produção capitalista. Se o desenvolvimento econômico segue um caminho linear em direção ao capitalismo, então outros modos de produção, tal como a escravidão e o feudalismo, são distintos e anteriores ao capitalismo – são modos de produção "atrasados", que serão, eventualmente, absorvidos pelo capitalismo.

Os historiadores contemporâneos do capitalismo e da escravidão são inspirados, ao menos em parte, por um desejo (às vezes não declarado) de provar que Marx estava errado quando demonstram que a escravidão nos Estados Unidos esteve bastante integrada aos circuitos do capitalismo global e que, portanto, não pode ser considerada separada ou anterior ao capitalismo. De fato, a Revolução Industrial no século XIX na Grã-Bretanha foi alimentada pelo

76. Ibid., p. 341-2.

algodão produzido nos estados escravistas dos Estados Unidos. Como o historiador Walter Johnson argumenta em seu livro *River of Dark Dreams: Slavery and Empire in the Cotton Kingdom* [Rio de sonhos escuros: escravidão e império no reino do algodão], a escravidão foi parte importante da economia capitalista global, posto que de 85% a 90% do algodão produzido nos Estados Unidos era vendido e enviado a Liverpool, para lá ser processado nas indústrias têxteis britânicas.

Porém, um século antes de os "novos historiadores do capitalismo" darem essa contribuição analítica aos debates sobre capitalismo e escravidão, Rosa Luxemburgo fez uma crítica semelhante (e mais teórica) a Marx, em seu estudo de economia política de 1913, *A acumulação do capital: contribuição ao estudo econômico do imperialismo*. Embora sua intervenção teórica seja bastante técnica, o que apresento a seguir é um resumo simplório de sua crítica. Na terceira parte de *A acumulação de capital,* Luxemburgo propõe refutar o modelo matemático da reprodução ampliada que Marx desenvolve no segundo volume d'*O Capital.* A reprodução ampliada é o processo pelo qual o capitalismo cresce quando uma parcela da mais-valia é reinvestida na produção. Embora Marx admita que seu modelo seja uma abstração (e que ocorre, portanto, em um contexto hipotético no qual existe apenas o capitalismo, composto unicamente por operários e capitalistas), Luxemburgo, ainda assim, enxerga imprecisão nos fundamentos históricos e teóricos de seu modelo. Ela observa que o esquema de Marx "não leva em conta a produtividade crescente do trabalho", o que significa que a mais-valia aumentaria em relação ao capital variável (ou seja, a força de trabalho comprada).[77] Em outras palavras, o capitalismo cresceria mais rápido do que a capacidade que os trabalhadores têm de consumir os produtos, levando, em última instância, a uma crise de realização (a mais-valia não seria realizada integralmente, já que não haveria compradores para uma parcela dos produtos). Portanto, afirma ela, Marx está errado em acreditar que a

77. Rosa Luxemburgo, *A acumulação do capital: estudos sobre a interpretação econômica do imperialismo*. Tradução de Luiz Alberto Moniz Bandeira. Rio de Janeiro: Civilização Brasileira, 2021, p. 331.

reprodução ampliada poderia ocorrer "numa sociedade composta unicamente de capitalistas e operários".[78] Terceiros devem ser introduzidos para resolver, temporariamente, o antagonismo entre a expansão das forças produtivas e as restrições à capacidade de consumo. Mas "quem cria, pois, a mais-valia que cresce constantemente?"[79] Na visão de Luxemburgo, são os consumidores fora do domínio da esfera formal capitalista que sustentam as economias capitalistas ao absorverem a produção excedente de bens de consumo e meios de produção (materiais de construção para projetos de infraestrutura, etc.). Desde então, a análise de Luxemburgo sobre a relação parasitária entre as esferas capitalistas e não capitalistas foi reformulada em termos de esferas desenvolvidas e subdesenvolvidas, Norte e Sul Global, centro e periferia (dependente) – todos os quais chamam a atenção para a desigualdade geográfica do comércio global.

Para termos um exemplo contemporâneo, consideremos os recentes investimentos globais feitos pela China. A China tem aço em excesso, e uma forma de adiar uma crise de superprodução/subconsumo é fornecer crédito e produtos, assim como grande parte da força de trabalho e conhecimento, para que as nações africanas construam um vasto sistema ferroviário na África Oriental. Entre 2004 e 2014, os países africanos tomaram emprestados cerca de US$ 10 bilhões do Banco de Exportação e Importação da China (Eximbank) para financiar projetos ferroviários que fazem parte do Plano Diretor Ferroviário da África Oriental. O sistema ferroviário também facilita a criação de um mercado para a exportação de bens de consumo chineses, que já começaram a inundar os mercados em toda a África.

Embora existam muitas outras dimensões na análise que Luxemburgo faz da forma como se dá a acumulação capitalista, os pontos mais importantes de seu estudo para o propósito deste ensaio são: 1) o capitalismo é inerentemente expansionista, pois busca realizar uma quantidade de mais-valia sempre crescente; 2) não há razão para que a mais-valia precise ser realizada dentro da

78. Ibid, p. 327.

79. Ibid, p. 331.

esfera formal capitalista, já que sua realização pode ser assegurada por meio da violência, da força do estado, da colonização, do militarismo, da guerra, do uso de crédito internacional para a promoção dos interesses das hegemonias, da expropriação de terras indígenas, das tarifas e impostos predatórios, da hiperexploração e do furto dos cofres públicos.

Em outras palavras, de acordo com Luxemburgo, os métodos empregados para a acumulação primitiva não deixam de existir quando o modo de produção capitalista se torna dominante em um determinado contexto. Uma vez que o capitalismo é um sistema global e os níveis de "desenvolvimento" econômico e político variam de maneira significativa ao redor do mundo, a motivação para proteger os mercados de consumo e cortar os custos de produção impele os capitalistas a tirar vantagem dessa desigualdade, desenvolvendo uma relação parasitária com as esferas não capitalistas ou subdesenvolvidas. Se – em meados do século XIX – a fonte mais barata de algodão era cultivada com trabalho escravo no sul dos Estados Unidos, por que um industrial britânico priorizaria obter essa matéria-prima de uma fonte "capitalista"? Como escreve Luxemburgo:

> Em seu impulso para a apropriação das forças produtivas para fins de exploração, o capital recorre ao mundo inteiro; tira os meios de produção de todos os cantos da terra, colhendo-os ou adquirindo-os de todos os graus de cultura e formas sociais. A questão referente aos elementos materiais da acumulação do capital, longe de encontrar-se resolvida pela forma material da mais-valia, produzida de forma capitalista, transforma-se em outra questão: para utilizar produtivamente a mais-valia realizada, torna-se mister que o capital progressivamente disponha de maior quantidade de terra para poder fazer uma seleção quantitativa e qualitativa ilimitada de seus meios de produção.[80]

80. Ibid., p. 355.

Este é o ponto de Luxemburgo: assumir que o capitalismo é o único – e universal – modo de produção, como Marx faz em seu esquema da reprodução ampliada, é não perceber como a acumulação capitalista realmente ocorre. Luxemburgo conclui, inclusive, que o modo de produção capitalista perderia sua funcionalidade no momento em que se tornasse universal, pois não haveria como realizar plenamente a mais-valia produzida já que os espaços destinados ao saque deixariam de existir. No entanto, essa narrativa parte da premissa do capitalismo como um sistema estático, sem o dinamismo de um sistema capaz de se adaptar às condições de mudança. Ela também pressupõe que aqueles que são incorporados ao sistema capitalista estarão permanentemente integrados à economia como trabalhadores assalariados. Dado que a produtividade do trabalho geralmente aumenta ao longo do tempo devido a inovações tecnológicas, segmentos da força de trabalho também são, com frequência, escanteados do processo de produção. É comum que os trabalhadores de ontem se tornem a população excedente de hoje. Esse processo abre continuamente novos terrenos para a expropriação e a geração de valor, seja por meio de empréstimos de dinheiro ou do depósito de pessoas nas prisões.

Neste ponto da análise, você deve estar se perguntando: o que isso tudo tem a ver com o capitalismo racial? Luxemburgo explica a forma como a raça interfere no processo de acumulação quando argumenta que a colonização racializada, a expropriação e a escravidão têm sido, historicamente, as condições que possibilitam o capitalismo:

> Da mesma maneira que a produção capitalista não pode limitar-se aos tesouros naturais e forças produtivas da zona temperada, mas, ao contrário, requer para seu desenvolvimento a possibilidade de dispor de todas as regiões e climas, tampouco pode funcionar somente com os operários que lhe oferece a "raça" branca. O capital necessita de outras raças, para aproveitar as regiões onde a raça branca não pode trabalhar; necessita poder dispor, ilimitadamente, de todos os operários da terra, para com eles poder mobilizar todas as

> forças produtivas do planeta, dentro dos limites da produção de mais-valia, enquanto isso seja possível. Esses operários, porém, podem ser encontrados quase sempre acorrentados a formas de produção pré-capitalistas. Devem ser, pois, previamente "libertados" para que possam "alistar-se" no exército ativo do capital. Esse processo é uma das bases históricas inevitáveis do capitalismo. A indústria inglesa de tecidos de algodão, que foi o primeiro ramo genuinamente capitalista de produção, não teria existido sem o algodão dos estados sulistas da União norte-americana e sem também os milhões de negros africanos trazidos à América para trabalhar nas plantações; milhões de negros que depois da Guerra de Secessão afluíram ao capitalismo para as fileiras dos operários assalariados, como proletariado livre. O capital percebe, quando coloca muito simplesmente a "questão operária nas colônias", a importância do recrutamento dos operários nas sociedades não capitalistas. Para solucionar essa questão utiliza-se de todos os métodos da "violência suave", como, por exemplo, arrancar os operários de suas condições de produção e de seu meio para colocá-los à disposição do capital. Desses esforços resulta a coexistência, nos países coloniais, das mais diversas formas mistas entre o sistema moderno de salário e os regimes primitivos. Estes fatos ilustram claramente a afirmação de que a produção capitalista não pode desenvolver-se sem operários procedentes de outras formações sociais.[81]

O que Luxemburgo está descrevendo é um sistema duplo de trabalho em que o contrato liberal prevalece na "zona temperada" da "raça branca", enquanto a oferta de trabalho nas camadas sociais extracapitalistas é assegurada pela dominação colonial e formas de *soft power*. Uma forma híbrida emerge quando as formações sociais capitalistas são enxertadas em formações sociais não capitalistas.

Os argumentos de Luxemburgo são relevantes para os debates sobre o nascimento do capitalismo e a acumulação permanente, mas também nos ajudam a analisar o capital fictício, a financeirização

81. Ibid, p. 360-361.

e o capitalismo racial contemporâneo. Antes da minha leitura da terceira parte d'*A acumulação de capital*, cheguei a conclusões semelhantes às de Luxemburgo ao pensar sobre os problemas da realização relacionados à economia da dívida. Alguns pós-marxistas rejeitam as análises da financeirização porque o capital fictício não faz parte da economia "real". Mas, observando como as crises criadas pela economia de crédito foram solucionadas, descobri que o aparato estatal havia sido usado para forçar a realização por meio da expropriação racializada quando já não havia outras vias para tal. Embora Luxemburgo esteja falando principalmente sobre uma troca transnacional desigual entre as nações capitalistas e não capitalistas, uma dinâmica semelhante é possibilitada *dentro* dos Estados Unidos em função da desigualdade econômica e de desenvolvimento entre suas diferentes regiões. Considere, por exemplo, cidades e regiões desindustrializadas como Detroit, onde houve um decréscimo populacional dramático, o colapso da base tributária da cidade (em parte por causa de políticas habitacionais racistas e da evasão dos brancos) e o colapso do setor manufatureiro. O setor financeiro viu no declínio de Detroit uma oportunidade de capitalizar seu desespero fiscal, ampliando o crédito de alto risco para a cidade e – quando esta faliu – tentando forçar o pagamento por meio do processo judicial de falência. Onde quer que haja desesperança econômica e alta concentração de pobreza, os mecanismos predatórios de empréstimos dominam. Economias locais que estão no sufoco tornam-se um laboratório a céu aberto para os instrumentos financeiros predatórios. Exemplos das formas domésticas de expropriação desestruturam a distinção dentro-fora que Luxemburgo faz entre sociedades capitalistas e não capitalistas. Em alguns casos, é a desigualdade geográfica, e não um contorno bem definido entre as esferas capitalistas e não capitalistas, que possibilita a expropriação. Além disso, na era do capital financeiro, o uso da dívida como mecanismo de despossessão exige que os sujeitos estejam, primeiro, *incorporados* ao sistema capitalista como mutuários.

Da acumulação primitiva à acumulação racializada por despossessão

Em *O novo imperialismo*, o geógrafo marxista David Harvey usa a análise de Luxemburgo da acumulação permanente pela força para desenvolver um quadro teórico adequado à era neoliberal. Em vez de usar o termo marxista "acumulação primitiva" – que relega o uso da violência, a coerção e a fraude ao estágio que *precede* o capitalismo –, ele opta pelo termo "acumulação por despossessão" [*accumulation by dispossession*]. Ele escreve que a acumulação por despossessão "pode aqui ser interpretada como o custo necessário de uma ruptura bem-sucedida rumo ao desenvolvimento capitalista com o forte apoio dos poderes do Estado"[82]. Harvey concorda com a afirmação de Luxemburgo de que o capitalismo tem um caráter duplo: uma esfera é governada pela liberdade contratual e pelo estado de direito, enquanto a outra é dominada pela violência política e pelos saques realizados pelas nações capitalistas hegemônicas. O saque como componente do processo de acumulação é frequentemente realizado por meio do sistema de crédito internacional, o qual Harvey aponta como sendo o eixo da engrenagem do capitalismo tardio:

> O sistema de crédito e o capital financeiro se tornaram, como Lenin, Hilferding e Luxemburgo observaram no começo do século XX, grandes trampolins de predação, fraude e roubo. A forte onda de financialização, domínio pelo capital financeiro, que se estabeleceu a partir de 1973 foi em tudo espetacular por seu estilo especulativo e predatório. Valorizações fraudulentas de ações, falsos esquemas de enriquecimento imediato, a destruição estruturada de ativos por meio da

82. David Harvey, *O novo imperialismo*, p. 128. Na edição brasileira do livro de Harvey publicada pelas Edições Loyola, o conceito de "*accumulation by dispossession*" foi traduzido como "acumulação por espoliação"; nesta nossa edição de *Capitalismo carcerário*, optamos, contudo, pela tradução literal "acumulação por despossessão", visto que o termo "*dispossession*" é empregado diversas vezes por Jackie Wang ao longo do livro.

> inflação, a dilapidação de ativos mediante fusões e aquisições e a promoção de níveis de encargos de dívida que reduzem populações inteiras, mesmo nos países capitalistas avançados, a prisioneiros da dívida, para não dizer nada da fraude corporativa e do desvio de fundos (a dilapidação de recursos de fundos de pensão e sua dizimação por colapsos de ações e corporações) decorrente de manipulações do crédito e das ações – tudo isso são características centrais da face do capitalismo contemporâneo.[83]

Embora concorde em grande parte com a análise de Harvey da acumulação por despossessão, bem como com a atenção que ele dá ao uso do crédito enquanto um método de expropriação, eu gostaria de ampliar ainda mais sua análise para focar na dimensão racial desse processo – o que poderíamos chamar de *acumulação racializada por despossessão*. Nas seções seguintes, examino as recentes tentativas de teorizar a expropriação como um processo racializante.

Capitalismo racial e colonialismo

Dado o caráter duplo da acumulação capitalista identificado por Rosa Luxemburgo e David Harvey, que nova compreensão do capitalismo poderia surgir ao focar na *despossessão* e na *expropriação* ao invés de no *trabalho* e na *produção*? Teóricos políticos contemporâneos, bem como pesquisadores e ativistas de estudos étnicos críticos, estudos negros e estudos indígenas, analisam como o colonialismo e a escravidão racial fornecem os fundamentos materiais e territoriais para a soberania dos Estados Unidos e do Canadá. Em vez de considerarem o genocídio da escravidão e dos povos indígenas como eventos circunscritos no tempo, que inauguraram o nascimento do capitalismo no Novo Mundo ("acumulação

83. Ibid., p. 122-3.

primitiva"), eles mostram como a lógica racial produzida por esses processos persiste até hoje:

> A fim de recuperar a estrutura da economia política, um foco na dialética do colonialismo e da escravidão leva a revisões importantes da teoria da acumulação primitiva de Karl Marx. Em particular, Marx designa a transição das relações sociais feudais para as capitalistas como um processo violento de acumulação primitiva em que "a conquista, a subjugação, o assassínio para roubar, em suma, a violência, desempenham o papel principal". Para Marx, isso resulta na expropriação do trabalhador – o proletariado –, que se torna o sujeito privilegiado da revolução capitalista. Se considerarmos a acumulação primitiva como uma estrutura persistente ao invés de um evento único, tanto o afropessimismo quanto os estudos coloniais desestabilizam as concepções normativas do capitalismo por meio dos deslocamentos conceituais do proletariado. Conforme Coulthard demonstra, ao considerar os povos indígenas em relação à acumulação primitiva, "parece que é a história e a experiência da expropriação, não da proletarização, que têm sido a estrutura dominante que molda o caráter da relação histórica entre os povos indígenas e o Estado canadense". Portanto, não é tanto "em torno de nosso status emergente de 'proletários sem direitos' que se promove a resistência indígena e anticapitalista, mas, sim, por causa da despossessão da terra por meio da eliminação genocida, da realocação e do roubo". Se estendermos o quadro da acumulação primitiva à questão da escravidão, é a despossessão do corpo do escravo – e não a proletarização do trabalho – que precede e extrapola o quadro do colonialismo e da modernidade global.[84]

Como Iyko Day observa, a despossessão dos povos indígenas ocorre por meio da expropriação da *terra*, enquanto que a despossessão das populações negras é caracterizada pela escravidão e pela

84. Iyko Day, "Being or Nothingness: Indigeneity, Antiblackness, and Settler Colonial Critique", *Critical Ethnic Studies*, vol. 1, n. 2, 2015, p. 114.

despossessão *corporal*. Embora ambas as lógicas raciais sustentem a acumulação branca e sejam definidas por um "conceito, em última instância, genocida", que constitui esses sujeitos como descartáveis, Day observa que "o conteúdo racial dos povos indígenas é o reflexo invertido da negritude. Desde o início, foi posto em prática um projeto eliminatório para reduzir as populações nativas por meio de guerras genocidas e, posteriormente, da eliminação estatística promovida por políticas *blood quantum* [políticas do *quantum* de sangue][85] e assimilacionistas. Para os escravizados, uma lógica oposta de exclusão foi levada a cabo para aumentar, e não eliminar, sua população."[86]

Dentro dos estudos étnicos críticos deu-se o seguinte debate: qual eixo de despossessão é a condição para a existência do capitalismo, a expropriação das terras indígenas ou a escravidão? Os Estados Unidos foram possibilitados principalmente pelo acesso desenfreado ao trabalho negro ou pela conquista territorial? Como escreve Day, a ordem racial global é definida, essencialmente, pela relação binária indígena-colono ou pela negro-não negro? Está em jogo nesse debate a questão de qual eixo de despossessão é a "base" sobre a qual emergem as "superestruturas" da economia, da soberania nacional e mesmo da própria subjetividade. Aqueles que argumentam que a expropriação das terras indígenas é central, afirmam, por vezes, que até mesmo os negros estadunidenses participaram do processo de colonização e da desapropriação indígena ao continuarem vivendo em terras roubadas, ao passo que

85. N.T.: *Blood quantum policies* são políticas públicas elaboradas com o objetivo de limitar a cidadania dos povos indígenas a partir da definição de uma porcentagem de sangue necessária para que a pessoa seja considerada de determinada etnia. Com o tempo, e com a miscigenação com os brancos e outras etnias, a tendência estatística desse modelo leva à eliminação desses povos. De outro lado, as políticas utilizadas para os povos negros possuem uma aparência oposta. O que ficou conhecido por *one drop rule* [regra de uma gota só] determinava que a existência de uma só gota de sangue negro tornava a pessoa negra e, portanto, passível de ser escravizada ou enquadrada nos parâmetros determinados para a segregação. O que une esses dois movimentos aparentemente opostos é a lógica da descartabilidade, imposta sobre ambos os povos racializados.

86. Iyko Day, "Being or Nothingness", p. 113.

aqueles que centram seu argumento na escravidão e na antinegritude veem, com alguma frequência, os indígenas estadunidenses como perpetradores da antinegritude, na medida em que, historicamente, alguns povos nativos possuíram escravos e buscaram o reconhecimento do estado a partir de reivindicações territoriais para sua soberania – uma reivindicação que se baseia em uma gramática política à qual os negros estadunidenses não têm acesso, já que os escravizados foram arrancados de suas terras de origem quando transportados para as Américas (veja "*The Vel of Slavery*" [O vel da escravidão], de Jared Sexton). Embora um detalhamento maior desse debate esteja além do escopo deste ensaio, eu concordo, de modo geral, com a afirmação de Day de que tratar esse conjunto de questões como um jogo de soma zero ofusca a complexidade desses processos. Dito isso, é importante destacar que este livro trata principalmente das dimensões antinegro das prisões, da polícia e do capitalismo racial, embora eu reconheça que as análises da expropriação territorial dos povos nativos sejam igualmente vitais para compreender como o capitalismo racial opera e como a raça é produzida por meio de múltiplas lógicas expropriativas.

Expropriação generificada

Embora este livro se concentre principalmente na racialização negra dentro do contexto contemporâneo, é importante notar que a expropriação reproduz múltiplas categorias de diferenciação – incluindo a binária de gênero homem-mulher. Embora as categorias de diferenciação não tenham sido inventadas pelo capitalismo, os processos expropriativos atribuem significados específicos a elas. A "mulher" é reproduzida como inferior pelo roubo de seu trabalho não remunerado, enquanto a estima da categoria "homem" é sustentada pela valorização de seu trabalho. Mesmo quando são parte da força de trabalho profissional, as mulheres ainda são vulneráveis à expropriação, recebendo ou assumindo tarefas para além de suas obrigações formais – seja lavar a louça no escritório, orientar aprendizes ou fazer trabalhos administrativos ingratos, enquanto colegas do sexo masculino recebem o título de "gênio disfuncional". Mas, acima de tudo, a expropriação generificada ocorre por meio da extração do trabalho de cuidado, do trabalho emocional, bem como do trabalho doméstico e reprodutivo – extração que é possibilitada pela aplicação de um rígido binarismo de gênero. Esse sistema é sustentado pela socialização de gênero, que impele às mulheres a internalização psicológica do sentimento de responsabilidade pelo outro.

Embora, à primeira vista, possa parecer que a expropriação do trabalho das mulheres ocorra essencialmente por meio do processo de donadecasificação[87] do trabalho, do contrato de casamento e da atribuição do cuidado infantil às mulheres, no momento atual – caracterizado pelo envelhecimento da geração *baby boomer*[88] e por uma escassez de profissionais geriátricos de saúde –, as mulheres estão, cada vez mais, preenchendo esse vazio e cuidando de seus pais, parentes e entes queridos doentes. Não surpreende que dois terços das pessoas que cuidam de quem tem doença de Alzheimer sejam mulheres, ainda que elas sejam as principais vítimas dessa doença. Posto que a vida das mulheres é frequentemente interrompida pela tarefa de cuidar dos filhos e de familiares enfermos, também não surpreende que elas acumulem muito menos posses e tenham maior probabilidade do que os homens de se aposentar na pobreza. Um relatório recente descobriu que a diferença de valor das pensões em função do gênero na União Europeia era de 40%, o que excede significativamente a distância entre a remuneração de homens e mulheres, que é de 16%. De modo geral, gênero é

---

87. N.E.: No original, "*housewifization*". O conceito foi desenvolvido pela socióloga marxista alemã Maria Mies, que escreveu parte de suas obras em inglês, e traduzido por ela a partir do termo alemão *Hausfrauisierung*. A tradução para o português brasileiro como "donadecasificação" foi proposta pelas tradutoras de seu livro *Patriarcado e acumulação em escala mundial: mulheres na divisão internacional do trabalho* (São Paulo: Ema Livros, 2022) e discutida por elas na "Apresentação à tradução brasileira".

88. N.T.: A geração *baby boomer* refere-se ao *boom* demográfico ocorrido nos Estados Unidos no período pós-Segunda Guerra Mundial e contempla as pessoas nascidas entre 1945 e 1964.

uma relação material que, entre outras coisas, subtrai das mulheres seu futuro. A mulher idosa, que trabalhou duro no cuidado de outros, fica com pouco no final de sua vida. Embora as distinções de gênero se mantenham por meio de processos expropriativos, elas também têm consequências que vão além da esfera econômica e material. Ainda que se possa dizer que a *descartabilidade* é a lógica que corresponde à expropriação racializada, a subjetivação de gênero tem como corolário a *estuprabilidade*. Também não é preciso dizer que essas lógicas expropriativas não são mutuamente excludentes, já que as mulheres não brancas e os indivíduos de gênero não binário podem estar sujeitos a um conjunto de lógicas expropriativas diferente daquele a que estão submetidas as mulheres brancas.

Expropriação racializada

Embora eu não reivindique que a expropriação deva ser definida exclusivamente como racialização (novamente, porque diferentes lógicas expropriativas reproduzem múltiplas categorias de diferenciação), este livro trata, sobretudo, da ordem racial antinegro produzida pela acumulação do capitalismo tardio. Michael C. Dawson e Nancy Fraser são dois teóricos políticos contemporâneos que definiram a expropriação nas sociedades capitalistas como um processo racializado. Em "*Hidden in Plain Sight*" [Escondido e à vista], Dawson critica Fraser por não reconhecer a expropriação racializada como um dos "panos de fundo" da sociedade capitalista. Para ele, entender a lógica da expropriação é necessário para entender quais modos de resistência são necessários nessa conjuntura histórica. Seu artigo começa com uma reflexão sobre a questão: os ativistas e movimentos como o *Black Lives Matter* deveriam focar na violência racializada do estado (execuções policiais, encarceramento em massa e assim por diante) ou na desigualdade racializada causada pela expropriação e pela exploração? Qual é a relação entre a primeira lógica – caracterizada pela *descartabilidade* – e a segunda – caracterizada pela *explorabilidade* e *expropriabilidade*? Em vez de descrever essas lógicas enquanto formas distintas do racismo antinegro, ele as analisa como duas dimensões de um processo dinâmico pelo qual a expropriação capitalista gera uma ordem racial a partir da cisão da população em humanos superiores e inferiores:

> Compreender as bases do capitalismo requer uma consideração da "morada oculta da raça": a distinção ontológica entre humanos superiores e inferiores – codificada como raça – que foi necessária à escravidão, ao colonialismo, ao roubo das terras nas Américas e ao genocídio. Essa separação racial se manifesta na divisão entre humanos plenos, que possuem o direito de vender seu trabalho e competir nos mercados, e aqueles que são descartáveis, discriminados e, em última instância, eliminados ou superexplorados.[89]

A racialização das populações negras, portanto, é a característica que torna os sujeitos aptos, de um lado, à hiperexploração e à expropriação e, de outro, à aniquilação. Antes da era neoliberal, a ordem racial era sustentada pelo estado e as distinções raciais eram aplicadas por meio de códigos de lei, da segregação do Jim Crow[90] e de outros arranjos formais. No contexto contemporâneo, embora o regime jurídico subjacente à ordem racial tenha sido

89. Michael C. Dawson, "Hidden in Plain Sight", p. 147-48.

90. N.T.: As leis Jim Crow são o resultado do conflito político que continuou existindo após o fim da escravidão e da Guerra Civil dos Estados Unidos (1861-1865) e, mais precisamente, após o fim do período da Reconstrução, que durou até 1877. Depois de perder o direito de escravizar a população negra com o final da guerra, e depois também da retirada das forças militares federais pró-unificação, os Estados Confederados do Sul ganharam autonomia e instituíram uma série de leis locais que tinham por objetivo restringir os direitos dessa população. O impedimento do direito ao voto, a restrição da mobilidade entre cidades e estados e a separação de negros e brancos em estabelecimentos públicos são parte do processo de segregação racial que as leis Jim Crow tornaram legais. Essas leis só caíram com a conquista da Lei dos Direitos Civis e da Lei dos Direitos de Voto, em 1964 e 1965, respectivamente. A partir daí, o encarceramento em massa passa a ter um papel relevante na manutenção do que Jackie Wang chama de "*continuum* carcerário" do capitalismo.

desmantelado, a raça manteve seu caráter duplo, que consiste "não apenas em uma atribuição probabilística de valor econômico relativo, mas também em um indicador de vulnerabilidade diferencial à violência estatal".[91] Em outras palavras, vulnerabilidade à hiperexploração e à expropriação no campo econômico e vulnerabilidade à morte prematura nos campos político e social. Meu ensaio sobre o Departamento de Polícia da cidade de Ferguson e seu programa municipal de pilhagem é uma tentativa de tornar visível o pano de fundo da execução de Mike Brown: a ampla expropriação racializada dos moradores negros realizada pelo braço da justiça criminal do estado. O assassinato de Mike Brown – por ordem da polícia – e o saque aos moradores – sob o comando do secretário de finanças da cidade – são reflexos dos legados raciais que caracterizaram os moradores negros como saqueáveis e se conectam intimamente com o tratamento despendido pelos policiais a eles enquanto seres elimináveis. As duas lógicas reforçam e se interligam uma à outra.

Em sua resposta à análise de Dawson sobre a racialização como expropriação, Fraser desenvolve as afirmações dele a partir da observação da interação entre expropriação econômica e "diferenciações de status politicamente impostas".[92] Não apenas a acumulação em uma sociedade capitalista ocorre por meio dos eixos da exploração e da expropriação, como também um torna o outro possível na medida em que a "sujeição racializada daqueles que o capital expropria é a condição para a liberdade daqueles que ele explora".[93] Em outras palavras, a "história de fachada" dos trabalhadores livres, contratados pelos capitalistas para vender sua força de trabalho por um salário, é possibilitada e dependente da expropriação que ocorre fora desse arranjo contratual. Fraser amplia ainda mais a análise de Dawson oferecendo um relato histórico dos vários regimes de racialização. Em sua análise sobre a "proletarização" dos

91. Chris Chen, "The Limit Point of Capitalist Equality: Notes Toward an Abolitionist Antiracism", *Endnotes*, vol. 3, n.p., 2013.

92. Nancy Fraser, "Expropriation and Exploitation in Racialized Capitalism: A Reply to Michael Dawson", *Critical Historical Studies*, vol. 3, n. 1, 2016, p. 163.

93. Ibid, p. 312-314.

negros estadunidenses que migraram do Sul para os centros industriais do Norte e Centro-Oeste durante a primeira metade do século XX, ela destaca que, mesmo no contexto da "exploração" industrial, o mercado de trabalho segmentado foi organizado de tal forma que o "confisco do trabalho negro tornou-se uma recompensa". Os trabalhadores industriais negros recebiam menos do que seus pares brancos. Em certo sentido, a diferença racializada nos ganhos pode ser entendida como a parcela que foi expropriada dos trabalhadores negros. A realidade é que os trabalhadores negros que ingressavam nas fileiras do proletariado industrial não estavam mais sujeitos à exploração do que à expropriação, mas que esses dois métodos de acumulação operavam em conjunto.

Fraser observa que, no "atual regime de acumulação racializada" – ao qual ela se refere como "capitalismo financeirizado" – tem havido um afrouxamento da dicotomia que historicamente separou aqueles que deveriam ser submetidos à expropriação e aqueles que deveriam ser submetido à exploração e que, no período atual, a dívida é, com frequência, utilizada como um método de expropriação:

> Muito da exploração industrial em grande escala ocorre agora fora do centro histórico, dentro dos países semiperiféricos dos BRICS. E a expropriação se tornou onipresente, afligindo não apenas seus sujeitos tradicionais, mas também aqueles que antes estavam protegidos pela condição de cidadãos-trabalhadores. Nesse processo, à medida que as instituições financeiras globais pressionam os estados a pactuarem com os investidores na extração de valor de populações indefesas, a dívida desempenha um papel essencial.[94]

Ainda que concorde com a alegação de Fraser de que a "divisão fortemente marcada" entre "sujeitos expropriáveis e cidadãos-trabalhadores exploráveis" tenha sido substituída por um "*continuum*" (não obstante, um *continuum* que segue racializado), eu acrescentaria que a existência de brancos pobres que caem da classe média – ou que são afetados pela crise dos opiáceos na atual

94. Ibid., p. 176.

conjuntura – *não* representa progresso racial para as populações negras estadunidenses, mas a generalização da expropriabilidade como uma condição face a uma crise de acumulação. Em outras palavras, miséria generalizada ao invés de maior respeito às pessoas negras estadunidenses. Fraser demonstra corretamente que "a expropriação se torna tentadora em períodos de crise".[95] Às vezes, os métodos de acumulação que antes eram reservados exclusivamente aos sujeitos racializados, extrapolam-nos e são empregados naqueles que possuem as insígnias do status privilegiado.

Se a expropriação e a exploração agora ocorrem num *continuum*, isso foi possível, em parte, pelo atual *modus operandi* do capitalismo tardio: a classificação probabilística dos sujeitos de acordo com o risco, por vezes indexada à sua pontuação de crédito. Como demonstrarei nos itens seguintes, esse método não é uma maneira racialmente neutra de coletar informações sobre a integridade pessoal, a solvência ou a responsabilidade financeira de um sujeito. É apenas um indicador da desigualdade já existente e uma forma de distinguir entre quais pessoas devem ser expropriadas e quais devem ser meramente exploradas.

Raça e a economia da dívida

> *Vi um agricultor negro se endividar com um lojista branco, e esse lojista ir até sua propriedade e tomar qualquer coisa que pudesse vender – mulas, arados, safras estocadas, ferramentas, móveis, roupas de cama, relógios, espelhos –, e tudo isso sem que um xerife ou um policial impedisse a violação das isenções de penhora, e sem precisar se reportar a nenhuma autoridade responsável.*
>
> — W. E. B. Du Bois[96]

95. Ibid.

96. W. E. B. Du Bois, *As almas do povo negro.* Tradução de Alexandre Boide. São Paulo: Veneta, 2021, p. 192.

> *Em 1890, viviam ali dez mil negros e dois mil brancos. O condado é rico, mas as pessoas são pobres. A tônica do Cinturão Preto é a dívida; não em termos de crédito no comércio, mas da impossibilidade permanente de parte da massa populacional ganhar o suficiente para cobrir suas despesas.*
>
> — W. E. B. Du Bois[97]

Quando observamos a vida econômica dos Estados Unidos, vemos que a dívida foi racializada em todos os momentos de sua história. Durante o período anterior à Guerra Civil, os brancos usavam os escravizados como garantia para tomar empréstimos. Como W. E. B. Du Bois destaca em *As almas do povo negro*, após a abolição da escravidão, a dívida se tornou um regime de controle social racializado, operacionalizado pelo sistema de arrendamento de terras. Quando os meeiros negros deixaram o setor agrícola no Sul para ingressar na força de trabalho industrial, a dívida migrou da esfera da produção para a do consumo. Dawson e Megan Ming Francis escrevem:

> Uma *diferença* entre a terrível dívida da era Jim Crow e da atual ordem racial neoliberal é que a dívida do período anterior estava ligada aos negros enquanto *produtores* na economia – de forma mais específica, primeiro como trabalhadores agrícolas (principalmente meeiros) e, depois, durante o Jim Crow, como trabalhadores urbanos do setor industrial (fortemente concentrados na manufatura sindicalizada). No período atual, a dívida está principalmente ligada aos negros enquanto *consumidores*.[98]

Os autores também destacam que, à medida que os empregos urbanos na indústria abandonaram as cidades, a demissão dos trabalhadores negros intensificou ainda mais a dependência negra do crédito ao consumidor: entre 1970 e 1991, a participação da

97. Ibid., p. 164.

98. Michael C. Dawson e Megan Ming Francis, "Black Politics and the Neoliberal Racial Order", p. 41.

força de trabalho negra caiu de 63% para 49%. Dados recentes que mostram uma baixa taxa de desemprego entre os negros estadunidenses (embora o desemprego entre os negros ainda seja alto se comparado ao desemprego entre os brancos) são distorcidos, pois não levam em conta a remoção de negros da força de trabalho assalariada causada pelo encarceramento em massa. Ainda que existam disparidades raciais nas várias esferas da dívida ao consumidor, o endividamento, enquanto uma necessidade econômica e social, está se tornando uma condição generalizada nos Estados Unidos. No entanto, como já enfatizei, o tipo de crédito disponível para as pessoas varia de acordo com sua raça, local de residência e classe.

Dívida estudantil

À primeira vista, o terreno dos empréstimos estudantis pode parecer igualitário e não discriminatório, mas uma lacuna racial também existe nele. Os empréstimos estudantis do governo federal – que aparentemente não são projetados para ser predatórios – facilitam a predação quando os mutuários negros acabam sendo desproporcionalmente direcionados para faculdades com fins lucrativos, caras e não credenciadas. O grande aumento recente no valor das mensalidades, mesmo em universidades públicas (exacerbado pelos cortes de financiamento), também contribuiu para o hiato racial da dívida estudantil, posto que estudantes negros e latinos[99] se formam com uma carga de dívidas maior que a de estudantes brancos.

99. N.E.: No original, "*black and Latinx students*". Como se sabe, os substantivos e adjetivos em inglês não possuem marcação de gênero. Ao empregar o termo "*latinx*", Jackie Wang incorpora a crítica da generalização masculina supostamente neutra, assim como do binarismo de gênero, que vem sendo realizada em idiomas latinos pela adoção da consoante "x". Em seu livro, Wang faz uso dessa consoante apenas para o termo "*Latinx*". Nesta edição brasileira de sua obra, adotamos o "x" em passagens em que a designação não binária de gênero é fundamental para o sentido do que é dito pela autora. Embora não tenhamos conseguido desfazer todas as generalizações no

Há uma série de razões pelas quais uma análise da economia da dívida que se vale da estrutura do capitalismo racial deveria focar nos empréstimos estudantis e no hiato racial da dívida estudantil. Com exceção das hipotecas, os empréstimos estudantis representam a maior parte da dívida do consumidor (excedendo a dívida dos cartões de crédito e os empréstimos para compra de automóveis).[100] Nos últimos anos, a composição da dívida das famílias tem mudado de tal maneira que a dívida hipotecária está diminuindo em relação à estudantil. Dada a rápida explosão do montante das dívidas estudantis, não surpreende o fato de que os empréstimos estudantis tenham a maior taxa de inadimplência dentre todas as formas de crédito. Quando um empréstimo estudantil não é quitado, a pontuação de crédito do mutuário sofre um impacto. Mesmo para os empréstimos federais, um único pagamento em atraso pode gerar um impacto negativo na pontuação de crédito de alguém em cerca de noventa dias. Mas esse é apenas o começo do pesadelo – potencialmente eterno – desencadeado pela dívida estudantil. A alta taxa de inadimplência não afeta tão somente as formas de crédito (bem como suas taxas de juros) a que essas pessoas teriam acesso no futuro, mas também suas perspectivas de emprego e moradia. Em 2010, a Society for Human

---

masculino ao longo do texto (como é o caso do parágrafo em que esta nota está inserida), procuramos lidar com essa questão adotando recursos como o emprego de substantivos e/ou adjetivos no feminino *e* no masculino e a inserção do termo "pessoas" ou "populações", como, por exemplo, ao traduzir "*black*" não como "negros", mas como "pessoas negras".

100. N.T.: Na esteira da última grande crise financeira, surgiu em Nova York, em setembro de 2011, o movimento *Occupy Wall Street.* Com o objetivo de ocupar permanentemente o maior centro financeiro mundial e questionar a disparidade econômica existente entre os mais ricos e o restante da população, o movimento serviu para diagnosticar um sentimento comum existente entre os jovens que o integraram: grande parte deles estava endividada. Grupos derivados daí começaram a discutir a questão e surgiu, então, o *Strike Debt*, um coletivo organizado com o intuito de entender o problema da dívida nos Estados Unidos e promover soluções coletivas para enfrentar as instituições financeiras que os prendiam em ciclos de endividamento. Um raio-x do endividamento nos Estados Unidos, em seus principais setores econômicos, foi elaborado pelo grupo e hoje se encontra registrado no livro *The Debt Resistors' Operations Manual* [Manual de Operações de Resistência à Dívida], distribuído gratuitamente na internet.

Resource Management [Sociedade de Gestão de Recursos Humanos] descobriu que 60% dos empregadores pesquisados faziam avaliação de crédito ao selecionar candidatos, mesmo que nos últimos anos alguns lugares tenham começado a proibir essa prática.[101] Ou seja, uma avaliação negativa do crédito, causada pela inadimplência de empréstimos estudantis, pode levar à exclusão do mercado de trabalho. A natureza paradoxal desse cenário enlouquecedor não passou despercebida para mim: estudantes pegam dinheiro emprestado para obter diplomas que supostamente aumentariam suas perspectivas de emprego, mas acabam presos a um ciclo interminável de dívidas que pode destruir seu futuro financeiro e, na verdade, diminuir suas perspectivas de emprego. Isso pode dar início a um processo em que, conforme piora a pontuação de crédito de um mutuário que já se encontra em dificuldades, as perspectivas de emprego, junto com a possibilidade de pagar os empréstimos e melhorar a pontuação de crédito, ficam cada vez mais distantes. Para piorar as coisas, é basicamente impossível liquidar dívidas estudantis decretando falência, o que significa que alguém que está no fundo do poço não terá como recompor suas finanças. Esses mutuários podem também esperar que o governo federal retenha seus pagamentos da Previdência Social à medida que envelheçam.

Os empréstimos estudantis são, também, um poderoso mecanismo de controle social, pois canalizam as pessoas desde muito cedo para o regime da dívida – basicamente, já no momento em que se tornam adultas. Existem assimetrias de classe significativas entre mutuários de famílias financeiramente "alfabetizadas" e mutuários de famílias financeiramente "analfabetas". Essas assimetrias podem cindir os mutuários em dois grupos: aqueles que têm apoio familiar, meios materiais ou educação financeira para administrar seus empréstimos estudantis seriam encaixados na trajetória do acúmulo potencial de riqueza; já aqueles que não conseguem manter seus pagamentos em dia ou que não possuem conhecimento sobre como administrar os empréstimos estudantis seriam encaixados na trajetória da futura marginalização econômica. No entanto,

101. "Are Credit Checks a Legitimate Screening Tool?", *Berks & Beyond*, 7 de junho de 2011.

mesmo o primeiro caminho sofreu uma interferência parcial das agências de cobrança de dívidas como a Navient – a maior empresa de cobrança de dívida estudantil do país –, que tem um histórico de perder deliberadamente os pagamentos que recebe, de impedir que estudantes de baixa renda obtenham planos de pagamento consignados e de dificultar que mutuários que não podem honrar suas dívidas tenham seus empréstimos renegociados.

Quase que diariamente, novos escândalos surgem em todas as frentes de empréstimo. Isso aponta para uma crise de acumulação que empresas e instituições de crédito tentam protelar por meio de fraudes, da manipulação de taxas de juros, da cobrança automática de taxas, do assédio na cobrança das dívidas e da expropriação nua e crua.

Endividamento municipal

Uma forma racializada da dívida, predominante nas cidades de maioria negra em todo o país, é a dívida com a justiça criminal, que inclui os seguintes tipos:

> (1) Multas e autuações aplicadas com propósito punitivo; (2) penalidades aplicadas com propósito restitutivo; (3) autuações aplicadas por cadeias e outros órgãos da justiça criminal com o propósito de cobrir os gastos públicos. A última categoria inclui: (i) autuações pré-condenatórias, tais como taxas de registro na cadeia aplicadas no momento da prisão, taxas por dia de prisão e taxa de solicitação de defensor público; (ii) taxas pós-condenatórias, tais como uma taxa de relatório de presença que auxilia no custeio da coleta de informações, taxa paga pelo uso dos serviços de um defensor público, taxas residenciais e custeio da moradia na prisão; (iii) taxas

pós-liberação, tais como taxas mensais de supervisão, isto é, liberdade condicional e taxas a ela vinculadas.[102]

Além das multas e taxas judiciais, também a dívida municipal se acumula sobre os sujeitos que são rotineiramente taxados e multados pela polícia. Este tipo de dívida não é executado com fins de produção ou consumo, mas *em favor do policiamento*. É possível também chamar a essas obrigações financeiras no campo jurídico de *sobretaxa racial*; é uma forma de extorsão que financia as próprias atividades governamentais dedicadas à expropriação dos moradores negros. A dívida com o sistema de justiça criminal afeta não apenas os indivíduos nele enredados, mas também seus familiares e entes queridos, que têm, às vezes, de se endividar para pagar taxas e multas relacionadas aos processos judiciais ou para apoiar financeiramente e se comunicar com os que estão encarcerados. Nos últimos anos, estimulados pela investigação do Departamento de Justiça do Departamento de Polícia de Ferguson, ativistas e advogados começaram a contestar o uso da polícia e dos tribunais na geração de receitas com o objetivo de cobrir o custo das operações do governo ou de pagar os credores dos títulos municipais.

Embora as prisões de devedores tenham sido proibidas em 1833, advogados de todo o país entraram com ações judiciais alegando que essas práticas municipais de coerção equivalem à prisão de devedores. O *The Atlantic* descobriu que 95% dos mandados de prisão devem-se a multas não pagas.[103] No Texas, há o espantoso número de 650.000 pessoas presas pelo não pagamento de multas, embora um tribunal de justiça tenha decidido que a prisão de pessoas indigentes por não pagarem as multas deveria cessar até 1º de setembro de 2017. A cidade de Nova Orleans renunciou recentemente a US$ 1 milhão em taxas judiciais na esperança de evitar um processo federal de direitos civis. Em Nova Orleans, os juízes

102. Emily Katzenstein, "RA Debt", *Race and Capitalism*, 2 de março de 2016, p. 8–9.

103. "No More Debtors' Prison: Texas to Offer Community Service to Those Who Can't Pay Fines for Minor Offenses", *Texarkana Gazette*, 26 de julho de 2017.

também receberam incentivos financeiros para declarar os réus culpados. Voltarei a esse assunto com mais profundidade no próximo capítulo, mas, por ora, quero enfatizar que esse método de extrair receita dos moradores negros não se limita apenas a alguns casos isolados, como na cidade de Nova Orleans ou Ferguson – *trata-se de uma prática institucional sistemática.* Um estudo recente, que examinou dados de mais de nove mil cidades dos Estados Unidos, descobriu que "o uso de multas como forma de receita é comum e está fortemente relacionado à proporção de citadinos negros".[104] A discrepância racial no uso de multas policiais para gerar receita foi parcialmente (embora não completamente) mitigada pela representação política negra e pela presença de pessoas negras nos conselhos municipais.

Dívida hipotecária racializada: do *redline* ao *subprime*

Nas últimas décadas, houve uma mudança de paradigma em relação ao empréstimo hipotecário à população negra. Entre 1934 e 1968, quando os Estados Unidos passavam por um rápido processo de suburbanização, as populações negras estadunidenses estavam amplamente excluídas da condição de mutuários. Os mesmos empréstimos de seguro hipotecário do Departamento de Habitação do Governo Federal [*Federal Housing Administration* – FHA] que possibilitaram a suburbanização e a construção da classe média branca barraram sistematicamente, para as populações negras estadunidenses, o caminho mais comum para a acumulação de riqueza: a casa própria. Ao conceder empréstimos a mutuários que se mudavam para os novos bairros nos subúrbios das cidades e limitar seu acesso por parte de mutuários negros das

104. Michael W. Sances e Hye Young You, "Who Pays for Government? Descriptive Representation and Exploitative Revenue Sources", *The Journal of Politics*, vol. 79, n. 3, 2017, p. 1090.

áreas centrais, as políticas do FHA fomentaram a segregação racial e codificaram o racismo no nível institucional. O termo "*redlining*" se refere à prática de usar linhas vermelhas para demarcar as fronteiras de bairros considerados "de risco" e, portanto, impróprios para o investimento de instituições financeiras. Essas zonas "de risco" foram largadas às traças ao mesmo tempo que os estadunidenses brancos fugiam rapidamente das cidades e se mudavam para os subúrbios.

Esse paradigma mudou quando o próprio risco foi mercantilizado por meio da precificação da taxa de hipoteca ajustada a ele. Nos anos que antecederam a quebra do mercado imobiliário em 2008, os mutuários negros e latinos que intencionavam comprar casas tornaram-se alvos de empréstimos hipotecários *subprime* por parte das instituições de crédito – movimento que delimita uma mudança da *exclusão financeira* para a *expropriação via inclusão financeira*. Essa transição foi facilitada pelo apoio de soluções "de mercado" para problemas estruturais: em particular, pela crença na ideia de que a diferença de riqueza observada entre as raças poderia ser extinta por meio da expansão do acesso ao crédito. No entanto, esses empréstimos não foram projetados para que os mutuários negros e marrons se tornassem proprietários; serviram como uma forma de converter o risco em fonte de receita, a partir de uma arquitetura financeira na qual os mutuários acabassem despossuídos de suas casas.

A narrativa ideológica padrão da crise das hipotecas *subprime* de 2008 é mais ou menos assim: populações negras e latinas clamavam por acesso a empréstimos hipotecários, mas não conseguiram pagá-los porque são irresponsáveis ou pobres demais. Dessa forma, não seriam vítimas ludibriadas pelas instituições financeiras, mas a *causa da própria crise*. Uma leitura mais "benevolente" da crise é a de que essa parcela da população carecia de conhecimento financeiro adequado para fazer escolhas inteligentes quando se tratava de tomar empréstimos para comprar casas. Mas ambas as narrativas não consideram que as hipotecas *subprime* e os títulos lastreados em hipotecas eram uma forma de os bancos gerarem receita por meio da especulação financeira.

Há ampla evidência de que os bancos cometeram fraude racial durante o período que antecedeu a crise. Nos anos que sucederam a crise das hipotecas *subprime* de 2008, uma série de investigações sobre as práticas de empréstimos de bancos como o Bank of America, Wells Fargo, Citigroup e o National City/PNC revelou a extensão do envolvimento desses bancos em práticas predatórias que se utilizavam da raça como um "fator central para a determinação de cobranças e taxas de juros mais altas durante o *boom* imobiliário".[105] Francis e Dawson citam uma investigação do Departamento de Justiça que descobriu que, mesmo mantendo fixa a renda e outros fatores, "mutuários latinos e negros altamente qualificados estavam, respectivamente, três e quatro vezes mais propensos a receberem um empréstimo *subprime* do Wells Fargo".[106] No entanto, existem maneiras sutis pelas quais a referência dos autores a "mutuários negros altamente qualificados" que foram enganados por bancos como o Wells Fargo capitula a um quadro moral no qual esses mutuários merecedores são, implicitamente, diferenciados de seus pares considerados indignos e de alto risco. Embora a intenção por trás de chamar a atenção para os mutuários negros altamente qualificados possa ter sido enfatizar as práticas de empréstimos racializadas e sem lastro com o risco real, tais comentários, ainda que carreguem verdades, servem para validar a precificação de crédito com base no risco como uma prática legítima e racional, desde que não seja racista. No entanto, legitimar a prática de vincular as pessoas ao risco torna a desigualdade estrutural invisível, além de transformar os mutuários de alto risco em irresponsáveis e amorais por não cumprirem a promessa de pagamento dos empréstimos. Em vez de desafiar o fim da economia da dívida como um todo e vê-la como um sintoma de uma crise de acumulação mais ampla, esses comentários transformam um problema estrutural num problema moral individualizado e ignoram as maneiras pelas quais a desigualdade racializada aumenta a probabilidade de os estadunidenses negros se tornarem alvos

105. Michael Dawson e Megan Francis, "Black Politics and the Neoliberal Racial Order", p. 38.

106. Ibid., p. 49.

de formas predatórias de crédito (desenhadas para que não seja possível pagá-lo) que aumentam a probabilidade de que sejam inseridos no grupo de alto risco.

Os termos de sua solvência e não a cor de sua pele: risco e o novo racismo daltônico[107]

O uso da pontuação de crédito da FICO[108] para determinar os preços dos empréstimos, que começou em 1989 e decolou na década de 1990, foi visto como um passo importante para permitir acesso ao crédito ao consumidor àquelas pessoas que antes

107. N.E: O termo racismo daltônico [*Color-Blind racism*] se refere à ideologia da suposta neutralidade racial elaborada por instituições políticas e jurídicas. Assim como o daltonismo implica a indistinção de determinadas cores, tais instituições argumentam que suas práticas e políticas não se baseiam na distinção racial. Esse discurso, largamente apregoado por conservadores e liberais, teve seu início após a conquista dos direitos civis e seu ápice com a eleição de Barack Obama para presidente em 2008, fato que comprovaria que a sociedade estadunidense caminhava em direção à era da justiça racial. Contudo, esse fenômeno vem sendo fortemente criticado por ativistas e pensadores negros, que denunciam a tentativa de anular o debate público sobre raça, ao passo que a ideologia e hierarquia racial permanecem. Uma obra importante que discute a questão é *A nova segregação: racismo e encarceramento em massa*, de Michelle Alexander (São Paulo: Boitempo, 2018). Na edição brasileira dessa obra, Pedro Davoglio e Silvio Almeida adotam "neutralidade racial" como tradução para o termo "*color-blindness*", argumentando em sua "Nota sobre a tradução" que essa escolha favoreceria "uma melhor compreensão da tese da autora no contexto brasileiro". Entendemos que, no contexto da obra de Jackie Wang, a tradução literal "racismo daltônico", para "*color-blind racism*", é bastante adequada, além de manter aberto o debate linguístico-político sobre o termo "*color-blind*" (e seus derivados) no contexto brasileiro.

108. N.T.: Trata-se de uma pontuação de crédito criada pela empresa Fair Isaac Corporation (FICO). Os credores usam as pontuações FICO para avaliar o risco de se emprestar dinheiro para um determinado indivíduo. As pontuações FICO levam em consideração dados em cinco áreas para determinar a qualidade de crédito: histórico de pagamentos, nível atual de endividamento, tipos de crédito usados, duração do histórico de crédito e novas contas de crédito.

estavam excluídas dos mercados de crédito. As pontuações permitiriam que populações estadunidenses negras participassem do sistema, não obstante, com certa frequência, como mutuários de alto risco. Embora a prática do *redlining* seja hoje vista como injusta e descaradamente racista, a precificação do crédito ajustada ao risco – desde que corresponda ao risco *real* de uma pessoa – é vista como justa. No entanto, as práticas usadas durante o período que antecedeu a crise de 2008 foram vistas como injustas, pois se baseavam em estereótipos raciais para determinar o risco e não no risco real dos indivíduos. Thomas Perez, o procurador-geral adjunto da Divisão de Direitos Civis do Departamento de Justiça, disse: "pessoas com qualificações semelhantes devem ser tratadas da mesma forma. Elas devem ser julgadas pelos termos de sua solvência e não pela cor de sua pele."[109] De acordo com essa visão, a solução é eliminar o preconceito humano das práticas de empréstimo, bem como eliminar as estratégias do setor de hipotecas e uma cultura bancária discriminatória que tem nas pessoas negras e latinas seu alvo para empréstimos podres. No entanto, a ideia de que as pessoas devam ser "julgadas pelos termos de sua solvência e não pela cor de sua pele" acaba se rendendo à associação entre credibilidade e retidão/responsabilidade moral. Em outras palavras, de acordo com essa visão, bom crédito equivale a bom caráter. Ter uma pontuação de crédito ruim é visto como uma falha moral, e não como indicativo de uma desigualdade estrutural. A visão baseada nos "termos de sua solvência" também sustenta, implicitamente, a ideia de que o empréstimo *subprime* é uma prática de mercado justificada e racional a ser aplicada para mutuários de alto risco (real). Defendo que o risco é o novo racismo daltônico, pois, sob o pretexto da igualdade de oportunidades, ele consagra as desigualdades sociais e econômicas já existentes. Ao pensar sobre o risco, devemos nos questionar se os mecanismos de mercado

---

109. Thomas E. Perez, "Assistant Attorney General Thomas E. Perez Speaks at the Wells Fargo Press Conference", (discurso, Washington, DC, 12 de julho de 2012), Departamento de Justiça dos Estados Unidos. https://www.justice.gov/opa/speech/assistant-attorney-generalthomas-e-perez-speaks-wells-fargo-press-conference.

terão a capacidade de corrigir centenas de anos de desigualdade estrutural. Aceitar pontuações de risco como um indicador de competência pessoal é adotar a política liberal da meritocracia, segundo a qual aquelas pessoas que trabalham duro para manter um bom crédito conseguem o que desejam.

Além disso, a pontuação de risco é uma prática que divide a população entre *merecedores* e *não merecedores*. Quando um sujeito carrega a marca do "mutuário de alto risco", ele é tratado como apto à predação e à expropriação. O uso de instrumentos de crédito expropriativos para mutuários de alto risco não é considerado um escândalo por causa das formas como a dívida foi historicamente enquadrada nos termos da moralidade. David Graeber ilustra como esse quadro opera relatando uma anedota memorável no primeiro capítulo de seu livro *Dívida: os primeiros 5.000 anos*. Ele descreve uma conversa que teve sobre a dívida do Terceiro Mundo, em uma festa, com uma advogada com consciência social a quem desconhecia:

> – Mas sobre isso o que você defende? – perguntou a advogada.
> – Quanto ao FMI? Queremos aboli-lo.
> – Não, sobre a dívida do Terceiro Mundo.
> – Ah, queremos aboli-la também. [...] O objetivo de mais longo prazo era a anistia da dívida. Algo como o Jubileu bíblico. Na nossa opinião – eu disse –, trinta anos de transferência de dinheiro dos países mais pobres para os mais ricos já bastam.
> – Mas – contestou ela, como se fosse uma coisa óbvia – eles pegaram o dinheiro emprestado! É preciso pagar as próprias dívidas.
> [...]
>
> Por onde começar? Eu poderia ter explicado que esses empréstimos foram originalmente tomados por ditadores não eleitos, que depositaram a maior parte do dinheiro em suas contas particulares na Suíça, e poderia ter dito para ela pensar se era justo insistir que os emprestadores fossem

> reembolsados, não pelo ditador ou seus camaradas, mas com o dinheiro da comida que literalmente se tirava da boca de crianças famintas. Ou pensar que muitos desses países pobres na verdade já tinham pagado três ou quatro vezes a quantia que tomaram emprestada, mas que, graças ao milagre dos juros compostos, ainda não haviam reduzido de maneira significativa o principal da dívida. Eu também poderia observar que existe uma diferença entre tomar empréstimos e refinanciar empréstimos, e que para obter refinanciamentos os países precisam seguir uma política econômica ortodoxa de livre mercado criada em Washington ou Zurique, com a qual seus cidadãos nunca concordaram nem jamais concordariam. E poderia observar ainda que era um pouco desonesto insistir que os Estados adotassem constituições democráticas e depois ressalvar que, independentemente de quem fosse eleito, os países não teriam controle nenhum sobre a política. Eu poderia ter dito ainda a ela que as políticas econômicas impostas pelo FMI nem sequer funcionavam. Entretanto, o problema ali era mais básico: a suposição de que dívidas *têm* de ser quitadas.
>
> Na verdade, o que mais me chamou a atenção na frase "é preciso pagar as próprias dívidas" foi que, mesmo de acordo com a teoria econômica padrão, isso não é verdade. O emprestador deve aceitar determinado grau de risco.[110]

Para muitas pessoas, não é a imoralidade das práticas dos credores que é questionada, mas a dos devedores que não podem pagar ou que não pagam seus empréstimos. Esse exemplo também chama minha atenção para o fato de como as assimetrias de poder afetam os termos do crédito e como os credores sempre levam vantagem e são incentivados a explorar as pessoas. São eles que, com a finalidade do lucro, elaboram os instrumentos de dívida, e são eles que possuem o que os mutuários precisam: dinheiro. Alguém poderia perguntar: esses mutuários não podem rejeitar

110. David Graeber, *Dívida: os primeiros 5.000 anos.* Tradução de Rogério Bettoni. São Paulo: Três Estrelas, 2016, p. 8-10.

termos desfavoráveis recusando-se a tomar empréstimos de instituições de crédito injustas? Isso não é possível em um contexto econômico em que os salários de setores como o de serviços, por exemplo, estão abaixo do nível de subsistência, ou em regiões onde a economia local vai tão mal que as pessoas não encontram qualquer emprego e, portanto, precisam se endividar para poder consumir produtos básicos.

A ideia de que as pessoas têm a obrigação moral de cumprir a promessa de pagar suas dívidas está parcialmente conectada à ideia de que liberdade significa assumir pessoalmente os riscos de suas ações e decisões. Ao mesmo tempo – começando com os seguros do comércio marítimo do século XVII –, instrumentos foram desenvolvidos de maneira a transferir o risco para as instituições financeiras. Em *Freaks of Fortune* [Aberrações da fortuna], o historiador Jonathan Levy escreve:

> O fio condutor mais consistente na história do risco é a moral. [...] Toda uma geração – financistas, abolicionistas, atuários, juristas, pastores, legisladores, executivos corporativos, filósofos, cientistas sociais – desenvolveu uma visão de liberdade que conectava o ideal liberal de autopropriedade à noção pessoal de "risco". Em uma sociedade democrática, de acordo com o novo evangelho, os homens livres e iguais devem tomar para si, administrar, possuir, assumir, suportar, carregar e gerir os riscos pessoais. Isso implicava a tentativa ativa de se tornar senhor do próprio destino, adotando um dever moral de dar conta do futuro. O que significava correr riscos. Mas também significava colocar o risco sobre as novas corporações financeiras – como quando um trabalhador assalariado contratava seguro contra acidentes de trabalho, um ex-escravo abria uma conta de poupança ou um financista de Wall Street elaborava uma divisão de lucros da empresa ou um plano de benefícios para funcionários. Uma nova visão do que significava ser uma pessoa livre e segura tomou forma, portanto, na nova realidade material e psicológica criada pelo moderno sistema financeiro corporativo estadunidense.

> Noções liberais de individualidade há muito enfatizavam a necessidade de autocontrole, mesmo diante da incerteza. Mas foi só no século XIX que a autopropriedade passou a significar controle sobre um "risco" financeiro pessoal. O enigma moral que se colocava, e que ainda se coloca, é que a liberdade individual exigia uma nova forma de dependência. Ou seja, uma dependência de um novo sistema financeiro corporativo: o sistema nervoso central de um capitalismo em ascensão que se alimentou de incertezas radicais e mudanças incessantes. Portanto, o gerenciamento de riscos corporativos sempre produziu novas formas de incerteza e insegurança.[111]

Os instrumentos financeiros que proliferaram recentemente são desenhados para gerenciar o risco e convertê-lo em uma mercadoria negociável. Considere, por exemplo, o funcionamento do mercado de derivados. Vamos dar uma breve olhada nos instrumentos financeiros que foram populares durante o período que antecedeu o *crash* de 2008: o título garantido por hipoteca [*mortgage-backed security* – MBS] e a obrigação de dívida colateralizada [*collateralized debt obligation* – CDO]. Primeiramente, as pessoas contraíram hipotecas, principalmente de entidades privadas não bancárias (credores privados não bancários, como Quicken Loans, assumiram o controle desse mercado a partir do estouro da bolsa). As instituições financeiras reuniram então essas hipotecas para criar "títulos" que são divididos em "cotas". Imagine um edifício com, digamos, cinco andares. Esse edifício representa a estrutura de pagamento dos títulos garantidos por hipotecas. As pessoas que compraram títulos da cota superior seriam pagas primeiro; as pessoas que compraram títulos da cota inferior seriam pagas por último. Os títulos do último andar podem ser classificados como AAA, enquanto os pisos inferiores subsequentes podem ser classificados como AA, A, BBB, BB – ou podres.

Por que alguém compraria títulos das cotas mais baixas se eles são considerados mais arriscados? Títulos de alto risco permitem

111. Jonathan Levy, *Freaks of Fortune: The Emerging World of Capitalism and Risk in America*. Cambridge: Harvard University Press, 2012, p. 5-6.

que os cotistas recebam mais receita porque o "rendimento" (receita de juros de um investimento) é maior em títulos mal classificados do que em títulos de baixo risco. Os papéis classificados como AAA podem ter um rendimento de 5%, ao passo que os títulos podres, do lote inferior, podem render 20%.

Uma CDO é um produto financeiro estruturado com lastro em créditos de risco MBS. Ela é criada reunindo as cotas inferiores de MBS, de pontuações mais baixas, e reempacotando-as. Um caminho possível para pensar essa situação é o seguinte: você pega o lixo dos andares inferiores de, digamos, oito edifícios, e deposita esse lixo em outro prédio, que é igualmente dividido em cotas classificadas. Se todos estiverem pagando suas hipotecas em dia, o dinheiro será, teoricamente, redistribuído nos lotes inferiores, depois para as CDO e, possivelmente, até mesmo para a CDO^2 – um produto financeiro que é criado pelo agrupamento das cotas de CDO de alto risco. Em outras palavras, você pega o lixo dos MBS para fazer as CDO e, depois, pega o lixo das CDO para fazer papéis CDO^2. A ideia é que agrupar as hipotecas e permitir que os acionistas assumam o nível de risco com o qual se sentem confortáveis faria com que se reduzisse o risco geral para todos (já que ele estaria diluído). Os investidores devoraram esses produtos financeiros em massa, assumindo que, mesmo com algumas pessoas aqui e ali deixando de pagar suas hipotecas, aquelas que detinham papéis com classificação AAA, na pior das hipóteses, ainda seriam pagas. No entanto, as hipotecas que formavam as bases dessa meta-estrutura financeira foram desenhadas para maximizar a receita a partir da atração dos chamados mutuários "de risco" para as hipotecas com taxas de juros flutuantes – que inflariam assim que a taxa de "indexação" expirasse. Essas hipotecas foram projetadas de tal forma que a inadimplência seria praticamente inevitável. À medida que o valor devido disparasse, os mutuários se tornariam inadimplentes e suas casas seriam desapropriadas. Quando os pagamentos pararam de chegar, toda a meta-estrutura financeira, erigida sobre essa base de ativos, entrou em colapso e, uma vez que grandes instituições financeiras detinham esses ativos financeiros tóxicos, todo o sistema bancário começou a desmoronar. Em suma, o que aqueles que desenharam esses produtos financeiros derivativos fizeram foi, essencialmente, pegar um ativo subjacente, posicioná-lo entre dois espelhos de modo que parecesse proliferar ao infinito e, então, confundir o reflexo multiplicado com a criação de uma nova riqueza.

O setor financeiro não é avesso ao risco; quando há escassez de novas áreas de investimento, ou quando as taxas de juros fixadas pelo Federal Reserve (FED) estão baixas, o risco se torna a última trincheira de capitalização. Embora o alto rendimento dos investimentos de risco possa tornar o risco atraente para os fundos de *hedge* em tempos de crise, em períodos de expansão – justamente pelo fato de o mercado parecer bastante estável –, o risco pode também ser um fator sedutor. Os investimentos arriscados trazem consigo a promessa de rápida expansão da riqueza, enquanto os investimentos seguros amadurecem em um ritmo muito mais lento. Com Alan Greenspan, o Federal Reserve resgata a política monetária de juros baixos como uma forma de aquecer a economia, permitindo que bancos e outras instituições financeiras tenham acesso a dinheiro barato. No entanto, como a imprensa de negócios relata com frequência, isso aumenta o apetite dos investidores pelo risco, já que eles buscam superar os baixos retornos dos títulos buscando investimentos arriscados e de alto rendimento.

Investimentos mais arriscados têm rendimentos mais altos, pois aqueles que os fazem estão, supostamente, assumindo o fardo do risco. Esse não é o caso quando o aparato estatal expropria as massas para facilitar a transferência de riqueza para o setor financeiro em caso de falha nos investimentos (a crise da dívida de Porto Rico é um exemplo disso). Ao considerar os milhões de pessoas que perderam suas casas na esteira da crise imobiliária de 2008, não é exagero dizer que a expropriação é o lado oculto de nossa economia de risco financeirizada.

A racialização do risco

Como espero que alguns de meus exemplos tenham ilustrado, o capital financeiro é incentivado a aumentar o grupo de pessoas consideradas arriscadas justamente por essa prática ser mais lucrativa. Não apenas aqueles que conduziram pessoas a hipotecas *subprime* receberam bônus, mas os chamados mutuários de risco, ademais, tomaram empréstimos a taxas de juros muito mais altas: "Para um proprietário que faz uma hipoteca de US$ 165.000, uma diferença de três pontos percentuais na taxa de empréstimo – uma diferença típica entre empréstimos convencionais e *subprime* – acrescenta mais de US$ 100.000 em pagamentos de juros."[112]

Tony Paschal, ex-agente de crédito hipotecário do banco Wells Fargo, contou que ele e seus colegas "receberam incentivos em dinheiro para comercializar intensamente empréstimos *subprime* em comunidades minoritárias". Os funcionários do Wells Fargo chamavam os mutuários negros de "gente da lama", enquanto que os empréstimos *subprime* promovidos pelo banco recebiam o nome de "empréstimos do gueto". Tanto Paschal quanto outra ex-agente de crédito, Beth Jacobson, afirmaram que o banco dava bônus aos agentes que direcionassem para empréstimos *subprime* os mutuários qualificados para os empréstimos *prime*. Um artigo do *New York Times* relatou: "Jacobson disse ter ganhado 700 mil dólares em um ano e que a empresa a levou, assim como a outros agentes *subprime*, para resorts por todo o país".[113] Uma investigação que levou a uma ação judicial em âmbito federal também descobriu que os agentes de crédito às vezes falsificavam os relatórios de crédito dos mutuários ou falhavam em coletar a documentação de renda, de modo que os empréstimos passassem de *prime* para *subprime*.

Posto que as instituições de crédito são incentivadas a cobrar a maior taxa de juros possível, escândalos recentes – revelando que bancos e empresas de cobrança de dívidas têm manipulado as

112. Michael Powell, "Bank Accused of Pushing Mortgage Deals on Blacks", *New York Times*, 6 de junho de 2009.

113. Ibid.

taxas de juros para aumentar a receita – são quase que esperados. A Navient Corporation – a maior agência de cobrança de empréstimos estudantis dos Estados Unidos – cometeu fraudes em massa com o objetivo de manter as pessoas atadas a um ciclo de dívidas, adicionando por volta de US$ 4 bilhões em cobranças de juros aos empréstimos estudantis. Os casos do Wells Fargo e da Navient não são um ponto fora da curva dentro das práticas de empréstimos consideradas boas e justas; eles representam uma tendência que é inerente ao próprio capitalismo. À medida que a crise de acumulação do capital financeiro se intensifica, com cada vez menos possibilidades de expansão, a fraude e a predação se tornam um caminho para garantir os lucros e manter o crescimento. Assim, não é surpreendente que, além das práticas racistas dos empréstimos hipotecários *subprime* do Wells Fargo, o banco tenha também aberto quase dois milhões de contas bancárias e cartões de crédito falsos, adulterado as taxas de empréstimos hipotecários sem o consentimento dos mutuários e criado taxas de seguro desnecessárias que se acumulavam aos empréstimos para a compra de automóveis. A proliferação de taxas e encargos ocultos é um sintoma dessa crise, especialmente porque os bancos desempenham um papel cada vez mais amplo na vida do consumidor estadunidense. As grandes corporações tornaram-se, elas mesmas, instituições financeiras e assumiram o papel tradicional dos bancos, a saber, o de emprestar capital ao setor privado com o propósito de iniciar ou expandir um negócio (assim, os bancos devem desenvolver novas formas de gerar receita). Como o Wells Fargo esgotou todas as formas "legítimas" de expansão de seus negócios, uma aparência de crescimento foi criada, literalmente, por meio da falsificação de números e do uso e manipulação, respectivamente, de sobretaxas fraudulentas e de taxas de juros, com a finalidade de geração de receita.

Como já mencionei, o sistema de crédito é legitimado pelo quadro moral que molda nossa compreensão sobre a dívida – por meio do qual o credor é concebido como benevolente, enquanto o devedor em dificuldades é visto como preguiçoso ou irresponsável por não pagar seus empréstimos. No entanto, à medida que as práticas de empréstimo se tornam mais predatórias, esse quadro moral corre o risco de desmoronar. Se as práticas predatórias algum dia se tornarem totalmente generalizadas (no sentido de afetarem a maior parte das pessoas), podem acabar sendo entendidas como um escândalo por toda a população. Talvez seja por isso que as práticas mais predatórias – pelo menos nos estágios iniciais – são reservadas para os segmentos mais vulneráveis da população (foram justamente pessoas de cor, pessoas idosas, estudantes e imigrantes que se tornaram alvos da criação de contas falsas do Wells Fargo).

A prática racista de transformar pessoas negras (bem como pessoas nativas estadunidenses, latinas e imigrantes) em alvo dos produtos de empréstimo predatórios está codificada no discurso daltônico do "risco". A crise do *subprime* nos Estados Unidos – dado que havia uma associação *a priori* entre negritude e risco – nos mostrou que a própria ideia de solvência é racializada. Isso é consonante com a construção moral generalizada que se tem da raça, sustentada pela suposição de que as populações negras estadunidenses são imorais (leia-se: *criminosas*) e que não contribuem para a sociedade, nem cumprem as promessas sociais (leia-se: *preguiçosas* e *dependentes do estado bem-estar social*). As críticas à crise do *subprime* que recorrem à ideia de solvência e se concentram nos mutuários negros "altamente qualificados" não conseguem desconstruir a economia moral racializada que fundamenta as concepções de risco. Não apenas o sistema de crédito reforça a desigualdade racial, como também o empréstimo de dinheiro é, por si só, um processo racializante, pois rotula quais são os sujeitos mais adequados à expropriação.

O edifício moral da economia da dívida se manterá de pé enquanto os instrumentos de crédito mais predatórios estiverem reservados aos segmentos mais vulneráveis da população e esta seguir cindida entre mutuários merecedores e não merecedores. No entanto, posto que o capitalismo possui uma tendência geral à expansão – e na medida em que as oportunidades de crescimento se contraem –, é apenas uma questão de tempo até que essas práticas se generalizem. Na verdade, já estamos testemunhando a generalização dessas práticas em muitas áreas do crédito.

Dada a natureza expropriativa e racista do sistema de crédito, a posição ética que se deve tomar é a da indignidade do crédito – e não a de sua solvência. A recusa em pagar traduz-se na recusa em validar um sistema ilegítimo sustentado pela predação.

2. Policiamento como pilhagem: notas sobre as finanças municipais e a economia política das taxas e multas

A soma dos títulos das dívidas municipais nos Estados Unidos ultrapassou os US$ 3,7 trilhões. No noticiário sobre a crise fiscal de Porto Rico – que atingiu seu ápice em agosto de 2015, quando o governo deixou de pagar US$ 58 milhões em títulos –, os jornalistas observam que o mesmo problema está prestes a acontecer em diversos estados e municípios dos Estados Unidos. "Em todo o país, dezenas de cidades, condados e estados parecem caminhar para o mesmo buraco financeiro. Illinois, Nova Jersey, Filadélfia, St. Louis e Jacksonville, na Flórida – para citar apenas alguns –, estão todos enfrentando seus próprios desastres financeiros, que pouco a pouco se evidenciam."[114] Na mídia, a causa das crises orçamentárias municipais e estaduais é geralmente atribuída à gastança do governo: pensões robustas e benefícios de saúde para funcionários públicos, programas de bem-estar e sindicatos trabalhistas estão, de acordo com essa narrativa, exaurindo os fundos governamentais.

Os governos locais e estaduais, dizem, simplesmente não têm dinheiro, e aumentar os impostos sobre a propriedade não é uma opção política viável. Para complicar ainda mais, o problema está chegando ao ponto em que estados e municípios também precisam urgentemente de melhorias na infraestrutura. Já vimos o exemplo da cidade de Flint, no estado de Michigan, onde é preciso dinheiro para manter e renovar os sistemas de água, bem como para tratar quimicamente a água que passa pelos canos de chumbo envelhecidos. Além disso, uma em cada dez pontes nos Estados Unidos apresenta defeitos estruturais e precisa, já há muito tempo, de reparos. Além dos fundos necessários para os projetos de infraestrutura, muitos economistas preveem uma "crise previdenciária" quando a geração *baby boomer* se aposentar. De acordo com o *The Journal of Economic Perspectives* e o Pew Center on the States, há, nos Estados Unidos, uma estimativa de subfinanciamento de programas previdenciários entre US$ 1 trilhão e US$ 3,23 trilhões (sendo as contas municipais deficitárias em cerca de US$ 574 bilhões).

---

114. Mary Williams Walsh, "Puerto Rico's Fiscal Fiasco Is a Harbinger of Mainland Woes", *New York Times*, 20 de maio de 2016.

Mas será que as iminentes crises fiscais estaduais e municipais podem ser reduzidas apenas à gastança governamental e ao adiamento dos custos? Ao enquadrar o problema dessa maneira, a solução implícita que se apresenta é o corte de gastos públicos e a adoção de medidas austeras que afetam desproporcionalmente os pobres – exatamente o que aconteceu em 2013 quando Detroit decretou falência. Neste ensaio, examinarei como as finanças funcionam no nível municipal. Quais são as causas da crise fiscal urbana? Como as cidades gerarão receita para cumprir suas obrigações contratuais com quem detém os títulos? Quem sofrerá se (ou quando) os governos locais falirem ou se tornarem inadimplentes? Quais mecanismos serão usados para gerar receita? Como as crises fiscais afetarão a vida das pessoas na prática?

A financeirização dos municípios, a perda das principais fontes de receita tributária, a desindustrialização e a fuga de capitais são as causas da crise fiscal – não os gastos públicos irresponsáveis. A situação levou à implementação de métodos socialmente perniciosos de extração de receita, que tem nas populações vulneráveis, particularmente nas negras e pobres, o seu alvo principal. Vou me concentrar especificamente na forma como os departamentos de polícia municipais, e o Departamento de Polícia de Ferguson em particular, se utilizam da cobrança de taxas e multas na geração de receita. Em seguida, examinarei as consequências sociais desse método de extração de receita. Embora a receita não seja uma forma de capital em si, analisarei como, uma vez que os negócios municipais foram completamente financeirizados, ela é indiretamente usada para subsidiar o processo de acumulação capitalista.

Taxas e multas: pesadelos sociais

Em setembro de 2015, o juiz Marvin Wiggins, do condado de Perry, estado do Alabama, discursou em um tribunal abarrotado de pessoas que deviam taxas ou multas: "Bom dia, senhoras e senhores", ele começou, "para seu conhecimento, informo que há um posto de coleta de sangue lá fora. Se não tiverem dinheiro, podem ir até lá, doar seu sangue e trazer de volta o comprovante da doação."[115] De acordo com um artigo do *New York Times*, o juiz deu continuidade e observou que "o xerife tem algemas suficientes" para aqueles que não quisessem doar sangue e não pudessem pagar as taxas e multas pelas quais estavam sendo cobrados. Os infratores foram orientados a ir a um banco de sangue móvel estacionado em frente ao tribunal e levar um recibo ao escrivão provando que haviam doado meio litro de sangue. Em troca, "receberiam um crédito de US$ 100 para descontar de suas multas". Campbell Robertson escreve: "Audiências como essa para pagamentos de dívidas são parte de uma nova iniciativa dos tribunais do Alabama que buscam levantar recursos indo incansavelmente atrás de multas pendentes, restituição por enriquecimento sem causa, custas judiciais e honorários de advogados. Embora a situação financeira de cada indivíduo quase sempre não seja levada em consideração, muitos daqueles cujos pagamentos são solicitados nessas audiências de acerto de pendências financeiras foram, em algum momento, considerados indigentes."[116] A relação entre os governos municipais e a população tornou-se de tal forma parasitária (ou talvez *vampiresca* fosse aqui mais apropriado) que, quando o mais pobre dos pobres não tem nada mais para dar aos municípios que passam por dificuldades financeiras, eles podem ser impelidos a, literalmente, oferecer o próprio sangue. Mesmo quando infratores indigentes não são coagidos pelos tribunais a doar sangue (sob a ameaça de passar um tempo na prisão), os pobres podem recorrer à venda de sangue para pagar taxas e multas pendentes. Um artigo da *Harvard Law Review*, intitulado "*Policing and Profit*" [Policiamento e lucro], descreve o caso de Tom Barrett, um homem de Augusta, estado da Geórgia, que foi preso em 2012 por roubar uma lata de cerveja. Como resultado dessa infração, Barrett se viu enredado numa teia de taxas e multas:

---

115. Campbell Robertson, "For Offenders Who Can't Pay, It's a Pint of Blood or Jail Time", *New York Times*, 19 de outubro de 2015.

116. Ibid.

> Quando Barrett compareceu ao tribunal, foram-lhe oferecidos os serviços de um advogado indicado pelo tribunal por uma taxa de US$ 80. Barrett se recusou a pagar e "não entrou com recurso" pela acusação de furto na loja. O tribunal condenou Barrett com uma multa de US$ 200 e mais um ano de liberdade condicional. Os termos da liberdade condicional de Barrett exigiram que ele usasse uma tornozeleira que monitora o consumo de álcool. Embora a sentença de Barrett não exigisse que ele parasse de beber (e a tornozeleira, assim, detectaria todo o álcool ingerido por Barrett sem que houvesse consequências legais), ele foi obrigado a alugar a tornozeleira para não ir para a cadeia. O equipamento custou a Barrett uma taxa inicial de US$ 50, uma taxa de serviço mensal de US$ 39 e uma taxa de uso diário de US$ 12. Embora o valor da multa de US$ 200 de Barrett tenha ido para a cidade, essas outras taxas (totalizando mais de US$ 400 por mês) foram todas para a Sentinel Offender Services, uma empresa privada.[117]

Durante esse tempo, a única fonte de renda de Barrett foi a venda de seu plasma sanguíneo. Ele observa: "Você pode doar plasma duas vezes por semana, desde que esteja fisicamente saudável... Eu doei todo o plasma que pude, peguei esse dinheiro e joguei na tornozeleira".[118] Barrett, que passou a deixar de comer para pagar suas dívidas, acabou se tornando inapto à doação do plasma, pois seus níveis de proteína ficaram muito baixos. Depois que sua dívida com a Sentinel extrapolou os US$ 1.000, a empresa obteve um mandado e Barrett foi enviado à prisão por não pagá-la. Cada vez mais, os municípios (e as empresas por elas contratadas) estão se comportando como negócios privados, enxergando os moradores como potenciais fontes de receita e a geração de receita por meio de multas como uma forma de *produtividade*.

"*Policing and Profit*" descreve três maneiras pelas quais os moradores são usados na geração de receita: 1) por meio de taxas impostas pelos tribunais criminais; 2) por meio da supervisão privada

117. "Policing and Profit", *Harvard Law Review*, vol. 128, n. 6, 2015, p. 1726.

118. Ibid.

da liberdade condicional; e 3) por meio do confisco civil (a retirada da propriedade de alguém). O artigo atribui especial importância ao papel que a aplicação da lei desempenha em extrair receita dos pobres. A dívida é imposta aos moradores por meio de procedimentos criminais. As empresas privadas contratadas pelos municípios para fornecer "serviços" relacionados à liberdade condicional também têm o poder de impor mais taxas e multas. Assim, surgiu uma situação em que o governo está essencialmente criando um mercado cativo – quase sem fiscalização – para empresas que fornecem supervisão de liberdade condicional (elas não são nem mesmo obrigadas a declarar suas receitas).

Em um artigo do *New York Times*, Thomas B. Edsall descreveu essa relação parasitária com os pobres como "capitalismo da pobreza", embora eu acrescente que pode ser impreciso chamar receitas municipais de "capital", já que o dinheiro arrecadado existe para cobrir os gastos do governo e não para facilitar diretamente a expansão da produção capitalista. No entanto, uma vez que os órgãos governamentais dependem cada vez mais de crédito para financiar suas atividades (posto que a arrecadação de impostos não cresceu o suficiente para acompanhar as despesas), uma parcela crescente da receita é destinada ao pagamento dos credores. Além disso, os municípios estão se colocando cada vez mais a serviço dos interesses do setor privado em detrimento das pessoas que os governos locais deveriam atender por meio de seus contratos com as empresas privadas. Os órgãos governamentais terceirizam serviços para empresas privadas como uma forma de cortar custos e melhorar a eficiência, mas esses acordos costumam se voltar contra eles quando essas empresas encontram uma maneira de cobrar ainda mais dos governos por tais serviços. Parcerias público-privadas na área da justiça criminal também podem dar às empresas o monopólio de acesso a potenciais fontes de receita. Edsall observa que a Sentinel Offender Services, empresa que supervisionou o monitoramento do consumo de álcool de Barrett, tem contratos com mais de duzentos órgãos governamentais. Edsall também enfatiza que forçar as pessoas pobres a arcar com o ônus do financiamento das atividades municipais é politicamente atraente porque elas (e os criminosos em particular) não possuem poder político, e extrair recursos de pessoas desfavorecidas permite que os governos locais gerem receita sem aumentar os impostos. O custo social do uso das taxas e multas na geração de receita é enorme. Como Edsall observa: "Esse novo sistema de aplicação da lei financiado pelo infrator cria um círculo vicioso: quanto mais pobres forem os réus, mais tempo levarão para quitar as multas, taxas e encargos; quanto mais dívidas acumularem, mais tempo permanecerão na cadeia ou em liberdade condicional; e mais provável será que sigam desempregados e que se tornem reincidentes."[119] Em suma, os pobres estão enredados em um ciclo de dívidas e encarceramento difícil de superar e que pode prejudicar profundamente suas vidas.

Derwyn Bunton, chefe do gabinete da defensoria pública de Nova Orleans, descreve como os pequenos infratores financiam o sistema judiciário da cidade. Num editorial do *New York Times* intitulado "*When the Public Defender Says, 'I Can't Help*'" [Quando o defensor público diz 'Não posso ajudar'], Bunton observa que *multas e taxas representam dois terços do orçamento do sistema da defensoria pública*, com o restante vindo do estado. Enquanto a Louisiana gasta quase US$ 3,5 bilhões por ano para "investigar, prender, processar, julgar e encarcerar seus cidadãos", menos de 2% desse valor é gasto em fornecer defesa jurídica para pessoas hipossuficientes.[120] A quantia desproporcionalmente alta de dinheiro gasta com prisões e polícia, se comparada à escassa quantia reservada à defesa jurídica de réus pobres, revela que, quando se trata de gastos do governo, não é tanto uma questão de gastar ou não, mas de como tais gastos são distribuídos: quais atividades são, de fato, entendidas como despesas públicas e quais gastos são invisíveis porque cobrem atividades que são consideradas funções legítimas e necessárias do estado?

Em Nova Orleans, boa parte do dinheiro usado para financiar os defensores públicos provém das multas de infração de trânsito e

119. Thomas B. Edsall, "The Expanding World of Poverty Capitalism", *New York Times*, 26 de agosto de 2014.

120. Derwyn Bunton, "When the Public Defender Says, 'I Can't Help'", *New York Times*, 19 de fevereiro de 2016.

das próprias pessoas pobres sob a forma de taxas judiciais. Como Bunton observa, "as pessoas pobres devem pagar US$ 40 para solicitar a representação de um defensor público e um adicional de US$ 45 caso se declarem culpadas ou sejam consideradas culpadas. Nenhum outro estado depende tanto de multas e taxas pagas majoritariamente pelos pobres."[121] Uma vez que o orçamento da Louisiana está organizado de tal forma que o departamento de defensoria pública de Nova Orleans torna-se tão dependente das multas vindas dos processos criminais, o fluxo de receita que é drenado para ele cria, simultaneamente, uma maior demanda por defensores públicos. O resultado final é um sistema judiciário altamente ineficiente, emperrado e ineficaz, incapaz de fornecer representação jurídica adequada às pessoas pobres, que, por sua vez, são usadas para gerar receita. Bunton sugere que essa pode ser uma das razões pelas quais "a Louisiana tem as taxas mais altas de encarceramento *e* de exoneração do país por condenações ilícitas".[122] Ele apela ao estado para que reforme seu sistema de financiamento de maneira que não dependa da receita gerada por taxas e multas.

Como demonstram esses artigos e editoriais, a população começou a prestar maior atenção ao uso generalizado das taxas e multas na geração de receitas municipais. Isso foi amplamente catalisado pelas descobertas da investigação feita pelo Departamento de Justiça dos Estados Unidos sobre o Departamento de Polícia de Ferguson após o assassinato de Michael Brown, o homem negro desarmado e morto a tiros pelo policial Darren Wilson. Em 2013, as taxas e multas municipais representaram 20,2% do orçamento de US$ 12,75 milhões de Ferguson. O relatório, divulgado em 4 de março de 2015, observou o seguinte:

> A ênfase da cidade na geração de receita tem um efeito profundo no método do Departamento de Polícia de Ferguson para a aplicação da lei. As missões e horários de patrulhamento são ajustados em função da aplicação intransigente da legislação municipal de Ferguson, sem se pensar se as

121. Ibid.

122. Ibid.

> estratégias de policiamento estão promovendo a segurança pública ou minando desnecessariamente a confiança e a cooperação da comunidade. As avaliações e promoções dos policiais dependem, em grau excessivo, da "produtividade", ou seja, do número de multas aplicadas. Em parte como consequência das prioridades da cidade e do Departamento de Polícia de Ferguson, muitos policiais parecem ver alguns dos moradores, especialmente aqueles que vivem nos bairros predominantemente afro-americanos de Ferguson, menos como eleitores a serem protegidos do que como potenciais infratores e fontes de receita.[123]

O relatório cita a correspondência por e-mail entre o chefe de finanças/gestor público da cidade de Ferguson, John Shaw, e o chefe de polícia, Thomas Jackson, que revela como Shaw e Jackson colaboraram para aumentar a receita gerada por meio de taxas e multas. Em março de 2010, Shaw escreveu a Jackson: "a menos que a aplicação de multas cresça significativamente antes do fim deste ano, será difícil aumentar significativamente a arrecadação no próximo ano. O que você pensa a respeito? Visto que estamos diante de um déficit substancial da arrecadação de impostos sobre vendas [causado pela recessão econômica que começou em 2008], esta não é uma questão insignificante."[124] O policiamento respondeu à altura. De 2011 a 2012, a receita gerada por meio da aplicação das taxas e multas municipais aumentou mais de 33%, de US$ 1,41 milhão para US$ 2,11 milhões.

Embora o relatório de Ferguson não questione o contexto econômico que incentiva a adoção da cobrança de multas como forma de aumentar a receita, ele levanta, a meu ver, questões sobre o funcionamento interno das finanças municipais. Que lacunas os municípios estão tentando preencher quando recorrem à cobrança de

---

123. Departamento de Justiça dos Estados Unidos, Divisão de Direitos Civis. *Investigation of the Ferguson Police Department*, 2015, p. 2. https://www.justice.gov/sites/default/files/opa/press-releases/attachments/2015/03/04/ferguson_police_department_report.pdf.

124. Ibid., p. 10.

multas para a geração de receita? Para onde vai a receita? Em que tipos de empréstimos os municípios estão envolvidos atualmente? E como a necessidade de permanecer solvente molda a política municipal? Para começar a responder a algumas dessas perguntas, volto-me agora às análises da crise fiscal da cidade de Nova York, em 1975, e da crise fiscal de Detroit, em 2013.

A financeirização dos municípios: de Nova York a Detroit

Nas décadas de 1960 e 1970, como observa David Harvey, a cidade de Nova York deu início a um rápido processo de desindustrialização, e muitos empregos foram para o exterior ou para os subúrbios. Isso criou uma crise de desemprego que a cidade tentou resolver expandindo o setor municipal e contratando mais funcionários públicos (principalmente pessoas de cor) com os recursos fornecidos pelo governo federal. Durante esse período, houve também um excedente de capital que precisava ser reinvestido em algum lugar. Uma forma de evitar uma crise causada pela sobreacumulação é implementar um programa de urbanização. Harvey se refere a esse método de absorção do capital excedente como "arranjo espacial": a necessidade de absorver capital excedente catalisa um *boom* na construção civil, investimento no mercado imobiliário e rápido desenvolvimento urbano. Foi o que aconteceu na cidade de Nova York nas décadas de 1960 e 1970 até o colapso do mercado imobiliário, em 1973, depois do estouro da bolha de especulação. Durante o mesmo período, Richard Nixon parou de enviar dinheiro federal à cidade em uma tentativa de minar os programas de políticas públicas da *Great Society* [Grande Sociedade] de Lyndon B. Johnson e inaugurar a era da "responsabilidade fiscal". Nova York começou a tomar empréstimos massivamente para compensar a lacuna deixada em sua receita pela quebra do mercado imobiliário e pela retirada dos fundos federais. Em 1975, porém, os banqueiros decidiram parar com os empréstimos à cidade, que já se encontrava em dificuldades. Sem quaisquer fundos líquidos para cobrir seu alto custo operacional, a cidade passou por uma dramática crise fiscal.

De acordo com Harvey, os banqueiros decidiram parar de emprestar dinheiro à cidade como uma forma de ganhar influência política e ter mais controle sobre a condução fiscal dela. Como muitos estudiosos notaram, incluindo Harvey, a falência da cidade de Nova York, em 1975, marcou o início de um modelo neoliberal na condução das crises fiscais: os orçamentos da cidade seriam reorganizados para responder a um programa de austeridade. Harvey, em seus escritos sobre o neoliberalismo, detalha a influência que as finanças exercem sobre os gastos públicos quando as cidades ficam sem dinheiro. Em Nova York, observa Harvey, houve um "golpe financeiro contra a cidade [...] a autoridade sobre o orçamento foi retirada das autoridades eleitas e entregue à Municipal Assistance Corporation [Corporação de Assistência Municipal – MAC], mais tarde chamada de Emergency Financial Control Board [Conselho de Controle Financeiro de Emergência]".[125] O MAC usou dinheiro para pagar os acionistas e o que sobrou foi para o orçamento da cidade. Isso levou a cortes massivos nos gastos com os serviços públicos, ao desemprego generalizado e ao enfraquecimento dos sindicatos, que receberam, muitas vezes, a culpa pela crise. Harvey expõe sem rodeios: "Se houver conflito entre o bem-estar das instituições financeiras e o da população, o governo optará pelo das instituições financeiras; dane-se o bem-estar da população."[126] O que Harvey está descrevendo é um estado de exceção político criado por uma crise financeira. A governança por meio dos funcionários eleitos é suspensa. A crise autoriza que os gestores de emergência tomem o poder de decisão das mãos do governo local, atuando em nome do setor financeiro a partir da priorização dos interesses dos credores.

No entanto, Joshua Freeman observa que, embora os nova-iorquinos tenham sofrido muito após a implementação das medidas de austeridade, o projeto de neoliberalização da cidade de Nova York não foi realizado por completo, pelo menos não na

125. David Harvey, "Neoliberalism and the City", *Studies in Social Justice*, vol. 1, n.1, inverno de 2007, p. 8.

126. Ibid.

medida em que aconteceu nos últimos anos em Detroit. Enquanto o Congresso e o governo Obama nem sequer consideraram uma intervenção federal para evitar a falência de Detroit, corporações e bancos, considerados grandes demais para falir, foram resgatados pelo governo. Freeman observa que o resgate da Chrysler em 1979 e a condução da crise fiscal da cidade de Nova York "foram exemplos de um forte corporativismo, no qual o crédito público foi usado para garantir interesses privados enquanto fazia com que os trabalhadores aceitassem a austeridade. Mais uma vez, provou-se o poder de usar o alívio da dívida como uma arma para mudar as relações sociais e econômicas em detrimento dos trabalhadores e em benefício dos grandes interesses financeiros e corporativos."[127]

De acordo com Lucas Owen Kirkpatrick, a "nova crise fiscal urbana" – termo usado para caracterizar a falência de Detroit em 2013 – se assemelha às crises que ocorreram entre os anos 1970 e 1990, mas é diferente em dois aspectos principais. Nos últimos anos, as administrações municipais foram financeirizadas e as políticas municipais se desdemocratizaram. Os municípios dependem cada vez mais de formas de empréstimo de alto risco. Em vez de emitir títulos municipais com taxas de juros fixas até o vencimento, os municípios buscam cortar os custos dessas taxas firmando contratos com os bancos a juros variáveis. No entanto, é possível que esses instrumentos financeiros tenham sido concebidos para ser obscuros e enredar deliberadamente os municípios em ciclos de endividamento.

Nas análises marxistas e pós-marxistas da crise econômica, existem dois tipos principais de crises: uma relacionada ao processo de industrialização e produção, e a outra, à dinâmica dos mercados financeiros. No primeiro tipo de crise, os mercados são desestabilizados, segundo Costas Lapavitsas, devido à queda da taxa de lucro provocada por "tendências contraditórias da acumulação na esfera da produção", tal como a introdução de novas tecnologias que substituem trabalhadores.[128] Alguns marxistas que teorizaram as

127. Joshua Freeman, "If You Can Make It Here", *Jacobin Magazine*, 3 de outubro de 2014.

128. Costas Lapavitsas, *Profiting Without Producing: How Finance Exploits Us All.* New York: Verso, 2013.

causas das crises enfatizam a importância dos problemas da "realização" na esfera da circulação (ao invés de na esfera da produção), tal como o problema do subconsumo. Em geral, as crises do tipo um são atribuídas, de maneira variada, à sobreacumulação, ao excesso de liquidez, à superprodução, ao descompasso entre os diferentes departamentos da economia e ao subconsumo, fatores que levam à queda das taxas de lucro. Por outro lado, as crises do tipo dois "emergem inteiramente do mau funcionamento dos mecanismos monetários e de crédito".[129] Embora os mecanismos do mercado não fossem tão complexos na época de Marx como são agora, ele analisou a instabilidade na esfera financeira, principalmente ao examinar a política monetária britânica entre as décadas de 1830 e 1850. Na seção V do terceiro volume d'*O Capital*, Marx investiga o papel do crédito durante as crises. Durante os períodos de expansão, os bancos emprestam capital monetário a preços irrisórios aos capitalistas que precisam de liquidez para expandir a produção. Nos estágios finais de expansão, os bancos se envolvem em empréstimos especulativos, que são seguidos por uma crise de crédito. Como Lapavitsas descreve:

> A grande ampliação do crédito (comercial e bancário) contribui com a sobreacumulação e a superprodução, resultando num acúmulo de estoques e no excesso de oferta de mercadoria nos mercados [...] Para Marx, o surgimento da crise comercial tem um impacto decisivo nos mecanismos ampliados de crédito. A incapacidade de vender a produção finalizada implica a incapacidade, por parte dos mutuários capitalistas, de honrar as letras de câmbio prestes a vencer. Consequentemente, os bancos começam a acumular ativos inadimplentes. À medida que cai a qualidade dos ativos bancários e a solvabilidade dos mutuários diminui, os bancos tornam-se relutantes em emprestar. A restrição do crédito bancário ocorre no momento em que o capital monetário

129. Ibid.

> disponível é fortemente demandado pelos capitalistas que se encontram pressionados pela dificuldade de venda.[130]

A nova crise fiscal urbana tem muitas características em comum com as crises econômicas do tipo dois descritas pelos marxistas, nas quais, quando a receita se contrai, os órgãos governamentais não conseguem honrar as letras de câmbio que estão prestes a vencer. No entanto, a principal diferença entre o tipo de crise descrito por Lapavitsas e a nova crise fiscal urbana é que os governos locais não são empresas privadas e a receita não é capital. Não obstante, a financeirização das administrações municipais levou a crises fiscais causadas principalmente pela dinâmica dos mercados financeiros. Veja, por exemplo, a crise fiscal que atingiu Detroit em 2013. Kirkpatrick observa que "a dramática trajetória de Detroit é comumente atribuída à corrupção e à inépcia das autoridades locais, à ganância dos sindicatos municipais e pensionistas e à gastança do governo".[131] No entanto, Kirkpatrick argumenta que esses fatores não foram a causa principal da crise fiscal, mas sim o tipo de empréstimo que Detroit fez antes da crise financeira de 2008. Durante a alta do mercado, muitos municípios, incluindo Detroit, firmaram acordos de *swap* de taxas de juros com bancos, nos quais os municípios acreditavam que economizariam. No entanto, esses *swaps* seriam benéficos aos municípios apenas se a taxa de juros LIBOR (*London Interbank Offered Rate*)[132] continuasse a subir. Dado que os títulos municipais geralmente vencem após um longo período de tempo, muitas vezes depois de décadas, os bancos estipularam em seus contratos que a taxa de rescisão desses acordos de *swap* seria astronomicamente alta. Quando as taxas de juros despencaram depois da crise financeira de 2008, centenas de municípios

---

130. Ibid.

131. Lucas O. Kirkpatrick, "The New Urban Fiscal Crisis: Finance, Democracy, and Municipal Debt", *Politics & Society*, vol. 44, n. 1, 2016, p. 68.

132. N.T.: A *London Interbank Offered Rate* é uma taxa de referência diária, calculada com base nas taxas de juros oferecidas para grandes empréstimos entre os bancos internacionais que operam no mercado londrino. É muito utilizada como taxa referencial nas transações internacionais.

começaram a perder dinheiro nessas apostas em taxas de juros feitas durante o período de expansão do mercado. De 2003 a junho de 2009, 107 distritos escolares da Pensilvânia firmaram acordos de *swap*.[133] Por causa desses acordos, o distrito escolar de Bethlehem, na Pensilvânia, teve de pagar US$ 12,3 milhões ao JP Morgan Chase & Company. Los Angeles tem de pagar cerca de US$ 20 milhões por ano por um acordo de *swap* de 2006 que foi feito para financiar o sistema de esgoto da cidade.[134]

Nos anos que antecederam a crise financeira de 2008, Detroit fez *swaps* dos títulos de pensão emitidos em 2005 e 2006. Quando as taxas de juros caíram, Detroit passou a dever enormes pagamentos mensais a vários bancos. Somente entre 2009 e o início de 2014, esses acordos de *swap* custaram aos contribuintes de Detroit cerca de US$ 200 milhões. Os *swaps* seguiriam custando a Detroit cerca de US$ 4 milhões por mês, a menos que fossem pagos US$ 288 milhões para rescindir os acordos. O gestor de emergência [*emergency manager* – EM] que assumiu as finanças de Detroit tentou "pagar as taxas de rescisão do *swap* [todo o montante] fora do processo de falência".[135] Em abril de 2014, chegou-se a um acordo no tribunal e Detroit teve de pagar US$ 85 milhões à USB AG e ao Bank of America Corporation para encerrar os *swaps*. O uso de instrumentos de taxa variável, como os *swaps*, com o intuito de financiar a dívida foi o "fator que mais contribuiu para o aumento das despesas de Detroit".[136] Kirkpatrick observa que, à medida que as finanças municipais se tornam mais especulativas, as administrações fiscais locais ficam vulneráveis à crise. Antes da crise de 2008, Detroit firmou uma série de complexos acordos com bancos no valor total de cerca de US$ 1,6 bilhão. Embora os títulos municipais vençam a uma taxa fixa de longo prazo, os instrumentos de taxa variável usados por Detroit para financiar sua dívida tornaram a cidade

133. Aaron Lucchetti, "Interest-Rate Deals Sting Cities, States", *Wall Street Journal*, 22 de março de 2010.

134. Ibid.

135. Wallace C. Turbeville, "The Detroit Bankruptcy", *Demos Report*, 20 de novembro de 2013, p. 7.

136. Ibid., p. 5.

vulnerável aos caprichos do mercado. Quando Detroit pediu concordata, o EM priorizou o interesse financeiro em detrimento do interesse da população, e medidas severas de austeridade foram implementadas com o objetivo de, eventualmente, tornar Detroit solvente. Não surpreende que, no *Visual Guide to Municipal Bonds* [Guia visual de títulos municipais] da Bloomberg – um guia para investidores publicado um ano antes da falência de Detroit –, Robert Doty tente tranquilizar os investidores de que os mercados de títulos são seguros, lembrando-os de que, no caso de uma crise, são as pessoas que pagam, não os investidores: "No entanto, em meio aos ruídos, é preciso entender que são os contribuintes, aqueles que pagam taxas e a população em geral servida pelos governos estaduais e locais – e não seus investidores – que sofrerão com os problemas fiscais e também com a má gestão."[137] Assim, as consequências da governança financiada pela dívida são desproporcionalmente sustentadas por aqueles que deveriam ser os beneficiários dos serviços do governo.

Marxismo e financeirização

Segundo Marx, o capital deve estar constantemente em circulação se quiser se expandir e acumular mais-valia. Para ele, a expressão geral para isso é D-M-D, que representa "a transformação de dinheiro em mercadoria e retransformação de mercadoria em dinheiro".[138] D-M-D torna-se D-M-D', de acordo com Marx, quando a mercadoria é vendida por mais do que o custo de sua produção (o apóstrofo em D' representa a mais-valia adicionada à soma original D). Esse circuito se repete *ad infinitum*, com o objetivo de transformar o dinheiro em mais dinheiro com a mediação da mercadoria. Marx se refere à quantidade que excede o valor original como "mais-valia", a qual, enfatiza ele, não deriva da circulação

137. Robert Doty, *Bloomberg Visual Guide to Municipal Bonds*. Hoboken: Wiley Publishing, 2012, p. xxi.

138. Karl Marx, *O capital*, vol. I, tomo I, p. 268.

da mercadoria no mercado ou de seu consumo, mas é produzida pela força de trabalho. Como ele observa n'*O Capital*, "para extrair valor do consumo de uma mercadoria, nosso possuidor de dinheiro precisaria ter a sorte de descobrir dentro da esfera da circulação, no mercado, uma mercadoria cujo próprio valor de uso tivesse a característica peculiar de ser fonte de valor, portanto cujo verdadeiro consumo fosse em si objetivação de trabalho, por conseguinte, criação de valor."[139] Se a força de trabalho é necessária para produzir mais-valia, o capitalista precisa da mediação da mercadoria para transformar dinheiro em mais dinheiro.

Mas e quanto à fórmula D-D'? O dinheiro pode gerar mais dinheiro sem a mais-valia produzida pela força de trabalho com mediação da mercadoria? Pode-se gerar valor pela simples transferência de dinheiro? Na seção V do terceiro volume d'*O Capital*, Marx aborda essa questão no que se refere aos sistemas de crédito, empréstimo de dinheiro e juros: "Com o desenvolvimento do capital portador de juros e do sistema de crédito, todo capital parece duplicar e às vezes triplicar pelo modo diverso em que o mesmo capital ou simplesmente o mesmo título de dívida aparece, em diferentes mãos, sob diversas formas. A maior parte desse 'capital monetário' é puramente fictícia."[140] Assim, o capital fictício não é um capital realmente existente; é um título de propriedade ou um título de dívida (legalmente) negociável que apenas dá "direitos a uma parte da mais-valia a ser produzida" no futuro[141]. Para Marx, a porção real desse "capital monetário" é a liquidez que é consumida pelo mutuário. No capítulo 29, ele escreve especificamente sobre os títulos do governo. Aqui, eu cito um longo trecho seu:

> O Estado tem de pagar anualmente a seus credores certo quantum de juros pelo capital emprestado. O credor, nesse caso, não pode pedir do devedor o reembolso, mas apenas vender o crédito, ou seja, seu título de propriedade sobre ele.

---

139. Ibid., p. 285.

140. Karl Marx, *O capital,* vol. III, tomo V. Tradução de Flavio Kothe e Regis Barbosa. São Paulo: Nova Cultural, 1996, p. 14.

141. Ibid., p. 20.

O próprio capital foi consumido, despendido pelo Estado. Ele já não existe. O que o credor do Estado possui é 1) um título de dívida contra o Estado, digamos de 100 libras esterlinas; 2) esse título de dívida lhe dá direito sobre as receitas anuais do Estado, isto é, sobre o produto anual dos impostos, em determinado montante, digamos de 5 libras esterlinas ou 5%; 3) ele pode vender esse título de dívida de 100 libras esterlinas quando quiser a outras pessoas. Se a taxa de juros for de 5%, supondo-se ainda a garantia do Estado, o proprietário A pode, em regra, vender o título de dívida por 100 libras esterlinas a B, pois para B é o mesmo emprestar 100 libras esterlinas a 5% ao ano ou assegurar-se mediante o pagamento de 100 libras esterlinas um tributo anual do Estado, no montante de 5 libras esterlinas. Mas, em todos esses casos, o capital, do qual o pagamento feito pelo Estado considera-se um fruto (juro), permanece capital ilusório, fictício. A soma que foi emprestada ao Estado já não existe ao todo. Ela em geral jamais se destinou a ser despendida, investida como capital, e apenas por seu investimento como capital ela teria podido converter-se num valor que se conserva. Para o credor original A, a parte que lhe cabe dos impostos anuais representa o juro de seu capital, do mesmo modo que para o usurário, a parte que lhe cabe do patrimônio do pródigo, embora em ambos os casos a soma emprestada de dinheiro não tenha sido despendida como capital. A possibilidade de vender o título de dívida contra o Estado representa para A o refluxo possível da soma principal. Quanto a B, de seu ponto de vista particular, seu capital está investido como capital portador de juros. Virtualmente, ele apenas apareceu no lugar de A, cujo crédito contra o Estado ele comprou. Por mais que essas transações se multipliquem, o capital da dívida pública permanece puramente fictício, e a partir do momento em que os títulos de dívida se tornam invendáveis, desaparece a aparência desse capital.[142]

142. Ibid., p. 10.

Nessa passagem, Marx não elabora uma teoria do estado ou da relação entre este e a esfera financeira. O estado é conceitualizado como pródigo, ou gastador, enquanto a instituição que empresta o dinheiro é conceitualizada como usurária. No entanto, quero enfatizar que o estado não é um mutuário qualquer; é um mutuário dotado do poder legal de saquear a população para pagar seus credores.

Marx usa a analogia do gastador e do usurário para entender a dívida do estado porque ele quer destacar que essa forma de empréstimo (que visa a gerar lucro a partir de juros) não é a mesma coisa que investir capital com o objetivo de expandir a produção capitalista e, portanto, não pode "converter-se num valor que se conserva". Marx enfatiza que, quando um governo emite um título para tomar dinheiro emprestado, o único capital real é o dinheiro que é imediatamente usado pelo mutuário (o estado). O título não tem valor em si mesmo; é apenas um papel de dívida – nesse caso, um papel relativo a uma parte da receita gerada por meio dos impostos (embora, como argumento neste ensaio, os governos venham, cada vez mais, gerando receita por meio de taxas e multas). O título (ou o título de propriedade) parece ter valor porque pode ser negociado no mercado de títulos, mas o preço dessa assim chamada mercadoria é estabelecido de outra maneira. O "valor" do título flutua devido a vários fatores, incluindo a "segurança dos rendimentos, sobre os quais conferem título legal".[143] No caso dos títulos municipais, seu valor é parcialmente determinado pela solvabilidade do município, o que se reflete nas classificações de crédito que são dadas por agências como a Moody's Investors Service. Em 2015, os títulos de Ferguson foram rebaixados pela Moody's para a categoria "podre", com a agência dizendo que a cidade poderia se tornar insolvente já em 2017.[144] A Moody's considerou a "diminuição das principais fontes de receitas" como um dos fatores determinantes que levou ao rebaixamento de categoria – o que indica que a incapacidade de Ferguson em gerar receita por meio de taxas e multas após a investigação do Departamento de Justiça

143. Ibid., p. 12.

144. Yvette Shields, "Ferguson, Mo., on Path to Insolvency, Gets Downgrade to Junk", *The Bond Buyer*, 17 de setembro de 2015.

prejudicou a situação financeira da cidade. Isso, por sua vez, sugere que a situação financeira de um município (ou sua solvabilidade) está parcialmente ligada à sua *capacidade de permanecer solvente a partir do uso do poder policial e do sistema judiciário para extrair receita dos cidadãos.* No entanto, a mobilização do poder da polícia para servir aos interesses do mercado financeiro às custas da população representa uma inversão da suposta função da polícia e dos municípios. O poder policial é geralmente definido como o poder de fazer leis e aplicá-las para a proteção da segurança, da saúde, da moral, da prosperidade, do conforto, da conveniência e do bem-estar da população. O dever das instituições municipais também é o de promover o bem-estar da comunidade. No entanto, para manter uma boa classificação de crédito durante os períodos em que a receita está baixa, os municípios têm de ferrar com os moradores, implementando medidas de austeridade tais como demitir funcionários públicos, cortar fundos de pensão e benefícios de saúde, enfraquecer o poder dos sindicatos, cortar o orçamento da educação e assim por diante. Como demonstrou o caso de Ferguson, os municípios, com o objetivo de permanecerem solventes, desenvolvem uma relação parasitária com as pessoas às quais deveriam servir.

Quero dedicar um momento para retomar a distinção de Marx entre capital fictício e capital real naquilo que se refere aos acordos que Detroit firmou com bancos antes da crise financeira de 2008. Em primeiro lugar, eu argumentaria que usar a relação entre gastador e usurário (como faz Marx) não fornece uma boa analogia para pensar a relação entre órgãos do governo e instituições de crédito, como os bancos. Os órgãos governamentais – ao contrário dos indivíduos – têm o poder de gerar receita não apenas por meio de impostos, mas também do poder policial e do sistema judiciário. Algumas pessoas rotularam as práticas coercitivas de geração de receita – como a cobrança de multas municipais – como uma forma de imposto regressivo, mas que seria mais apropriadamente descrito como um imposto *expropriativo.* Em segundo lugar, a análise que Marx faz da dívida do estado não é exatamente útil para pensar o momento atual, pois os bancos e instituições financeiras modernas têm influência política suficiente para forçar a conversão de seu capital ilusório em capital monetário real (com liquidez) por meio da criação de uma crise fiscal. Como Detroit teve de dedicar uma maior quantidade de seu orçamento para pagar dívidas contraídas pelos *swaps* de taxas de juros, ela se tornou menos capaz de equilibrar seu orçamento e tomar dinheiro emprestado livremente. A falta de dinheiro levou a cidade à falência. No entanto, os mecanismos financeiros usados para emprestar dinheiro para Detroit fizeram com que a cidade, em vez dos bancos, assumisse o ônus do risco (e, por fim, os moradores da cidade foram usados como compensação desse risco). Em vez de ficarem presos a ativos tóxicos, os bancos foram capazes de converter seu dinheiro ilusório (uma reivindicação de receita futura com base nas taxas de juros) em capital monetário por meio de taxas de rescisão contratual. No total, os *swaps* custaram aos contribuintes de Detroit cerca de US$ 285 milhões (US$ 200 milhões em pagamentos de juros e US$ 85 milhões em taxas de rescisão). Isso é semelhante ao que aconteceu durante a crise financeira de 2008, quando o governo federal, na esperança de evitar uma catástrofe financeira, criou o *Troubled Asset Relief Program* [Programa de Alívio aos Ativos Problemáticos – TARP], um plano de resgate de US$ 700 bilhões que destinou US$ 500 bilhões para a compra de títulos garantidos por hipotecas como forma de injetar liquidez em bancos falidos. Uma auditoria no sistema do Federal Reserve, realizada pelo U.S. Government Accountability Office, revelou que ele concedeu, durante e após a crise financeira de 2008, cerca de US$ 16 trilhões em empréstimos a bancos e empresas.[145] Esse não foi um plano de resgate desenhado para ajudar as pessoas a manter suas casas; ele simplesmente fomentou a transferência de riqueza para o setor financeiro. Em ambos os casos, o dinheiro retirado dos cofres públicos foi usado para garantir os interesses financeiros. Se alguém acredita que uma função do estado reside em uma redistribuição mínima da riqueza dos ricos para os pobres, então, nesses exemplos, o papel do estado foi invertido, já que a riqueza está sendo redistribuída de baixo para cima. Na esteira da crise de 2008, é importante analisar a esfera financeira não apenas como um setor "improdutivo", fora da

145. Embora muito desse dinheiro tenha sido rapidamente reciclado.

economia "real", mas como um campo sobre o qual se dá a acumulação por despossessão com o auxílio do estado.

Teorizando o *kapitalistate*

Os exemplos que citei acima levantam a questão: qual é a relação entre estado e capitalismo? Como argumentei, nos últimos anos o estado apoiou o funcionamento do capitalismo por meio da transferência maciça de fundos públicos ao setor financeiro. No entanto, sociólogos e economistas políticos urbanos de influência marxista que escreveram na sequência da quebra da cidade de Nova York de 1975 também destacaram outras maneiras pelas quais o estado tem subsidiado o processo de acumulação capitalista. Para desdobrar esse processo, volto-me agora à análise do "*kapitalistate*", à teoria marxista do governo metropolitano de Ann R. Markusen e à análise de Walter Johnson sobre a economia política de Ferguson.

Na década de 1970, quando cidades como Nova York e Detroit passavam por graves crises fiscais, o sociólogo James O'Connor desenvolveu a análise do "*kapitalistate*", que também se tornou uma revista de publicação de "trabalhos sobre o estado capitalista". Essa proposta forneceu uma teoria marxista do estado baseada numa análise da crise fiscal urbana de sua época. Nesse contexto, o *kapitalistate* "atua como um freio de emergência para as crises causadas pelos aspectos disfuncionais do sistema capitalista".[146] Os defensores dessa linha de raciocínio argumentam que a raiz das crises fiscais não está na gastança do governo, mas nos incentivos fiscais para as empresas. Posto que vivemos em uma era de grande mobilidade do capital, vem havendo uma "corrida fiscal para baixo", na qual os políticos, desesperados por atrair investimentos privados em seus municípios e estados, acabam por oferecer incentivos fiscais e subsídios a essas empresas. Como o setor privado arcou com uma carga tributária relativamente pequena nas últimas décadas, o

146. Steve1960, "The Fiscal Crisis of the States: Towards a Marxist Approach to State Budget Deficits", *DailyKos*, 24 de fevereiro de 2015.

peso do financiamento de estados e municípios foi transferido aos pobres e à classe média. Cada vez mais, os governos estaduais e locais também dependem de empréstimos (em vez de tributação).

O quadro teórico do *kapitalistate* também propõe que a facilitação do processo de acumulação e a legitimação do capitalismo são duas das funções primárias do estado em uma sociedade capitalista. A função de acumulação refere-se à facilitação do processo de investimento pelo estado por meio de incentivos econômicos. O estado também dá suporte à função de acumulação quando subsidia salários baixos com a criação de programas sociais, absorve externalidades (como limpezas ambientais), fornece infraestrutura que beneficia as indústrias privadas, protege a propriedade privada e fornece segurança por meio do policiamento. A função de legitimação refere-se ao papel do estado como mediador entre trabalhadores e empregadores, executor das leis trabalhistas e provedor de uma rede de segurança social.

Uma forma de os constituintes de municípios que passam por dificuldades subsidiarem o processo de acumulação de capital é por meio do financiamento por incremento de impostos [*tax increment financing*], ou TIF[147]. Os TIFs, em teoria, deveriam impulsionar a renovação urbana, criando incentivos para o setor privado investir no desenvolvimento de áreas que são consideradas "degradadas". Quando um município designa uma área como distrito TIF, o montante que ele arrecada anualmente dos impostos sobre a propriedade é congelado por um período fixo (em Chicago está congelado por vinte e três anos). Se a receita do imposto sobre a propriedade aumentar, o montante adicional vai para um fundo TIF. Os fundos TIF podem ser usados para financiar projetos públicos ou privados que, em teoria, beneficiam a população. Os municípios também podem emitir títulos TIF para financiar projetos de desenvolvimento, tais como melhorias de infraestrutura que são usadas

147. N.T.: O financiamento por incremento de impostos (*tax increment financing* – TIF) é uma ferramenta de captura de receita que usa impostos sobre ganhos futuros em valores imobiliários para pagar por novas melhorias de infraestrutura. O TIF cria financiamento para projetos públicos ou privados tomando empréstimos contra o aumento futuro dessas receitas de impostos sobre a propriedade num determinado lugar.

para atrair o estabelecimento de empresas no distrito. Os críticos dos TIFs observam que as áreas verdadeiramente degradadas raramente se beneficiam da criação de distritos TIF (uma vez que esses distritos são geralmente criados em áreas onde os empreendimentos já estão em andamento). Além disso, o dinheiro dos impostos que poderia ir para escolas, parques e outros destinos são desviados e colocados em um fundo TIF, que alguns argumentam funcionar como um fundo secreto ou orçamento paralelo. Dado que não há nenhum mecanismo de responsabilização do setor privado frente à população (quem realmente se beneficiou do projeto? Ele criou tantos empregos para os moradores quanto disse que criaria?), os TIFs geralmente são uma forma de usar os fundos públicos para servir aos interesses das empresas privadas. A ideia de que o desenvolvimento econômico (alcançado por meio do investimento de capital) é o único caminho para o crescimento e bem-estar da comunidade autoriza um regime tributário que acaba por beneficiar as empresas. Como Johnson observa em sua discussão sobre os TIFs em Ferguson, se a receita diminui porque uma empresa privada não vai tão bem quanto o esperado, são os moradores que pagam. Como escreve Johnson, "se a receita ficar aquém das projeções, a dívida deve ser coberta pelos cidadãos locais. Não pelos bancos – estes estão blindados porque não emprestaram dinheiro diretamente aos varejistas de baixo desempenho. Tampouco pelos varejistas – estes estão protegidos porque a cidade pagou pelas melhorias de capital da área, limitando seus investimentos de fundo perdido no local. São os contribuintes (e aqueles que pagam as multas) que têm de compensar a diferença."[148]

Os TIFs são apenas um dos muitos complexos mecanismos políticos e econômicos que criaram uma situação de crise em Ferguson, onde os estadunidenses negros são implacavelmente perseguidos pela polícia e explorados como fonte de receita. Johnson se pergunta por que a cidade, que abriga uma empresa *Fortune 500* (a Emerson Electric), é tão dependente do arrocho que promove sobre os pobres? Ele observa que, além dos TIFs,

---

148. Walter Johnson, "The Economics of Ferguson: Emerson Electric, Municipal Fines, Discriminatory Policicing", *The Atlantic*, 26 de abril de 2015.

segregação e políticas racistas de habitação, avaliações rebaixadas de impostos, abatimentos e estruturas fiscais regressivas também contribuem para esse problema.

Teorizando a governança municipal e o *kapitalistate* racial

O *kapitalistate* fornece um amplo quadro teórico para a reflexão sobre as crises fiscais e a relação entre estado e capitalismo. Quero agora voltar brevemente ao nível da cidade e do município. Em "*Class and Urban Social Expenditure: A Marxist Theory of Metropolitan Government*" [Classe e gastos sociais urbanos: uma teoria marxista do governo metropolitano], Markusen analisa a estrutura fragmentada de governo urbano dos Estados Unidos, que ela descreve como um "fenômeno caracteristicamente estadunidense".[149] Ela escreve que "poucos outros países capitalistas concedem a estados e localidades tamanha autonomia política".[150] O artigo examina a história de como jurisdições semiautônomas foram criadas na periferia das cidades industriais e como essas unidades municipais espacial e politicamente isoladas permitiram (e ainda permitem) a reprodução de classe.

No período após 1850, a expansão da produção capitalista acelerou o crescimento das cidades nos Estados Unidos. A infraestrutura física – como as estradas e os sistemas de água e energia elétrica – tornou-se necessária para facilitar a acumulação do capital. Ao longo do tempo, os governos locais foram assumindo a responsabilidade pelo fornecimento de infraestrutura, o que sobrecarregou os contribuintes com parte dos custos de produção. Entre 1865 e 1900, o movimento municipal "*home rule*" [regras locais] – que defendia a

149. Ann R. Markusen, "Class and Urban Social Expenditure: A Marxist Theory of Metropolitan Government", em William K. Tabb e Larry Sawers, *Marxism and the Metropolis: New Perspectives in Urban Political Economy*. New York: Oxford University Press, 1978, p. 82.

150. Ibid., p. 85.

autonomia local usando a retórica da autodeterminação e da democracia jeffersoniana – ganhou força política. Em 1873, Brookline, no estado de Massachusetts, foi estabelecida como a primeira "aparição bem documentada de um governo suburbano politicamente independente".[151] As unidades políticas semiautônomas que surgiram na Costa Leste tornaram-se um modelo para a estrutura dos governos metropolitanos em todo o país. Como Markusen observa, "Detroit não tinha nenhum subúrbio independente até a Primeira Guerra Mundial, mas construiu mais de quarenta dessas entidades nos quarenta anos seguintes."[152] À medida que o modelo localista se firmou, a consolidação jurisdicional e a anexação das comunidades suburbanas pelas cidades se tornaram extremamente difíceis.

Markusen argumenta que essa estrutura governamental serve aos interesses das classes média e alta. "A democracia nos Estados Unidos é corrompida em seu nível local por uma questão bastante particular – o isolamento de várias subclasses em unidades políticas povoadas por seus iguais, nas quais os constituintes escapam até mesmo dos custos que podem ser impostos àqueles que se encontram em uma situação mais precária."[153] Segundo Markusen, os governos suburbanos de uma cidade têm com ela uma relação parasitária, pela qual conseguem evitar ter de arcar com uma parcela do custo social dos baixos salários e do desemprego, garantindo que seus impostos sejam direcionados para a reprodução de sua classe social (por meio de escolas bem financiadas e um ambiente de vida limpo e seguro), em vez de irem para gastos "improdutivos", como programas de assistência social, habitação social e policiamento. No entanto, o que Markusen deixa de considerar em sua análise sobre o governo metropolitano é a dimensão racial da estrutura política metropolitana fragmentária. Quando ela observa que as fronteiras entre as jurisdições são traçadas em torno de bairros que têm uma composição de classe homogênea, seria mais preciso dizer que as unidades políticas municipais são segregadas por raça. Assim, eu acrescentaria que uma análise marxista da governança

151. Ibid., p. 91.

152. Ibid., p. 92.

153. Ibid., p. 99.

metropolitana é inadequada se não levar em conta a forma como a raça é produzida espacialmente pelo estado capitalista no nível das administrações locais. A investigação do Departamento de Polícia de Ferguson feita pelo Departamento de Justiça revelou que os métodos usados para extrair receita dos moradores são desproporcionalmente direcionados às pessoas negras. Johnson, citando o relatório, observa:

> Embora apenas 67% da população da cidade seja negra e suas estradas sejam transitadas por um grande número de viajantes brancos, 85% das fiscalizações policiais de trânsito envolveram motoristas negros. Após serem parados, os moradores negros estiveram duas vezes mais propensos a serem revistados e presos em relação aos moradores brancos – apesar do fato de que, no caso das revistas, os brancos provaram ser dois terços mais propensos a serem pegos com algum tipo de contrabando. Violações municipais por ter um gramado não cortado ou colocar o lixo no lugar errado e na hora errada geraram multas em proporção muito maior para os moradores negros. 95% das multas por "forma de andar na estrada" e "descumprimentos" foram emitidas para os afro-americanos.[154]

Johnson também observa que comunidades vizinhas brancas e prósperas de classe média, como Kirkwood e Ladue, só captam cerca de 5% a 10% de sua receita das multas municipais, o que demonstra que essas técnicas de extorsão são racializadas. A segregação racial é particularmente gritante na área metropolitana de St. Louis. O artigo de Johnson discute as políticas e eventos dos últimos cem anos que fizeram de St. Louis "uma das três ou quatro cidades mais segregadas do país". Ele acrescenta que St. Louis é tão segregada que "os afro-americanos podem passar meses sem ver uma pessoa branca em seus bairros – com exceção dos policiais em suas batidas ou dos juízes do tribunal municipal quando cobram

---

154. Walter Johnson, "The Economics of Ferguson".

multas."[155] Assim, ao analisar a economia política das finanças municipais, seria muito mais útil falar num *kapitalistate racial* em vez de meramente em *kapitalistate*. Quando alguém está imerso no atoleiro do tecnicismo das finanças municipais, é fácil perder de vista a dimensão racial do problema. Não seria politicamente viável para a polícia aplicar à classe média branca os mesmos métodos que aplica aos moradores negros de Ferguson (na maior parte das vezes pobres e sem direitos políticos). O racismo não é um fenômeno secundário dessa história sobre a relação entre os municípios e o setor financeiro. Como Chris Chen observa em seu ensaio "*The Limit Point of Capitalist Equality*" [O ponto-limite da igualdade capitalista], "por um lado, a 'raça' é uma forma de estigmatização e deturpação cultural que exige reconhecimento pessoal, institucional e/ou estatal. Por outro, a 'raça' é um sistema de diferenciação salarial, estratificação de riqueza e segregação ocupacional e espacial."[156] Nessa visão, a organização dos municípios em unidades políticas racialmente segregadas, submetidas a práticas policiais e financeiras extremamente diferentes entre si, é um exemplo de como "a 'raça' não é apenas um sistema de ideias, mas uma série de procedimentos racializantes imputados aos indivíduos e que estruturam múltiplos níveis da vida social."[157] Como os exemplos de Ferguson e Detroit demonstram, a segregação *de facto* expõe as populações estadunidenses negras ao hiperpoliciamento, à cobrança de multas municipais e a duras medidas de austeridade. Ao mesmo tempo, essas práticas fazem com que as populações negras pobres sejam as que estão subsidiando o processo de acumulação, compensando as lacunas de receita criadas pelos abatimentos fiscais das empresas e pagando as dívidas contraídas pelos municípios como resultado dos empréstimos de alto risco. Dado que a riqueza dos estadunidenses brancos foi gerada a partir da escravidão e da expropriação das terras dos povos indígenas, esses mecanismos continuam a garantir que as populações estadunidenses negras não acumulem riqueza e contribuem para o que George Lipsitz chama de "investimento

155. Ibid.

156. Chris Chen, "The Limit Point of Capitalist Equality", n.p.

157. Ibid.

possessivo na branquitude". As práticas que acompanham o *kapitalistate* racial contemporâneo continuam a reproduzir a desigualdade racial, extraindo receitas de populações racialmente segmentadas para subsídios à iniciativa privada e orçamentos policiais.

O direito à cidade e a libertação do espaço urbano

> *[A] questão do tipo de cidade que queremos não pode ser separada da questão do tipo de pessoas que queremos ser, que tipos de relações sociais buscamos, que relações com a natureza nos satisfazem mais, que estilo de vida desejamos levar, quais são nossos valores estéticos. O direito à cidade é, portanto, muito mais do que um direito de acesso individual ou grupal aos recursos que a cidade incorpora: é um direito de mudar e reinventar a cidade mais de acordo com nossos mais profundos desejos.*
>
> — David Harvey, *Cidades Rebeldes*[158]

Minha motivação para escrever este ensaio é chamar a atenção para a possibilidade de uma crise fiscal estar no horizonte de muitos municípios em todo o país. Quando a nova crise fiscal urbana chegar (o que já aconteceu em Detroit e agora acontece em Dallas), como as cidades e municípios lidarão com ela? Quais serão os novos mecanismos de empréstimo usados para financiar os municípios que estão em dificuldades? Quais técnicas de governo serão adotadas para compensar a escassez de receita? Neste ensaio, tentei 1) desmascarar o mito do estado "gastador" como a causa das crises fiscais e demonstrar como a financeirização das administrações municipais desestabiliza os municípios; 2) examinar alguns dos mecanismos financeiros usados para transferir os fundos públicos para o setor privado e subsidiar o processo de acumulação (*swaps* de taxas de juros, financiamento por incremento de impostos e

158. David Harvey, *Cidades Rebeldes: do direito à cidade à revolução urbana.* Tradução de Jeferson Camargo. São Paulo: Martins Fontes, 2014, p. 28.

assim por diante); e 3) examinar as consequências sociais de alguns dos métodos usados na geração de receita, tal como a cobrança municipal de multas. Espero que este ensaio sirva como uma espécie de aviso: quando e se a crise fiscal chegar, deveremos analisar e resistir aos mecanismos racializados de extorsão adotados pelo estado como "soluções" para manter a máquina funcionando.

Com essas questões em mente, e usando Ferguson como exemplo, eu gostaria de concluir pensando em algumas das maneiras pelas quais as finanças municipais afetam a vida das pessoas no dia a dia. Em Ferguson, a aplicação excessiva de multas e taxas para a geração de receita teve um impacto extremamente negativo na qualidade de vida da população negra da cidade – criando uma atmosfera de medo, perturbando e enredando a vida as pessoas num ciclo de miséria financeira e jurídica e limitando sua mobilidade. A cobrança municipal de multas é muito mais do que um mero método desagradável para aumentar a receita; ela essencialmente transforma o espaço em que os moradores vivem num *espaço carcerário*. Um morador de Ferguson disse ao jornalista Jelani Cobb, do *New Yorker*: "Há pessoas que têm mandados policiais contra elas por causa de multas de trânsito e estão efetivamente presas em suas casas [...] Elas não podem sair porque seriam presas. Em alguns casos, as pessoas até tinham empregos, mas decidiram que o risco de serem presas não compensava a tentativa de sair de casa para o trabalho."[159] Os moradores não são apenas incapazes de controlar como os recursos são distribuídos em sua cidade, mas também não se sentem livres para se deslocar pela cidade em que vivem – e tampouco se sentem livres para se deslocar ao trabalho por causa de mandados de prisão e/ou por medo de serem atacados por mais multas. Em muitas jurisdições ao redor de St. Louis, "a dívida dos tribunais criminais acarreta juros e multas por atraso no pagamento, multiplicando, assim, o fardo financeiro exclusivamente sobre os devedores que têm menos condições de pagar. Quando os termos para a liberdade assistida ou condicional exigem o pagamento dessas taxas, a incapacidade de fazê-lo pode levar à

159. Jelani Cobb, "What I Saw in Ferguson", *New Yorker*, 14 de agosto de 2014.

perda da habitação, da assistência social e à diminuição das opções de emprego."[160] Os moradores também podem perder seus empregos devido ao não comparecimento nos tribunais, bem como por passarem algum tempo na cadeia em decorrência dos mandados de prisão por multas não pagas.

No filme *The Prison in Twelve Landscapes* [A prisão em doze paisagens], uma mulher chamada Charisse Davidson, dos arredores de St. Louis, descreve sua experiência de passar um tempo na cadeia depois de se recusar a pagar uma multa exorbitante pelo crime de ter tampado uma lata de lixo de maneira incorreta. Seu caso não é isolado: moradores de mais de uma dúzia de municípios de maioria negra no condado de St. Louis processaram as cidades alegando que os esquemas de geração de receita, que os envolvem em ciclos de dívidas – e os prendem quando não podem pagar –, equivalem a uma espécie de prisão para devedores. Embora esses processos tenham restringido as formas mais extremas de cobrança predatória de multas na área de St. Louis, os advogados da ArchCity Defenders – que conseguiram que o Tribunal Municipal de Jennings pagasse US$ 4,7 milhões por suas práticas predatórias de geração de receita – dizem que, apesar de o estado de Missouri ter definido o novo limite de 20% para a quantidade de receita que pode ser gerada por meio de taxas e multas, a cobrança de multas ainda é comum e a mídia superestimou essa mudança. Pesquisas mais recentes também revelaram que essas práticas não se limitam à área de St. Louis, mas são corriqueiras nas cidades de maioria negra dos Estados Unidos.

O que vemos acontecer em Ferguson e em outras cidades não é a criação de espaços habitáveis, mas de verdadeiros infernos. Quando uma pessoa está presa a um ciclo de dívidas, isso também pode afetar sua subjetividade e sua orientação temporal, tornando difícil para ela imaginar e planejar o futuro. Que impacto psíquico isso tem sobre os moradores? Qual é a sensação de ser rotineiramente degradado e explorado pela polícia? Quando os municípios desenvolvem uma relação parasitária com os moradores, estes ficam realmente impossibilitados de se sentir em casa no lugar onde vivem, caminham, trabalham, amam e passeiam. Nesse sentido, o policiamento não tem

160. "Policing and Profit", p. 1728–29.

a ver com o controle do crime ou com a segurança pública, mas com a regulação da vida das pessoas – seus movimentos e modos de estar no mundo. Com menos recursos e oportunidades de exercer controle sobre suas vidas, ou mesmo de se mover tranquilamente pelo espaço, seus arredores tornam-se hostis e alienantes. Em contextos como os de Ferguson – em que havia uma média de três mandados de prisão por família –, o endividamento e a necessidade de fuga como condição de existência foram impostos às pessoas que vivem nesses municípios carcerários. Mas Fred Moten, teórico da performance e pesquisador em estudos negros, me lembra de que existe uma sociabilidade negra insurgente nas brechas desse ataque implacável à vida negra. Gostaria de concluir este ensaio com uma citação de Moten, que é um importante lembrete de quais mecanismos realmente funcionam quando a polícia tenta limitar a mobilidade e enfrentar a vida social negra com hostilidade e violência. Como Moten disse em uma conversa com Robin D. G. Kelley:

> Precisamos entender do que é que o estado está realmente se defendendo, e acho que, a esse respeito, vale a pena prestar atenção nos casos particulares dos assassinatos de Michael Brown e Eric Garner, pois, ao disparar seu revólver naquele dia, o policial Darren Wilson atirou na vida negra rebelde que caminhava pela rua. Não acho que ele pretendia violar a personalidade individual de Michael Brown; ele atirou na sociabilidade negra em transformação, que andava pela rua de uma forma que ele, implicitamente, entendeu que constituía uma ameaça à ordem que representava e que jurou proteger. Eric Garner deu início a algo novo no cotidiano, outro modo de vida social. Foi isso que eles mataram, certo? Portanto, quando dizemos que vidas negras importam [*Black lives matter*], acho que o que fazemos, por vezes, é obscurecer o fato de que é a própria vida dos negros que está em jogo. Essa vida social negra insurgente ainda constitui uma profunda ameaça à ordem ainda existente das coisas.[161]

161. "Do Black Lives Matter? Robin D. G. Kelley and Fred Moten in Conversation", vídeo do Vimeo, postado por Critical Resistance, 2014. https://vimeo.com/116111740.

3. "ELES CARREGAM ARMAS EM VEZ DE LANCHEIRAS": BIOPODER E DELINQUÊNCIA JUVENIL

Há um nó político no centro da minha vida, um ponto de grande densidade em torno do qual orbitam minhas questões sobre o mundo e sobre a forma como ele está estruturado. Tratar dessas questões sem falar do acontecimento que as originou estaria em conformidade com a postura que se espera de uma intelectual. No entanto, me parece importante falar da gênese desse "nó" antes de tentar desvendá-lo.

Este ensaio aborda as dimensões biopolíticas das construções contemporâneas da delinquência juvenil, utilizando-se das teorias de Roberto Esposito, Giorgio Agamben e Michel Foucault. O que me levou a esse assunto foi um evento autobiográfico que aconteceu quando eu era adolescente: como escrevi na introdução, meu irmão mais velho foi condenado à prisão perpétua juvenil sem liberdade condicional [*juvenile life without parole* (JLWOP) *sentence*] na Flórida por um crime que ele alegadamente cometeu quando tinha dezessete anos. Embora o incidente tenha ocorrido em 2004, entre 2012 e 2017 ele aguardou numa espécie de limbo jurídico enquanto os tribunais avaliavam se ele teria direito a uma nova audiência. Em 2012, no caso "Miller *versus* Alabama", a Suprema Corte dos Estados Unidos decidiu que a *obrigatoriedade* da prisão perpétua juvenil sem liberdade condicional era inconstitucional, pois implicava uma forma de punição cruel e incomum. No caso "Montgomery *versus* Louisiana", a Suprema Corte determinou, em 2016, que a decisão alcançada no caso "Miller *versus* Alabama" se aplicaria retroativamente àqueles que haviam sido condenados antes da decisão de 2012. Embora "Miller *versus* Alabama" tenha abolido a JLWOP obrigatória, a JLWOP *discricionária* (opcional) segue em vigor na maioria dos estados, e muitos dos menores infratores que tiveram um novo julgamento receberam novamente a pena de prisão perpétua. Ao meu irmão – como discuto no anexo a este ensaio – foi concedida uma nova audiência, mas ele aceitou um "acordo" de quarenta anos antes que o juiz chegasse a uma decisão naquela audiência.

À luz das decisões da Suprema Corte nos casos "Montgomery *versus* Louisiana" e "Miller *versus* Alabama", muitas questões se colocam: quais novos protocolos de condenação serão adotados pelos estados para julgar novamente aqueles que haviam recebido sentenças JLWOP? A JLWOP será substituída por penas mínimas severas com duração de várias décadas ou mais? Quanto tempo de prisão os jovens infratores terão de cumprir antes de poderem receber a liberdade condicional? Quantas vezes eles poderão ser autorizados a recorrer à liberdade condicional? Se lhes for negada a liberdade condicional, ainda assim serão condenados à prisão perpétua? Embora as decisões possam afetar significativamente a forma como os jovens são condenados, elas, em si, não exigem nada dos juízes senão a *consideração* da juventude dos réus – juntamente com seu crime – antes de serem condenados à prisão perpétua sem liberdade condicional.

Evidentemente, o quanto a decisão no caso "Miller *versus* Alabama" afetou as práticas jurídicas varia amplamente de estado para estado. Essa questão também é agravada pelo fato de que os próprios jovens ocupam uma zona juridicamente cinzenta no direito penal dos Estados Unidos, uma vez que o terreno sobre o qual o direito do menor está construído – ou seja, o status legal do jovem – muda constantemente. Neste ensaio, concentro-me, particularmente, no momento político que deu origem às sentenças da JLWOP: o da construção do "superpredador" juvenil nos anos 1990 pelo conhecido acadêmico de Princeton John DiIulio. Durante esse período, os criminologistas se utilizaram de projeções estatísticas para embasar a afirmação de que, nas palavras de DiIulio, "no futuro [...] existirão dezenas de milhares de superpredadores juvenis severamente empobrecidos".[162]

Na década de 1990, ocorreu uma transformação radical no estatuto jurídico do jovem. Antes desse período, os jovens eram comumente tratados pela lei como menores de idade e, portanto, julgados pelos tribunais de menores. No final da década de 1990, entretanto, todos os estados, com exceção de três, aprovaram leis que mudaram a legislação juvenil de maneira a confundir a fronteira entre os tribunais juvenis e os de adultos. Essas leis permitiram (e muitas vezes exigiram) que os jovens fossem julgados – no

162. John DiIulio Jr., "The Coming of the Super-Predators", *Weekly Standard*, 27 de novembro de 1995, p. 26.

caso de alguns crimes – nos tribunais criminais para adultos, ampliaram as opções de penas e removeram a confidencialidade para os réus jovens. Em outras palavras, segundo a lei, havia cada vez menos diferenças entre réus juvenis e adultos. A obliteração desta distinção jurídica abriu caminho para a JLWOP: um tipo de condenação que *nenhum outro país do mundo pratica.*

Os Estados Unidos condenaram mais de 2.500 infratores juvenis à prisão perpétua sem liberdade condicional. A maioria dessas sentenças foi proferida em cinco estados: Califórnia, Louisiana, Michigan, Pensilvânia e Flórida, onde meu irmão foi condenado. Para se ter uma ideia do quão incongruentes são as nossas penas juvenis em relação ao resto do mundo, considere que, na maior parte da Europa, a pena máxima para jovens é de cerca de dez anos, com possibilidade de aumentar para quinze em caso de crimes graves. O tribunal para menores de idade foi criado como uma estrutura legal distinta do tribunal criminal para adultos porque os jovens eram vistos como vulneráveis e, portanto, com direito a maior proteção por parte do estado. A erosão dessa distinção jurídica coincidiu com uma reversão da concepção pública do jovem: em vez de ser visto como vulnerável, o jovem (racializado) passou a ser entendido como *predatório.*

Mas antes de examinarmos como o jovem foi construído como predador, devemos primeiro entender o que é um "jovem". Não há consenso científico, jurídico ou político sobre o que seja um jovem, ou sobre a idade em que alguém deixa de sê-lo. Nos Estados Unidos, não existe nem mesmo um consenso nacional sobre a maioridade (o limiar da idade adulta reconhecido pela lei). Ela varia de acordo com o estado e pode ser dezesseis, dezessete ou dezoito anos. De forma ampla, o conceito de jovem está associado a uma conexão naturalizada entre idade e nível de maturidade. "Maturidade", nesse sentido, refere-se à capacidade do sujeito de exercer autocontrole, fazer julgamentos racionais e agir conscientemente. A maturidade pode ser conceitualizada a partir de vários critérios. Pode ser um critério neurológico (a idade em que o córtex pré-frontal termina de se desenvolver), psicológico, político e assim por diante. Defendo que o "jovem" – longe de ser uma categoria natural, que corresponda a um conjunto fixo de características – é uma construção biopolítica que delimita a aplicação do direito penal. A construção biopolítica dos jovens como sujeitos definidos pela irracionalidade caracteriza esse subconjunto da população como *um risco calculável que deve ser gerenciado preventivamente*, já que eles foram considerados incapazes de exercer a autonomia e a autodeterminação.

A conceitualização biopolítica do poder foi teorizada primeiramente pelo historiador e filósofo francês Michel Foucault e depois elaborada por vários teóricos políticos contemporâneos, incluindo os filósofos italianos Giorgio Agamben e Roberto Esposito. Agamben define biopolítica como "a crescente implicação da vida natural do homem nos mecanismos e cálculos do poder".[163] Para Foucault, o paradigma do poder biopolítico representa um afastamento da forma mais antiga do poder soberano. O soberano exerce seu poder por meio do direito de matar, enquanto o poder biopolítico se dá por meio de um investimento na manutenção da vida. Nas palavras de Foucault, o biopoder é "contínuo, científico" e consiste em "fazer viver e deixar morrer", enquanto que a soberania "fazia morrer e deixava viver".[164] Embora tenha sido mais amplamente articulada no século XIX – e ainda persista –, o advento dessa forma de poder, para Foucault, deu-se no final do século XVIII.

A principal contribuição de Roberto Esposito para nossa compreensão da biopolítica é sua teorização a respeito do paradigma da imunização, ou da "lógica imunitária implícita no pensamento político moderno".[165] Para Esposito, a ampliação da vida do corpo social muitas vezes requer um ataque autoimunológico a "germes" ou a incorporação controlada de elementos "desagradáveis":

163. Giorgio Agamben, *Homo Sacer: o poder soberano e a vida nua*. Tradução de Henrique Burigo. Belo Horizonte: Editora UFMG, 2007, p. 125.

164. Michel Foucault, *Em Defesa da Sociedade*. Tradução de Maria Ermantina Galvão. São Paulo: Martins Fontes, 2005, p. 294.

165. Timothy Campbell, "Introdução", em Roberto Esposito, *Termos da política: comunidade, imunidade, biopolítica*. Tradução de Luiz Ernani Fritoli. Curitiba: Editora UFPR, 2017, p. 23.

> Cada degeneração do corpo deve ser eliminada antecipadamente, desfazendo-se das partes infectadas. Aqui, mais do que em qualquer outro lugar, podemos ver o resultado antinômico quando comparado às intenções originais de imunização. Uma vez que o paradigma imunitário está combinado com os *dispositivos* do nacionalismo e, depois, do racismo, o paradigma se torna o que determina e ordena a destruição da vida (vamos lembrar novamente que a imunização nasceu para proteger a vida de sua deriva comunitária no caos).[166]

Como Timothy Campbell observa em sua introdução a *Bios: biopolítica e filosofia*[167], Esposito não foi o primeiro a usar um paradigma imunológico para elucidar a lógica que está no centro das operações políticas da modernidade. Para aqueles que escrevem sobre imunidade hoje, "o conceito tende facilmente a deslizar para o de 'autoimunidade'".[168] O projeto de Esposito é distinto desses outros na medida em que ele não insiste em que a imunidade como tal deva necessariamente levar a uma "agressão autoimunitária suicida".[169] Esposito está interessado em esvaziar as operações políticas imunológicas com o objetivo de desenvolver uma biopolítica afirmativa que se mova através, ao invés de contra ou ao redor, do paradigma imunológico. Além disso, diferentemente dos paradigmas (auto)imunológicos de pensadores como Derrida, o paradigma imunológico de Esposito não limita a imunidade somente a uma função protetiva-negativa (pela qual corpos estranhos são expulsos para a saúde do corpo), mas considera que ela se dá também por

166. Roberto Esposito, *Terms of the Political: Community, Immunity, Biopolitics*. Nova York: Fordham University Press, 2013, p. 130. N.E.: A citação de Esposito encontra-se no último capítulo de *Terms of the Political*, intitulado "Community and Violence" [Comunidade e violência], o qual não foi incluído na edição brasileira do livro publicada pela Editora da UFPR (2017).

167. N.E.: No Brasil, a referida "Introdução" de Timothy Campbell foi incluída no livro *Termos da política: comunidade, imunidade, biopolítica* (Curitiba: Editora UFPR, 2017).

168. Timothy Campbell, "Introdução", em Roberto Esposito, *Termos da política: comunidade, imunidade, biopolítica*, p. 15.

169. Ibid.

meio de uma inclusão excludente (em que corpos estranhos são gerenciados por meio de inclusão). Em *Immunitas*, ele escreve: "O corpo vence um veneno não ao expeli-lo para fora do organismo, mas tornando-o, de alguma maneira, parte do corpo".[170] Assim, em tais casos, o corpo preserva a vida por meio de uma restrição e separação internas do elemento hostil. A lógica imunitária, segundo Esposito, não se baseia na afirmação, mas numa dupla negação (a negação de uma negação): "O negativo não apenas sobrevive à cura, mas constitui a condição da eficácia."[171]

Para Esposito, diferentemente de Foucault, o poder soberano não precede o biopoder. Essas formas de poder são coconstituídas por meio dos papéis interdependentes e de reforço mútuo do *soberano como protetor* e *da comunidade como um corpo ameaçado que precisa de proteção*. Os estados-nação se constituem quando esses dois termos são reunidos pelas operações dialéticas negativas da imunidade.

A chegada dos superpredadores: caos no horizonte

A relevância da biopolítica – e, em particular, do paradigma da imunização – fica evidente quando consideramos o exemplo do delinquente juvenil na forma como se constituiu na lei e no discurso público. No início da década de 1990, cientistas políticos, criminologistas e políticos como Bill e Hillary Clinton emitiram declarações que previam o surgimento do "superpredador juvenil". O professor de Princeton John DiIulio afirmou que o número de jovens sob custódia triplicaria e que haveria "cerca de 270.000 jovens predadores a mais nas ruas do que em 1990".[172] Em seu artigo bastante influente "*The Coming of the Super-Predators*" [A chegada

170. Roberto Esposito, *Immunitas: The Protection and Negations of Life*. Cambridge/Malden: Polity, 2011, p. 8.

171. Ibid.

172. John DiIulio Jr., "My Black Crime Problem, and Ours", *City Journal*, 1996.

dos superpredadores], publicado na *The Weekly Standard* em 1995, DiIulio rogava para que os legisladores atendessem ao seu apelo – bem como ao de outros acadêmicos – por intervenções que pudessem evitar que a sociedade se degenerasse no caos. O cerne de seu argumento baseava-se, essencialmente, num *boom* demográfico que se aproximava, especialmente entre os jovens negros do sexo masculino. Ele concluiu que, como haveria muito mais meninos em dez anos, o número de crimes violentos cometidos por jovens dispararia: "É muito simples. Mais meninos geram mais meninos maus."[173] Como as afirmações de DiIulio puderam se passar por "ciência"? Em retrospectiva, suas afirmações parecem questionáveis, mas, na época, ele foi capaz de legitimar suas declarações com o uso de estatísticas, de suas credenciais e de estruturas retóricas que dariam a suas afirmações uma aura de credibilidade.

Em termos foucaultianos, a construção criminológica do superpredador juvenil é uma forma de poder biopolítico. Em sua aula de 17 de março de 1976, registrada no livro *Em defesa da sociedade*, Foucault observa que "a biopolítica lida com a população, e a população como problema político, como problema a um só tempo científico e político, como problema biológico e como problema de poder."[174] Foucault afirma que as formas biopolíticas de poder visam aos elementos "aleatórios", imprevisíveis e potencialmente desestabilizadores de uma população com o objetivo de manter seu equilíbrio total. Ele observa: "trata-se sobretudo de estabelecer mecanismos reguladores que, nessa população global com seu campo aleatório, vão poder fixar um equilíbrio, manter uma média, estabelecer uma espécie de homeostase, assegurar compensações."[175] Os discursos de DiIulio funcionam de maneira semelhante na medida em que o próprio crescimento populacional é visto como um problema, em particular o *boom* demográfico entre o segmento da população considerado potencialmente indisciplinado, pois tal *boom* levaria à multiplicação de ameaças. Ele escreve: "Numa matemática

173. John DiIulio Jr., "The Coming of the Super-Predators", *Weekly Standard*, 27 de novembro de 1995, p. 24.

174. Michel Foucault, *Em defesa da sociedade*, p. 293-4.

175. Ibid., p. 294.

simples, daqui a uma década, as crianças de 4 a 7 anos de hoje terão entre 14 e 17. Em 2005, o número de homens nessa faixa etária terá aumentado, no geral, cerca de 25% e, entre os negros, 50%."[176] Citando James Q. Wilson, DiIulio acrescenta que pode "prever com confiança" que "os 500.000 meninos adicionais que terão de 14 a 17 anos no ano 2000 significarão pelo menos 30.000 mais assassinos, estupradores e assaltantes nas ruas do que nós temos hoje."[177] Portanto, embora tenha havido um breve aumento na criminalidade juvenil, associada à epidemia de crack, o alerta feito por DiIulio foi em resposta a uma crise potencial, e não a uma crise real. Ele, juntamente a outros cientistas políticos e criminologistas da década de 1990, estava efetivamente construindo um problema que o estado teria de administrar. A discussão de Foucault sobre o papel do conhecimento estatístico no exercício das formas biopolíticas de poder é particularmente relevante para a construção do mito do superpredador. Ele observa: "Nos mecanismos implantados pela biopolítica, vai se tratar sobretudo, é claro, de previsões, de estimativas estatísticas, de medições globais; vai se tratar, igualmente, não de modificar tal fenômeno em especial, não tanto tal indivíduo, na medida em que é indivíduo, mas, essencialmente, de intervir no nível daquilo que são as determinações desses fenômenos gerais, desses fenômenos no que eles têm de global."[178] Sendo o discurso de DiIulio antecipatório, ele exige uma intervenção no nível da generalidade. Todo o corpo social recebe o diagnóstico de estar sob o risco de se desfazer caso a infecção da criminalidade juvenil não seja expurgada.

Depois de formular seu argumento do *boom* demográfico usando afirmações de verdade estatística, DiIulio faz uma pergunta retórica: "Como alguém pode ter certeza de que o aumento demográfico dos próximos dez anos irá desencadear num exército de rua de jovens criminosos predadores que fará até mesmo os líderes dos *Bloods* e dos *Crips*[179] – conhecidos como O.G.s, sigla para "*original*

176. John DiIulio Jr., "The Coming of the Super-Predators", p. 24.

177. Ibid., p. 25.

178. Michel Foucault, *Em defesa da sociedade*, p. 293.

179. N.E.: Os *Bloods* e os *Crips* são duas gangues rivais, cujos membros são em sua maioria afro-estadunidenses, formadas por uma associação de

gangsters" [gangsters originais] – parecerem mansos?"[180] Ele responde sua própria pergunta apresentando uma teoria da pobreza moral, na qual afirma que a "depravação" criminal pode ser atribuída ao fato de alguém crescer em um ambiente que não estimula valores morais rígidos: "No limite, a pobreza moral é a pobreza de crescer cercado por adultos depravados, delinquentes e criminosos, em ambientes abusivos, dominados pela violência, sem pai, sem Deus e sem emprego."[181] Embora ele insista, repetidamente, que suas afirmações sejam racialmente neutras, o ensaio possui códigos de raça por toda parte. Ao longo do ensaio, ele vincula a depravação criminosa à negritude, de maneira a criar elos indiretos por meio da associação da criminalidade a significantes de negritude que vêm do repertório das imagens altamente sensacionalistas das gangues de rua, da violência urbana e assim por diante.

Na concepção da biopolítica de Foucault – distinta da de Agamben e Esposito –, o poder opera por meio de um investimento na vida, na saúde da população. Se a soberania "fazia morrer e deixava viver", enquanto a biopolítica "faz viver e deixa morrer", então, como pode uma estrutura analítica biopolítica explicar a reação autoimunológica do sistema político à juventude (principalmente negra), que acabou levando, em última instância, à criação de políticas que foram destrutivas à vida, tal como a prisão perpétua juvenil sem liberdade condicional? Foucault levanta questões semelhantes quando questiona: "Como esse poder que tem essencialmente o objetivo de fazer viver pode deixar morrer? Como exercer o poder da morte, como exercer a função da morte, num sistema político centrado no biopoder?"[182]

Para Foucault, em sistemas políticos centrados no biopoder, o poder de matar ou destruir a vida não se esvazia completamente, mas é subsumido e incorporado a um discurso de afirmação da vida. Dessa forma, a tensão é reenquadrada de tal forma que a morte (e aqui Foucault também inclui formas civis e políticas de

---

gangues menores e sediadas no estado da Califórnia.

180. John DiIulio Jr., "The Coming of the Super-Predators", p. 25.

181. Ibid.

182. Michel Foucault, *Em defesa da sociedade*, p. 304.

"morte", como a prisão) é posta como necessária para a saúde e o funcionamento da população como um todo. Foucault conclui seu curso *Em Defesa da Sociedade* com uma discussão sobre o racismo estatal, que concilia a biopolítica com o que alguns chamam de "necropolítica". O racismo divide a população, fragmentando, assim, "esse campo do biológico de que o poder se incumbiu".[183] Cria-se, portanto, uma hierarquia que estabelece quais "subespécies" dessa população internamente dividida merecem viver e quais merecem morrer. Além disso, estabelece-se uma relação positiva entre matar e viver: "Se você quer viver, é preciso que você faça morrer."[184] Embora a morte ainda funcione nessas operações do poder, ela está subsumida ao paradigma da vida. A saúde de toda a espécie é o que é apresentado como o objetivo final. O racismo nas sociedades biopolíticas é definido pela ideia de que "quanto mais as espécies inferiores tenderem a desaparecer, quanto mais os indivíduos anormais forem eliminados, menos degenerados haverá em relação à espécie, mais eu – não enquanto indivíduo mas enquanto espécie – viverei, mais forte serei, mais vigoroso serei [...] a morte da raça ruim [...] é o que vai deixar a vida em geral mais sadia; mais sadia e mais pura."[185] Num regime biológico e centrado na saúde, os alvos do controle biopolítico não são tratados como adversários políticos, mas como contagiosos, germes, poluentes ou infectos, e sua erradicação se coloca como "a eliminação do perigo biológico" e o "fortalecimento, diretamente ligado a essa eliminação, da própria espécie ou da raça."[186] Foucault coloca isso de forma direta quando diz: "A raça, o racismo, é a condição de aceitabilidade de tirar a vida numa sociedade de normalização. [...] A função assassina do Estado só pode ser assegurada desde que o Estado funcione no modo do biopoder, pelo racismo."[187]

183. Ibid.

184. Ibid., p. 305.

185. Ibid.

186. Ibid., p. 306.

187. Ibid.

No caso da proliferação do "superpredador juvenil", a codificação racial foi parte integrante da criação do mito. Na verdade, a primeira cruzada de DiIulio para impedir a "chegada do superpredador" esteve centrada no que ele chamou de "problema do crime negro", embora insistisse que sua racialização do problema se baseava em fatos empíricos e não em preconceitos. Na década de 1990, DiIulio publicou vários artigos sobre o "problema do crime negro", incluindo o artigo de 1996, no *City Journal*, "My Black Crime Problem, and Ours" [Meu problema do crime negro e o nosso], em que sustentava que sua associação da negritude com o crime estava baseada em fatos, enquanto a compreensão do problema por seus críticos – especialmente os críticos negros – se baseava em sentimentos subjetivos. De acordo com DiIulio, um medo despropositado cria "uma paranoia irracional entre os negros no que se refere ao sistema de justiça".[188] Respondendo a seus críticos, ele escreve: "Não encontro quase nada na literatura de pesquisa empírica sobre disparidades raciais nas condenações que justifique tanto medo e frustração".[189] DiIulio nunca perde a oportunidade de amplificar a veracidade de seus enunciados, anexando a suas declarações uma natureza empírica, científica e factual.

A racialização do mito do superpredador é uma das maneiras pelas quais o biopoder divide a população em subespécies que merecem prosperar e subespécies que merecem ser eliminadas. Em "*Let 'Em Rot*" [Deixe-os apodrecer], DiIulio assume uma postura dura com o crime, argumentando que os Estados Unidos não punem suficientemente a criminalidade. Ele apresenta seu ponto de vista como o de um populista, de um homem comum, e aqueles que criticam as punições severas são chamados por ele de "elite antiencarceramento". Para dar crédito à sua opinião, ele ecoa um coro das "maiorias", criando, assim, um efeito de consenso. Ele escreve que "maiorias sólidas" e "maiorias esmagadoras de afro-americanos" acreditam que:

188. John DiIulio Jr., "My Black Crime Problem, and Ours".

189. Ibid.

> criminosos que agridem, estupram, roubam, invadem e assaltam casas e edifícios, traficam drogas ou assassinam pessoas devem ser presos, processados e punidos de maneira rápida e certeira. Elas acreditam que criminosos violentos e reincidentes devem ser presos; que uma pena de prisão de X anos deveria significar uma pena de prisão de X anos (uma sentença de verdade); que criminosos com múltiplas condenações devem receber longas penas ou prisão perpétua sem liberdade condicional; e que a pena de morte é justificada por motivos sociais e morais.[190]

Há uma confusão entre "maiorias" e "maioria" nas declarações de DiIulio. O que ele realmente quis dizer quando escreve *maiorias*? Enquanto *maioria* se refere à maior parte das pessoas em uma única população, o termo *maiorias* fratura a população. Numericamente, "maiorias sólidas" é uma expressão vazia, mas o gesto retórico tem um efeito poderoso na medida em que cria a aparência de um consenso ao mesmo tempo que evita sua problematização. Também cria uma divisão inconsciente entre as pessoas que são merecedoras e as que não são merecedoras, entre aquelas que têm a opinião correta e as que não têm. As "maiorias" também se distanciam das hordas de criminosos, que merecem a exclusão ou a morte. Para Agamben, talvez até mais do que para Foucault, essa divisão interna de um povo entre sujeitos adequados e inconvenientes é uma característica definidora das estruturas políticas modernas. Ao longo de sua obra, Agamben argumenta que "o povo já traz sempre em si a fratura biopolítica fundamental".[191] Para ele, a divisão é entre *zoé* e *bios*, entre a vida nua e o cidadão. Na Roma Antiga, as pessoas eram divididas em *populus* e *plebe*. No discurso de DiIulio, a população é fraturada entre criminosos e cidadãos, jovens e adultos, negros e brancos, entre os que têm salvação e os que não têm. Já discuti a divisão racial implícita no discurso de

---

190. John DiIulio Jr., "Let 'em Rot", *Wall Street Journal*, 26 de janeiro de 1995.

191. Giorgio Agamben, *Meios sem fim. Notas sobre política*. Tradução de Davi Pessoa. São Paulo: Autêntica, 2017, p. 37.

DiIulio face à discussão de Foucault sobre a função do racismo de estado na biopolítica, mas quero voltar novamente à divisão entre jovens e adultos.

Na filosofia biopolítica de Agamben, o "campo" (como o campo de concentração nazista) é considerado o modelo paradigmático da política moderna. Ele afirma em seu trabalho que não considera a prisão como o paradigma da política moderna, pois a prisão fica sob a jurisdição do direito penal ordinário, enquanto o campo é estabelecido pela lei marcial. O campo se estabelece durante um estado de exceção, quando o "soberano" tem o poder de suspender o direito ordinário. Ele escreve: "*O campo é o espaço que se abre quando o estado de exceção começa a se tornar a regra.* Nele, o estado de exceção, que era essencialmente uma suspensão temporal do ordenamento, adquire uma ordem espacial permanente que, como tal, fica, porém, constantemente fora do ordenamento normal."[192] Nessa visão, o centro de detenção na Baía de Guantánamo é muito mais juridicamente análogo ao "campo" de Agamben do que às prisões estaduais e federais. No entanto, é difícil analisar onde exatamente o "delinquente juvenil" entraria no discurso de Agamben. Como já disse, os jovens ocupam uma categoria juridicamente ambígua e seu status perante a lei está em constante transformação. O jovem é tecnicamente um "cidadão" na letra da lei? Qual é a idade em que uma pessoa se torna um sujeito completo? O que a pessoa é antes de ser um sujeito completo? Como deve ser determinada a idade da responsabilidade criminal? Qual a relação entre responsabilidade criminal e cidadania, entre maturidade e personalidade?

Embora seja difícil determinar o status do jovem, pode-se dizer com segurança que ele, ao contrário do *homo sacer* de Agamben (que está posicionado fora do domínio do direito ordinário), não está exposto ao exercício arbitrário do poder pelo soberano. Ainda que os jovens não tenham acesso aos mesmos direitos e privilégios que os cidadãos adultos, eles têm, historicamente, direito à proteção especial do estado por serem considerados um subconjunto vulnerável da população. No entanto, a transformação do

192. Ibid., p. 42-43.

status jurídico do jovem nos anos 1990, que o aproximou do status dos adultos, revela o funcionamento de um processo paradoxal: ao mesmo tempo que os adolescentes são diferenciados dos cidadãos adultos com base em suas capacidades mentais limitadas, a fim de serem administrados com eficácia por meio do confinamento devem, antes de tudo, estar juridicamente incluídos no domínio formal do adulto, com a consequente necessidade de ampliação do direito penal para incorporá-los. Em outras palavras, ao invés de uma exclusão, o jovem é capturado por meio de uma *inclusão* no direito ordinário. Mas enquanto os jovens adquirem *o direito de ser punidos como adultos*, eles não adquirem os outros privilégios e direitos da cidadania adulta (ou seja, votar, beber e assim por diante). Seu status perante a lei permanece contraditório, pois eles estão, ao mesmo tempo, dentro e fora das leis que se aplicam aos adultos, e são governados, da mesma maneira, como sujeitos excepcionais e ordinários. Assim, eles são catapultados para o domínio comum do direito penal e "incluídos" juridicamente no exato momento em que recebem a alcunha da exclusão. O que também é notável é que, antes que sua subjetivação jurídica pudesse ocorrer, os jovens tiveram de ser construídos como diferentes e ameaçadores aos adultos. Embora os jovens desfrutassem de um status jurídico especial por serem considerados vulneráveis, a distorção desse mesmo status só teve lugar depois que eles foram reenquadrados como predatórios – e, particularmente, como *ameaçadores aos adultos*. Ao longo do "*The Coming of the Super-Predators*", os jovens são retratados por DiIulio como uma ameaça aos adultos. Atentemos para alguns exemplos:

> [...] após meu discurso de maio de 1995 direcionado à associação dos promotores distritais, promotores de grandes cidades me inundaram com histórias de guerra sobre o sempre crescente número de jovens sem remorsos que apareciam no sistema. "Eles matam ou mutilam por impulso, sem qualquer motivo aparente", disse um deles. Da mesma forma, um policial veterano confessou: "Eu nunca tive medo. Agora rezo uma rápida Ave Maria toda vez que recebo uma chamada

> à noite envolvendo jovens. Rezo para voltar inteiro para os meus filhos."
>
> [...]
>
> Abraham contou sobre uma reunião recente do conselho em um distrito da classe trabalhadora branca da cidade que tem enfrentado tempos difíceis: "Eles estão ficando com medo de seus próprios filhos. Havia alguns caras grandes e musculosos lá também. E eles estavam me perguntando o que eu ia fazer para controlar os filhos deles".
>
> [...]
>
> Em uma observação típica, um preso se irritou: "Eu era um gladiador nas ruas, mas essas crianças são predadores frios e calculistas."[193]

Nessas descrições, os jovens são construídos como animais. Policiais, homens corpulentos e criminosos adultos frios se encolhem de medo diante do superpredador juvenil. Mas, como Foucault nos lembra em *Vigiar e Punir*, "o delinquente é um produto da instituição."[194] As ciências humanas produzem a figura que então é regulada pelo sistema jurídico. A ênfase não está em julgar atos específicos atribuídos a pessoas específicas, mas em isolar um tipo de pessoa que pode ser identificada com anormalidade.

Uma operação dupla está em ação na construção do superpredador juvenil: ao mesmo tempo que os jovens são diferenciados dos adultos – e vistos como hostis a eles –, são também juridicamente aproximados da categoria do adulto. A inclusão dos menores na jurisdição do direito penal adulto é o que permite sua neutralização. Isso representa, nas palavras de Esposito, uma "exclusão a partir da inclusão".[195] Embora Agamben também esteja sintonizado com as maneiras pelas quais a exclusão é sempre, em alguma medida, inclusiva (o *homo sacer* não está fora da lei, mas ocupa um espaço limítrofe entre o dentro e o fora), o paradigma

193. John DiIulio Jr., "The Coming of the Super-Predators", p. 23-4.

194. Michel Foucault, *Vigiar e punir. Nascimento da prisão.* Tradução de Raquel Ramalhete. São Paulo: Vozes, 2014, p. 249.

195. Roberto Esposito, *Immunitas*, p. 8.

da imunização de Esposito é mais adequado para pensar alguns dos paradoxos inerentes a esse processo político. Como mencionei antes, o paradigma da imunização de Esposito não pode ser reduzido à reação autoimunitária suicida que Derrida descreveu em seu comentário sobre a política externa dos Estados Unidos no pós-11 de setembro. O paradigma de Esposito também explica as maneiras como as ameaças são neutralizadas pela incorporação. Em *Immunitas*, ele escreve: "o corpo vence um veneno não ao expeli-lo para fora do organismo, mas tornando-o, de alguma maneira, parte do corpo".[196] Assim, para que o corpo social derrote a infecção do superpredador juvenil, o elemento indesejável deve, antes de tudo, ser incorporado ao corpo da lei. Para Esposito, a lei desempenha a função imunológica.

O paradigma da imunização de Esposito também é útil para refletirmos sobre os aspectos preventivos ou antecipatórios do mito do superpredador juvenil. Se a imunização nasce da necessidade de "proteger a vida de sua deriva comunitária no caos", então, para proteger o corpo contra a degradação, ela deve, como afirma Esposito, dispensar antecipadamente as partes infectadas do corpo.[197] Em um sentido político, isso envolve a mobilização da lei para prevenir "qualquer possível infração, qualquer possível delito".[198] Esposito continua:

> Como podemos antecipar algo que ainda não aconteceu? Como controlar algo que por si só escapa a todo controle? Como nos prepararmos para um crime que não foi cometido? A única solução é chegar, de antemão, a um veredito, independentemente do crime real; sempre considerar a vida como culpada, seja antes ou depois de uma infração ter sido ou não cometida; atribuir uma punição [...] independentemente de as circunstâncias a justificarem ou não. O que resulta disso não

196. Ibid.

197. Roberto Esposito, *Terms of the political*, p. 130. N.E.: O trecho citado é parte do capítulo "Community and Violence", não incluído na edição brasileira do livro publicada pela Editora UFPR (2017).

198. Roberto Esposito, *Immunitas*, p. 32.

> é apenas a antecipação, mas também uma reversão lógica entre culpa e condenação: a culpa é o resultado e não a causa da condenação.[199]

O título do artigo de DiIulio, "*The Coming of the Super-Predators*", reflete as características preventivas do paradigma imunológico. O anúncio da *chegada* de uma crise é suficiente para inflamar uma resposta imunológica, pois o corpo social já contém a semente do que acabará se transformando num problema incontrolável. DiIulio escreve: "Todas as pesquisas indicam que os americanos estão sentados sobre uma bomba relógio inflada pelo aumento de criminosos. E todos aqueles que estão mais próximos do problema ouvem o tique-taque dessa bomba."[200] Mas e se não houver bomba alguma? E se toda a crise do superpredador juvenil tiver sido, no fim, um mito construído por cientistas políticos e criminologistas? Muitos dos acadêmicos que soaram o alarme da criminalidade juvenil na década de 1990 admitem, desde então, que erraram ao classificar os jovens como inerentemente ameaçadores e exigir punições mais severas. Quando a Suprema Corte dos Estados Unidos fez a audiência do caso "Miller *versus* Alabama", quarenta e seis acadêmicos, incluindo DiIulio, enviaram uma petição como *amicus curiae* em apoio a Evan Miller e Kuntrell Jackson, os dois requerentes que receberam a prisão perpétua sem liberdade condicional por crimes cometidos aos quatorze anos. Em um resumo de seu argumento, os autores escreveram:

> O aumento no número de crimes violentos cometidos por jovens no final dos anos 1980 e início dos anos 1990 gerou temores generalizados sobre as causas e a amplitude da violência juvenil. Muitos estados mudaram suas leis com o objetivo de transferir os menores para o sistema penal adulto em resposta a esse aumento da criminalidade juvenil, submetendo os jovens infratores a regimes de penas que haviam

199. Ibid.

200. John DiIulio Jr., "The Coming of the Super-Predators", p. 23.

sido, originalmente, concebidos para adultos, incluindo a prisão perpétua sem liberdade condicional.

Os temores de uma onda de criminalidade juvenil, que motivaram essas mudanças, incorporaram-se à noção de um "superpredador juvenil", que se refletiu no discurso acadêmico e político. Os superpredadores juvenis foram caracterizados como sociopatas implacáveis, carentes de consciência moral, além de não se preocuparem com as consequências de suas ações nem se intimidarem com a punição.

No entanto, o medo de uma iminente geração de superpredadores provou-se infundado. A pesquisa empírica que analisou o aumento dos crimes violentos do início até meados da década de 1990 e seu subsequente declínio demonstra que o superpredador juvenil foi um mito e que as previsões futuras de uma violência juvenil não tinham fundamentos. Os *amici* não foram capazes de identificar nenhuma pesquisa acadêmica publicada na última década que desse suporte à noção do superpredador juvenil, e o estudioso a quem se atribuiu a origem desse termo reconheceu que suas caracterizações e previsões estavam erradas; ele é um dos *amici* que assina este relatório.[201]

Conclusão

Embora os mesmos acadêmicos que produziram e popularizaram o mito do superpredador juvenil na década de 1990 tenham, desde então, reconhecido o equívoco de suas afirmações, as leis que foram aprovadas durante esse período permanecem em vigor. Ainda que a Suprema Corte tenha determinado que a abolição da *obrigatoriedade* da prisão perpétua juvenil sem liberdade condicional fosse aplicada retroativamente às condenações anteriores a 2012, isso não desfez as grandes transformações ocorridas

201. Jeffery Fagan *et al.*, "Amici Curiae in Support of Petitioners", *Miller v. Alabama*, 2012, p. 7–9.

no status jurídico dos jovens. E enquanto os criminologistas tentam reverter suas afirmações verdadeiras com mais afirmações verdadeiras, emitindo contraenunciados que afirmam que as novas pesquisas empíricas mostram a falsidade das pesquisas empíricas anteriores, resta questionar a natureza da própria verdade e o efeito que essas afirmações verdadeiras têm na construção da lei. A biopolítica revela alguns dos mecanismos em funcionamento nessas operações políticas.

Oscilações no tempo: uma atualização

O que é a prisão? Imobilidade, sim, mas também a manipulação do tempo como uma forma de tortura psíquica.

A arregimentação do tempo.

A fenomenologia da espera.

A agonia do limbo jurídico.

O efeito cascata do cárcere quando alguma vida é tomada pelo estado; como ela distorce as temporalidades de todos na órbita da pessoa desaparecida.

Eu não sei como é a experiência do tempo dentro da prisão; sei apenas como ela dilacera o tempo a partir da perspectiva de um membro da família que está fora, mas olha para dentro.

Por nove anos ficamos sentados esperando a audiência do meu irmão, enquanto seu recurso seguia intacto sobre a mesa de algum escrivão do tribunal.

O tempo andou do lado de fora, enquanto a situação do meu irmão permanecia estática.

Éramos adolescentes quando ele foi preso, e agora está ficando careca.

Minha vida caminha a passos lentos, já a dele está parada.

*

Minha vida? Depois de morar por alguns anos em ocupações punk em Baltimore, fiquei sem dinheiro e decidi me mudar para o deserto para escapar de uma relação abusiva e frequentar uma escola de poesia.

Menos de um ano depois, incapacitada pela depressão, abandonei meu programa de mestrado e comprei uma passagem só de ida para Glasgow, na Escócia, para fazer um curso de cinema para mulheres de cor.

O que eu faria depois?

Chris Kraus disse que eu poderia ficar de graça em um apartamento em Albuquerque, no Novo México, e trabalhar em um livro para a Semiotext(e).

Para onde eu iria quando meu prazo no apartamento da Semiotext(e) acabasse?

Em vez de trabalhar em meu livro, passei um mês e meio me candidatando em programas de doutorado, com a expectativa de que seria rejeitada por todos.

Eu estava zerada. Não tinha emprego, nem lugar para morar.

*

Durante anos, nada aconteceu para o meu irmão. Então, de repente – o tempo se acelera.

A audiência.

A notícia nos transportou a outro lugar –
cheios de esperança, nauseados, atormentados pelo medo –
o rasgo do trauma original se abriu
e tudo voltou de uma só vez.

No dia de Natal, peguei um avião para a Flórida para ficar com meus pais enquanto esperava a audiência do meu irmão.

O que eu tinha de provar a mim mesma?

Como meu irmão mais velho, eu também parecia não ir a lugar nenhum.

Voltei sem diploma – eu era um fracasso, ou assim disse meu pai.

Dias antes da audiência, e uma semana depois de ter sido considerada um fracasso pelo meu pai, os aceites dos programas de doutorado começaram a chegar, primeiro de Harvard e, então, cinco minutos depois, do programa de Estudos Americanos da Universidade de Nova York.

O tempo se acelera. A vida se move em saltos. Onde eu estava? – de repente, fui lançada ao futuro. Eu não conseguia processar isso. Não conseguia responder aos e-mails. Os professores dessas faculdades de luxo se perguntavam por que eu não estava mais animada com aqueles aceites. Meu pai me disse que, se estudasse em Harvard, eu redimiria a família.

Estávamos esperando por aquela audiência há nove anos. Quando o dia finalmente chegou, eu imediatamente percebi, pela linguagem corporal da juíza e pela maneira como ela intimidava meu irmão na bancada, que as coisas não iam bem.

E então, de uma só vez, nossas esperanças se esvaíram. A juíza determinou que as novas provas, que revelavam que meu irmão agira em legítima defesa no momento em que sofria um ataque de um grupo de garotos, não haviam mudado a opinião do júri.

Meus pais passaram a noite toda acordados discutindo – sobre o que tinha acontecido de errado durante o primeiro julgamento, sobre o motivo do fracasso da audiência que trazia as provas. Eu também fiquei acordada, mediando a briga.

A antiga ferida, latejando, nos levou à loucura.

No dia seguinte, sem dormir, embarquei num voo para São Francisco com meu irmão mais novo para participar de eventos organizados pela Mills College. Durante meses vaguei de cidade em cidade, até que desembarquei em Cambridge, Massachusetts, para ingressar em Harvard. Tive um colapso no meu primeiro ano. Era como se tudo o que eu vinha tentando superar tivesse, finalmente, desmoronado sobre mim.

A vida para. De repente, torna-se impossível sair da cama, e tudo que você consegue fazer é chorar. Me senti culpada por estar em Harvard, por ter uma vida enquanto meu irmão estava na prisão. Parei de abrir meus e-mails, não conseguia mais fazer os trabalhos de faculdade – parei de viver. Meu psicanalista me mandou para a McClean para uma hospitalização parcial.

Três anos no meu programa – eu estava finalmente aprendendo a viver. Enquanto isso, meu irmão trabalhava como barbeiro dentro da prisão. As decisões alcançadas na Suprema Corte Federal nos casos "Miller *versus* Alabama" e "Montgomery *versus* Lousiana" permitiram que meu irmão tivesse direito a uma nova audiência, mas ao longo de quase um ano ela seria adiada muitas vezes.

O tempo parou.

Tudo foi tingido pela ansiedade. A data estava próxima, mas a audiência não aconteceria. O promotor prometeu oferecer um acordo. A esperança se agitou mais uma vez. O acordo não aconteceu. Por dois semestres seguidos eu voaria para a Flórida só para descobrir, no último minuto, que a audiência tinha sido cancelada.

Nossas vidas ficaram marcadas por esse ciclo de antecipação e adiamento que induzia nossa ansiedade. Mesmo que meu irmão, que havia passado anos em uma prisão distante, no norte da Flórida, estivesse agora por perto, numa prisão do condado, não fomos autorizados a visitá-lo.

Durante as semanas que antecederam a audiência de novembro, fiquei inútil.

Nada, nada – os músculos tensos em prenúncio.

Então, tudo aconteceu ao mesmo tempo. Na noite anterior ao meu voo para a audiência na Flórida, fui abusada sexualmente por um desprezível pesquisador de Nietzsche do programa de pós-graduação em Estudos Alemães de Harvard. Ainda me recuperando da agressão, e de um término recente, me arrastei para o aeroporto.

Meu pai me pegou no aeroporto de Tampa. Era noite. Eu estava agora no território de Trump, embora ele ainda não tivesse sido empossado. No caminho de casa, enquanto meu pai falava, choramingando, sobre a morte do filho de Joe Biden ("Eu também perdi um filho"), ele atropelou um veado que pulou na nossa frente.

O tempo parou.

Depois do que pareceu ser uma eternidade, meu pai conseguiu dizer, com seu sotaque chinês bastante carregado: "Oh, meu Deus! Eu matei um veado!"

Por que eu estava molhada? O sangue do animal teria entrado no carro de alguma maneira? Eu fedia a cigarro. Depois de cheirar aquele líquido estranho, lembrei que no porta-copos ao lado do banco do motorista minha mãe guardava uma xícara de café velho pela metade com pontas de cigarro flutuando.

Quando cheguei à casa dos meus pais, minha mãe me informou que a audiência tinha sido novamente cancelada. Exausta, pedi um Xanax, fiz um *tweet* sobre o acidente de carro e, então, me recolhi em meu quarto de infância. Alguém respondeu ao meu *tweet* dizendo que um ativista tinha morrido recentemente depois de atropelar um veado a caminho de Standing Rock. Uma semana depois, descobri que era meu amigo Clark que morrera naquele acidente.

*

Limbo jurídico é o prolongamento do tempo dentro de um contexto de incerteza. A manipulação do tempo torna-se uma forma de desgaste psíquico.

Como meu irmão experienciou isso sob a pena de prisão perpétua sem liberdade condicional? Como alguém experiencia a passagem do tempo quando está condenado a viver toda a sua vida adulta na prisão?

Ainda esperávamos que o promotor apresentasse um acordo. Se se chegasse a um acordo, eu não teria de pegar outro voo para a Flórida para depor como testemunha de caráter. Perguntei à minha mãe: devo comprar minha passagem mesmo assim? Estávamos chegando perto da data da audiência. Não queríamos ir à audiência, pois sabíamos que o juiz Joseph Bulone, que havia dado ao meu irmão sua primeira sentença, era um "*hanging judge*"[202] que condenara recentemente um jovem à prisão perpétua pela segunda vez.

Mais uma vez, o acordo não aconteceu.

202. N. T.: "*Hanging judge*", ou "juiz enforcador", tornou-se uma expressão popular para designar juízes que ganharam notoriedade por despejar sobre os condenados penas de morte por enforcamento ou, em períodos mais recentes, por impor sobre os mesmos sentenças mais duras que as comuns.

Peguei um avião para a Flórida. Pela manhã, para parecer "respeitável" no tribunal, cobri meu cabelo verde com um spray marrom que meu pai usava para cobrir a calvície. A advogada disse que talvez me chamasse para testemunhar primeiro, mas, quando cheguei ao tribunal, a psicóloga já estava testemunhando sobre as deficiências mentais de meu irmão causadas por uma lesão cerebral anóxica sofrida no nascimento.

O juiz não estava prestando atenção – nem mesmo olhava para a testemunha. Em seguida, foi a vez do promotor se manifestar. Diferentemente do louco sanguinário Mike Halkitis, que inicialmente processara meu irmão, ele era um jovem que demonstrava completa indiferença pelo caso. Quando revisou os detalhes, o novo promotor confundiu os fatos básicos da história. Me ocorreu que ele provavelmente nem sequer havia lido os autos.

Então foi a vez da advogada do meu irmão fazer sua declaração. Durante sua fala, o promotor se levantou e ofereceu um acordo. A advogada foi até ele para discutir os termos: quarenta anos. Quando ela deu a notícia ao meu irmão, vi-o gritar de agonia e chorar com a cabeça entre as mãos. *Quarenta anos!*

A advogada: "Mas você não vai morrer na prisão".

Meu irmão: "E se simplesmente continuarmos com a audiência?"

A advogada: "Imagine que você acabou de enfiar a chave na ignição de um carro e, se girá-la, há uma chance em três de o carro explodir. Você vai virar a chave?"

Ele teve de decidir: arriscaria sua vida e giraria a chave?

Não. Ele aceitou o acordo.

Enquanto a advogada acertava os detalhes com o promotor, eu olhei para meu irmão. Lá estava ele, sentado e algemado, vestindo um macacão laranja. Fiquei olhando pra ele enquanto chorava. O pai da família egípcio-palestina que morava do outro lado da nossa rua também estava chorando, e na nossa frente estava o juiz, frio e calculista, para quem eu testemunhara doze anos antes quando ainda era uma estudante do ensino médio. Eu era agora uma estudante de doutorado em Harvard, mas parte da minha vida estava completamente paralisada.

Durante meses após a audiência, sempre que meu irmão ligava da prisão, ele me perguntava se havia tomado a decisão correta em aceitar o acordo.

*

Depois da audiência, a advogada e meus pais tentaram encontrar um lado positivo no resultado: "Pelo menos ele não vai morrer na prisão". Como meu pai já estava com setenta e dois anos e minha mãe com sessenta e três, eu sabia que quando meu irmão fosse solto eles provavelmente já estariam mortos e que, em algum momento perto dos meus sessenta anos, eu herdaria um irmão que não teria passado um único dia de sua vida adulta fora da prisão. Eu estaria, naquele momento, com minha vida estruturada?

Em algum lugar do tribunal, o juiz e o promotor estavam provavelmente almoçando, sem se perturbarem com o que parecia ser apenas mais um trâmite jurídico cotidiano. Dias depois, eu voltaria para Cambridge para continuar dando aulas num curso em Harvard.

4. "Esta é uma história sobre nerds e policiais": PredPol e policiamento algorítmico

Agora é possível prever o futuro no que diz respeito ao crime: identificar suas tendências, antecipar os pontos críticos na comunidade, refinar as decisões de alocação de recursos e garantir a maior proteção para os cidadãos da maneira mais eficiente.

— Colleen McCue,
Data Mining and Predictive Analysis[203]

Depois de pesquisar no Google sobre o software da *startup* de policiamento PredPol[204] (abreviação para "*predictive policing*" [policiamento preditivo]), algo estranho aconteceu – anúncios da PredPol ficavam reaparecendo em meu *feed* do Twitter. Até aquele momento, a PredPol não estava no meu radar – eu me deparei com a empresa enquanto fazia uma pesquisa preliminar sobre o uso da análise preditiva nas práticas atuais da polícia. Mas a PredPol forçou sua entrada em minha consciência com seu fluxo incessante de propagandas anunciando que a empresa ajudava a "construir comunidades mais seguras". O primeiro anúncio que encontrei em meu *feed* dizia o seguinte: "Somos mais do que uma ferramenta de identificação de pontos críticos. Nós ajudamos as agências policiais a construírem comunidades mais seguras sem a necessidade de utilização de dados pessoais."

O anúncio tentou me garantir que a empresa não estava monitorando meu comportamento. Como ele provavelmente só apareceu no meu *feed* por causa das minhas pesquisas no Google, isso foi um tanto perturbador. Alguns dias se passaram sem que eu pensasse muito sobre a PredPol ou em seus anúncios assustadores no *feed* do meu Twitter. Nesse meio tempo, eu tuitei, para alguns de meus amigos interessados em tecnologia e policiamento, um ensaio que eu estava desenvolvendo sobre policiamento preditivo. Em resposta a um *tweet* meu sobre o uso de dados e policiamento, @newyorkyearzero observou que as inovações metodológicas não

203. Colleen McCue, *Data Mining and Predictive Analysis*. Nova York: Butterworth-Heinemann, 2006, p. xiii.

204. N.T.: A PredPol é uma *startup* californiana que, em software homônimo, usa um algoritmo elaborado primeiramente para a previsão de fenômenos naturais (como o terremoto) para prever o comportamento da criminalidade.

eram o único elemento que se destacava no programa policial de análise estatística CompStat, mas também a forma como este apresentava a "ciência" policial para o público. Respondi que o uso de estatísticas criminais para legitimar a polícia e as prisões não era nenhuma novidade; desde o final do século XIX, abordagens baseadas em dados estatísticos para entender o crime têm sido usadas para perpetuar a institucionalização da violência antinegro e legitimar o policiamento. Outros intelectuais ativistas entraram na conversa e compartilharam links para artigos, e anúncios da PredPol começaram a aparecer também em seus *feeds*, bem como nos *feeds* de seguidores meus no Twitter que passaram por lá, mas não participaram da troca.

A abordagem policial baseada nos dados da PredPol e as táticas agressivas de marketing implementadas pela empresa para legitimar seus métodos fazem dela um caso ideal a ser examinado na tentativa de entender a virada algorítmica no policiamento. A PredPol se vale de muitos dos princípios do paradigma da "ciência policial" para resolver duas crises contemporâneas: a crise de legitimidade sofrida pela polícia e uma crise epistemológica mais ampla, que poderia ser chamada de crise de incerteza. Neste ensaio, critico o emprego generalizado do software PredPol no sentido de que ele: 1) afirma a inevitabilidade do crime e cria zonas de paranoia; 2) gera falsos positivos que podem ser usados na promoção do produto; e 3) despolitiza o policiamento e a construção do crime.

PredPol e o policiamento algorítmico

O uso de análises preditivas é bastante comum no setor comercial. As compras que fazemos no supermercado são usadas para determinar quais cupons serão impressos com nosso recibo, enquanto nossas compras pretéritas na Amazon são usadas para gerar um *feed* infinito de recomendações de produtos. No setor policial, porém, a adaptação da análise preditiva acontece de forma mais gradual – embora nos últimos anos tenha havido um impulso substancial da indústria de tecnologia para desenvolver tecnologia para o policiamento preditivo. A IBM gastou mais de US$ 14 bilhões no desenvolvimento de softwares de análise preditiva para os setores comercial e policial. No final de 2013, a PredPol sozinha recebeu um aporte inicial de US$ 1,3 milhões de investidores do Vale do Silício.[205]

Os fundamentos ideológicos da PredPol, bem como de outras tecnologias de policiamento preditivo, podem ser atribuídos a George Kelling, um criminologista afiliado ao conservador Instituto Manhattan. Desde a década de 1980, ele defende o uso da análise estatística na distribuição mais eficiente dos recursos para o policiamento. Em meados da década de 1990, o CompStat foi introduzido no Departamento de Polícia de Nova York (NYPD), incentivando os policiais a tomarem decisões sobre quais áreas policiar com base em análises estatísticas, e não mais na intuição. Desde a década de 1990, mais de 150 departamentos de polícia em todo o país adotaram softwares e equipamentos de policiamento que promovem análises estatísticas. De acordo com o *SF Weekly*, "em 2009, quando o Instituto Nacional de Justiça (o braço de pesquisa e política pública do Departamento de Justiça) publicou uma série de relatórios informativos e distribuiu milhões em subsídios a sete departamentos policiais para que realizassem a tarefa, o interesse pelo policiamento preditivo disparou em todo o país."[206]

O Departamento de Polícia de Los Angeles (LAPD) recebeu um desses repasses para realizar pesquisas sobre o policiamento preditivo. Ao mesmo tempo, a Universidade da Califórnia em Los Angeles (UCLA) estava conduzindo pesquisas financiadas pelo exército, marinha e aeronáutica que usavam algoritmos – baseados em previsões de terremotos – para rastrear insurgentes e prever situações problemáticas em zonas de guerra no exterior. O software, que foi usado pela primeira vez no Iraque e depois evoluiu para o

205. Mark Andrejevic, *Infoglut: How Too Much Information Is Changing the Way We Think and Know.* Nova York: Routledge, 2013, p. 28.

206. Darwin Bond-Graham e Ali Winston, "All Tomorrow's Crimes: The Future of Policing Looks a Lot Like Good Branding", *SF Weekly*, 30 de outubro de 2013.

PredPol, foi idealizado por um professor de antropologia, Jeffrey Brantingham; um professor de matemática, Andrea Bertozzi; e um pesquisador de pós-doutorado em matemática, George Mohler.

Sean Malinowski, que supervisionou os repasses para o policiamento preditivo do LAPD, vinculou os esforços deste aos métodos de policiamento preditivo em desenvolvimento na UCLA. Malinowski havia frequentado a Academia Nacional de Polícia Egípcia no Cairo, onde estudou contraterrorismo. Mais tarde, quando Mohler, que se tornou professor na Universidade de Santa Clara, fez contato com Ryan Coonerty, Caleb Baskin e Zach Friend, o projeto de pesquisa financiado pelo governo federal se transformou numa *startup* do Vale do Silício. Mohler observou que "Zach conhecia a mídia – ele havia trabalhado na assessoria de imprensa da campanha de Obama em 2008. Quando a *PopSci* e o *The New York Times* publicaram a história, o projeto deslanchou."[207] Assim, os desenvolvedores do PredPol não estavam preocupados apenas em criar uma ferramenta que tornasse o policiamento mais eficiente, mas também em construir uma marca que despertasse o interesse da mídia.

A crise de legitimidade

No século XX, a brutalidade policial e a violência contra pessoas de cor foram historicamente catalisadores de levantes, revoltas e distúrbios civis nos Estados Unidos. Na era pós-direitos civis, a revolta que mais marcou a imaginação popular foi a que eclodiu em 29 de abril de 1992, em Los Angeles, após a absolvição dos quatro policiais acusados do espancamento de Rodney King.[208] Embora

207. "Dr. George Mohler: Mathematician and Crime Fighter", *Data-Smart City Solutions*, 8 de maio de 2013.

208. N.T.: O documentário da National Geographic "LA 92" retrata a revolta negra em Los Angeles contra a absolvição dos policiais brancos envolvidos no linchamento de Rodney King. Ele também retoma a revolta de Watts de 1965, em Los Angeles, quando um policial prendeu um morador negro sem provas. No filme da peça "Rodney King", dirigida por Spike Lee,

a revolta de 1992 tenha sido a maior que os Estados Unidos viram desde 1960, várias outras, desencadeadas pela violência policial contra jovens negros, também ocorreram em cidades como Cincinnati (2001), Oakland (2009) e, mais recentemente, Ferguson (2014).

Nos últimos anos, houve uma mudança na percepção que a população tem sobre a polícia. Em 2014, a American Civil Liberties Union [União Americana pelas Liberdades Civis] divulgou um longo relatório sobre a militarização da polícia, utilizando como base informações que coletou depois de protocolar mais de 255 solicitações da Lei de Liberdade de Informação em 2013. As interações entre a polícia e os movimentos sociais também moldaram a percepção pública que se tem da polícia. Em 2011, as prisões em massa e as dispersões violentas de manifestantes que participaram do movimento *Occupy Wall Street* geraram um debate público sobre a militarização da polícia e o uso excessivo da força contra manifestantes pacíficos. Embora liberais e radicais tenham tido, num primeiro momento, uma postura ambivalente quanto à forma como esses movimentos sociais emergentes deveriam lidar com a polícia, o discurso se deslocou para uma postura mais crítica à instituição.

Nos últimos anos, a crescente crise de legitimidade da polícia ficou patente com a onda de levantes urbanos e suburbanos que ocorreram em resposta ao assassinato de jovens negros por policiais e à discriminação racial generalizada (campanhas mais recentes também incluíram mulheres, pessoas trans e de gênero não binário). Em 2011, no auge do programa *stop-and-frisk* [parar e revistar] da cidade de Nova York, 87% das pessoas que foram paradas e revistadas pela polícia eram negras ou latinas.[209] Em 2012, ocorreram manifestações massivas contra o *stop-and-frisk* na cidade de Nova

---

Roger Guenveur Smith interpreta as angústias e contradições de Rodney, que, apesar de estar no centro das motivações da revolta de 1992, se posicionou, de forma constrangedora, contrário aos protestos.

209. Essa estatística está baseada nos relatórios trimestrais "Stop Question & Frisk Activity" do Departamento de Polícia de Nova York, que foram analisados pela New York Civil Liberties Union. Ver "Stop-and-Frisk Data", New York Civil Liberties Union, 2014. http://www.nyclu.org/content/stop-and-frisk-data.

York e, em 2013, Bill de Blasio foi eleito prefeito com a promessa de reformar o programa. As revoltas e protestos em Ferguson, desencadeados pelo assassinato de Mike Brown, e as manifestações massivas que eclodiram a partir das decisões do *grand jury* [grande júri][210] de não acusar os policiais que assassinaram Mike Brown e Eric Garner marcam o auge da crise de legitimidade da polícia. Dentro e fora dos Estados Unidos, as pessoas estão cantando: "*No justice, no peace, no racist police*" [Sem justiça não há paz, chega de polícia racista].

De acordo com o Instituto Nacional de Justiça, "pesquisas mostram reiteradamente que as minorias são mais propensas do que os brancos a enxergar os policiais com suspeita e desconfiança."[211] Essa desconfiança da polícia é generalizada entre as comunidades de cor há muito tempo. Na última meia década, a maioria das grandes revoltas e levantes urbanos ocorridos nos Estados Unidos foi desencadeada pela violência policial. O sentimento antipolícia também havia se tornado amplamente visível no final da década de 1960, quando o Partido dos Panteras Negras (BPP) formou patrulhas armadas para "policiar a polícia" nos bairros negros. O BPP afirmou que a brutalidade policial era uma pedra angular do

210. N.E.: O "grande júri", também traduzido para o português como júri de acusação, não possui equivalente no sistema jurídico brasileiro. É uma espécie de júri preliminar, que decide pelo recebimento ou rejeição da acusação ao verificar se há indícios suficientes de autoria e materialidade do crime para se dar início à ação penal. Nesse sentido, esse corpo de jurados não julga efetivamente o réu, mas apenas funciona como um juízo de admissibilidade. O júri que conduzirá o julgamento do réu é o "*petit jury*" ou "*trial jury*", este sim assemelhando-se ao júri brasileiro com relação ao seu momento processual. Há diversas diferenças – e poucas semelhanças – entre o instituto do júri nos sistemas jurídicos brasileiro e estadunidense. No Brasil, por exemplo, existe julgamento por júri apenas em casos de crimes dolosos contra a vida, enquanto nos Estados Unidos os julgamentos por júri ocorrem tanto em causas penais quanto cíveis.

211. "Race, Trust, and Political Legitimacy", National Institute of Justice, 14 de julho de 2016. https://www.nij.gov/topics/law-enforcement/legitimacy/Pages/welcome.aspx.

racismo estadunidense, e também popularizou o uso do termo depreciativo "porco" [*pig*] para se referir aos policiais.[212]

A legitimidade da polícia sempre foi questionada pelas pessoas que mais sofrem com o policiamento. As pessoas negras e marrons pobres são rotineiramente paradas, revistadas, assediadas, vigiadas e forçadas a viver sob a intensa luz dos enormes holofotes instalados ao redor dos projetos habitacionais da Secretaria de Habitação da Cidade de Nova York, sob o programa "Onipresença" do Departamento de Polícia. No entanto, nos últimos anos, esse descontentamento se generalizou como resultado dos levantes e protestos de rua que se iniciaram a partir dos casos de violência policial, bem como da rápida disseminação de imagens impactantes de assassinatos policiais capturadas por telefones celulares.

Em 2011, a Faculdade de Políticas Públicas John F. Kennedy, da Universidade de Harvard, e o Instituto Nacional de Justiça publicaram um artigo intitulado "*Police Science: Toward a New Paradigm*" [Ciência policial: rumo a um novo paradigma], cujas ideias foram desenvolvidas na Sessão Executiva sobre Policiamento e Segurança Pública, realizada na Universidade de Harvard. O artigo clama por uma "reforma radical do papel da ciência no policiamento" que priorize políticas baseadas em evidências e enfatize a necessidade de uma colaboração mais estreita entre universidades e departamentos de polícia.[213] No parágrafo inicial, os autores David Weisburd e Peter Neyroud afirmam que "o avanço da ciência no policiamento é essencial para que a polícia obtenha apoio público e legitimidade".[214] Dado que os críticos da polícia associam o policiamento ao uso arbitrário da força, à dominação racial e ao poder discricionário de tomar decisões sobre quem vai viver e quem vai morrer, a reformulação da polícia – que coloca em primeiro plano a impessoalidade estatística e remove simbolicamente a agência

212. Ver a ampla história do Partido dos Panteras Negras contada por Joshua Bloom e Waldo E. Martins em *Black Against Empire: The History and Politics of the Black Panther Party* (Berkeley: University of California Press, 2013).

213. David Weisburd e Peter Neyroud, "Police Science: Toward a New Paradigm", *New Perspectives in Policing,* janeiro de 2011, p. 1.

214. Ibid.

individual dos policiais – é uma maneira inteligente de definir sua atividade como neutra, imparcial e racional. Isso ignora o fato de que usar dados criminais coletados pela polícia para determinar os locais para onde os policiais devem se dirigir simplesmente os envia para patrulhar os bairros pobres que historicamente já patrulhavam quando eram guiados por suas intuições e preconceitos.

Esse "novo paradigma" não é meramente uma reformulação dos modelos e práticas usados no policiamento, mas uma revisão da imagem pública da polícia por meio da implementação da objetividade como exigência da ciência. Como Zach Friend – o homem por trás da estratégia de mídia da PredPol – observou em uma entrevista, "parece ficção científica, mas está mais para fato científico".[215] Ao apelar para o "fato" e reformular a prática policial como uma ciência neutra, o policiamento algorítmico tenta resolver a crise de legitimidade da polícia.

A crise de incerteza

> *Se a repressão tem, no capitalismo cibernético, o papel de combater um evento, a previsão é o seu corolário, pois visa a eliminar todas as incertezas ligadas a todos os futuros possíveis. Essa é a aposta das tecnologias estatísticas. Enquanto as tecnologias do Estado Provedor estavam voltadas para a antecipação de riscos, fossem eles previsíveis ou não, as tecnologias do capitalismo cibernético visam a multiplicar os domínios da responsabilidade.*
>
> — Tiqqun, "L'hypothèse cybernétique"[216]

A incerteza é, ao mesmo tempo, um problema de informação e um problema existencial que molda a forma como habitamos o mundo. Se admitirmos que existimos em um mundo que é fundamentalmente inescrutável para o indivíduo, também admitiremos

215. "PredPol on Current TV with Santa Cruz Crime Analyst Zach Friend", vídeo, 4 de março de 2013. https://youtu.be/8uKor0nfsdQ.

216. Tiqqun, "L'hypothèse cybernétique", *Tiqqun 2*, p. 57.

estar vulneráveis a uma variedade de riscos que estão fora de nosso controle. Quanto menos "no controle" nos sentimos, mais desejamos a ordem. Esse desejo pela lei e pela ordem – que aumenta quando tomamos conhecimento de nossa vulnerabilidade corporal a potenciais ameaças desconhecidas por nós – pode ser estrategicamente manipulado por empresas que usam práticas de policiamento algorítmico para prevenir o crime e o terrorismo, tanto dentro como fora do país. Catástrofes, guerras e epidemias de crime podem aprofundar ainda mais nosso desejo coletivo por segurança.

Na era da "*big data*", a incerteza é apresentada como um problema de informação que pode ser superado com uma coleta abrangente de dados, com análises estatísticas capazes de identificar padrões e correlações e com algoritmos que podem determinar resultados futuros a partir da análise de resultados passados. O policiamento preditivo promete remover o terror existencial de não sabermos o que vai acontecer por meio do uso de dados que fornecem um conhecimento preciso sobre onde e quando um crime ocorrerá. Os dados se apresentam como uma solução para o problema da incerteza, alegando trazer total ciência e superar as limitações analíticas humanas. Como Mark Andrejevic escreve em *Infoglut* [Excesso de informação]: "A promessa do processamento automatizado de dados é trazer à luz os padrões que são complexos demais para que sejam detectados por um analista humano e executar as simulações que geram os padrões emergentes que, de outra maneira, colocariam em cheque nosso poder de previsão."[217]

O coletivo anônimo francês de esquerda radical Tiqqun relaciona o surgimento da crise de incerteza ao surgimento da cibernética. O Tiqqun descreve a cibernética – uma disciplina fundada por Norbert Wiener e outros na década de 1940 – como uma ideologia de gerenciamento, auto-organização, racionalização, controle, automação e precisão técnica. De acordo com o Tiqqun, essa ideologia criou raízes logo após a Segunda Guerra Mundial. Com o objetivo de superar a crise, a instabilidade e o desequilíbrio, a cibernética busca resolver "o problema metafísico da criação da ordem a partir da desordem", que o Tiqqun afirma ser um subproduto inerente ao

217. Mark Andrejevic, *Infoglut*, p. 21.

crescimento capitalista.[218] No entanto, o problema "metafísico" da incerteza criado pela crise permite que a ideologia cibernética crie suas raízes. Baseando-se no *Estado de exceção* de Giorgio Agamben, o Tiqqun escreve: "O estado de emergência, que é próprio de todas as crises, é o que dá à autorregulação um novo impulso."[219] Mesmo que quase todas as medições indiquem que "os estadunidenses agora vivem em uma das épocas menos violentas da história do país", eles acreditam que os índices de criminalidade estão subindo.[220] Empiricamente, não há fundamentos para a crença de que existe uma explosão de crimes sem precedentes que ameaça desestruturar a sociedade, mas os investimentos afetivos nessa visão de mundo expandem o domínio da vigilância e do policiamento e autorizam o que Manuel Abreu chama de "necropoder algorítmico".[221] O cálculo de risco do estado de segurança, feito por meio das técnicas de mineração de dados, autoriza colocar as "ameaças" sob a mira da morte ou do desaparecimento. Embora o objetivo do policiamento algorítmico seja reduzir o crime de maneira ostensiva, se não houver ameaças sociais a gerenciar, essas empresas estarão fora do mercado.

Quer aceitemos ou não a explicação do Tiqqun sobre como o crescimento capitalista gera uma crise metafísica que permite a instalação da governança cibernética, é evidente que a PredPol recorre ao nosso desejo por certeza e segurança sobre o futuro. O professor Brantingham, da UCLA, enfatiza em sua promoção da PredPol que "os humanos não são tão imprevisíveis quanto se pensa".[222] Baseando-se em noções evolutivas do comportamento humano, Brantingham descreve os criminosos como forrageadores urbanos modernos, cujos desejos e padrões de comportamento podem ser previstos. Ao reduzir os atores humanos a seus instintos inatos e

218. Tiqqun, "L'hypothèse cybernétique", p. 45.

219. Ibid., p. 52.

220. Matt Ford, "What Caused the Great Crime Decline in the U.S.?", *The Atlantic*, 15 de abril de 2016.

221. Manuel Abreu, "Incalculable Loss", *The New Inquiry*, 19 de agosto de 2014.

222. Ronnie Garrett, "Predict and Serve", *Officer.com*, 10 de janeiro de 2013.

aplicar modelos matemáticos complexos para rastrear o comportamento desses "caçadores-coletores" urbanos, o modelo de policiamento preditivo de Brantingham tenta criar "ordem" a partir da aparente desordem do comportamento humano.

Paranoia

Mas o que o PredPol realmente faz? Como, de fato, isso funciona? O PredPol é um software que usa algoritmos proprietários (modelados a partir de equações usadas para prever tremores subsequentes a terremotos) para determinar onde e quando crimes ocorrerão, tendo como base conjuntos de dados de crimes anteriores. Em Santa Cruz, na Califórnia, uma das cidades-piloto onde o PredPol foi testado, a empresa utilizou onze anos de dados criminais locais para elaborar previsões. Nos departamentos de polícia que usam o PredPol, os policiais recebem mapas impressos da jurisdição, em que são sobrepostos quadrados vermelhos que indicam onde os crimes supostamente ocorrerão ao longo do dia. Os policiais devem patrulhar periodicamente os quadrados marcados no mapa na esperança de capturar os criminosos ou dissuadi-los antes que cometam os crimes. Esses quadrados são uma espécie de *zona de crime temporária*: uma área geoespacial gerada por modelos matemáticos desconhecidos pelos policiais comuns, de quem os algoritmos são ocultados, embora eles possam ter acesso aos dados usados na elaboração das previsões.

Qual é a atitude ou mentalidade dos policiais que patrulham um desses quadrados? Quando adentram um desses quadrados, eles esperam tropeçar em um crime que esteja ocorrendo? Como a expectativa de encontrar um crime pode influenciar o que os policiais realmente encontram? As pessoas que passarem por essas zonas de crime temporárias enquanto estiverem sendo patrulhadas por policiais serão automaticamente consideradas suspeitas? A simples passagem por um desses quadrados vermelhos pode constituir uma causa provável? Algumas dessas perguntas já foram feitas por críticos do PredPol. Como Nick O'Malley observa em um artigo sobre o PredPol, "grupos de direitos civis estão levando a sério [essa] preocupação porque a designação de uma área como um ponto crítico para o crime pode ser usada como um fator na formulação de uma 'suspeita racional' para a detenção de um suspeito."[223]

Quando o policial de Cleveland, Timothy Loehmann, chegou ao local em 22 de novembro de 2014, levou menos de dois segundos para atirar fatalmente em Tamir Rice, um menino negro de 12 anos que se divertia com uma arma de brinquedo. Isso levanta a questão: se os policiais já têm propensão a atirar, os pequenos quadrados vermelhos que marcam as zonas de crime temporárias reduzirão o tempo de reação dos policiais quando estiverem dentro desses espaços designados? De que maneira a rotulação de um espaço como uma área em que um crime ocorrerá afeta a forma como a polícia interage com esse espaço? Embora o PredPol conceitualize o terreno que está sendo policiado como um campo onde ocorrem eventos naturais, a maneira como os dados são visualizados e interpretados não é um reflexo límpido da realidade empírica; em vez disso, é a visualização desses dados que *constrói* ativamente nossa realidade.

Além disso, como os civis se sentem ao passar por um desses quadrados? Se um dia eu me encontrasse com um policial em um quadrado vermelho invisível, teria motivo extra para ter medo ou, no mínimo, estaria ciente do fato de que poderia ser considerada suspeita. Mas, como estou excluída do conhecimento de onde e quando os quadrados vermelhos aparecerão, não posso saber o momento em que me encontro em uma dessas zonas de crime temporárias. Usando métodos inescrutáveis aos cidadãos, que não têm acesso ao conhecimento nem à infraestrutura do policiamento, o PredPol está refazendo e reorganizando o espaço pelo qual nos movemos. Essa é a natureza do policiamento algorítmico; a experiência fenomenológica desse tipo de policiamento é qualitativamente diferente do policiamento "repressivo", que ocorre em um terreno visível e usa métodos que podem ser analisados e

223. Nick O'Malley, "To Predict and to Serve: The Future of Law Enforcement", *Sidney Morning Herald*, 31 de março de 2013.

contestados. O policiamento preditivo pode levar à sensação de estarmos sendo vigiados o tempo todo por um olho que não podemos ver. Se o desenho do "panóptico" de Jeremy Bentham, no século XVIII, é a corporificação arquitetônica da concepção de poder disciplinar de Michel Foucault, então o policiamento algorítmico representa a inscrição desse mesmo poder em todo o terreno que está sendo policiado.

Falsos positivos

Dada a dificuldade em se medir a eficácia dos métodos de policiamento preditivo, existe o risco de associar falsamente os resultados "positivos" da aplicação da lei ao uso de softwares como o PredPol. A literatura sobre o PredPol também é confusa sobre a questão de como medir o seu sucesso. Quando os policiais são enviados aos quadrados de 150 por 150 metros marcados em vermelho nos mapas da cidade, espera-se deles que peguem os criminosos em flagrantc ou que impeçam o crime com sua presença? A primeira opção sugere que o aumento das detenções nas áreas designadas seria um indicativo de sucesso, enquanto a última indica que uma redução no crime é prova da eficácia do software. No entanto, ambos os resultados foram usados para validar o sucesso do PredPol. Um vídeo em sua conta oficial no YouTube narra a história de como o Departamento de Polícia de Norcross (Geórgia) pegou dois ladrões no momento em que arrombavam uma casa. Da mesma forma, um artigo sobre o PredPol, publicado no *Officer.com*, é iniciado com a seguinte anedota: "Recentemente, um policial de Santa Cruz, Califórnia, percebeu um sujeito suspeito, de tocaia, perto de uns carros estacionados. Quando tentou fazer contato, o sujeito fugiu. O policial iniciou a perseguição; quando pegou o sujeito, descobriu que estava em liberdade condicional e era procurado. Por haver um mandado de prisão pendente, o sujeito foi levado pra cadeia."[224]

224. Ronnie Garrett, "Predict and Serve".

Grande parte dos materiais da PredPol utilizados em seu marketing oferece relatos um tanto místicos sobre a capacidade profética do software de prever crimes, amparados por anedotas de policiais que esbarram com criminosos em flagrante. No entanto, a PredPol afirma consistentemente que sua eficácia pode ser medida pela redução da criminalidade. Em todo caso, por todo o país, as taxas de criminalidade vêm caindo desde meados da década de 1990. Em alguns casos, a empresa tenta levar o crédito por essa queda – ainda que nem sempre de maneira explícita –, sugerindo que existe uma relação causal entre o uso do PredPol e a diminuição nas taxas de criminalidade. Em um artigo disponibilizado no *site* da PredPol, Ronnie Garrett observa: "Quando Santa Cruz implementou o software de policiamento preditivo em 2011, a cidade, de quase 60.000 habitantes, estava prestes a atingir um número recorde de roubos. Mas, em julho, esse número caiu 27% em comparação com julho de 2010."[225] Contudo, as taxas de criminalidade flutuam de um ano para o outro e é impossível analisar quais fatores podem estar conectados à redução do crime. Embora o artigo não atribua explicitamente a redução do crime ao PredPol, ele vincula implicitamente o seu uso à redução do roubo em 27%, justapondo as duas ocorrências separadas – a adoção do PredPol e a redução dos roubos – de modo a construir uma relação presumidamente causal. O artigo vai em frente e faz uso das explicações feitas por Zach Friend (sobre como e por que o PredPol funciona) para validar sua eficácia. Friend é descrito como "um analista criminal do Departamento de Polícia de Santa Cruz"; entretanto, Friend deixou o Departamento de Polícia de Santa Cruz para se tornar um dos principais lobistas da PredPol logo após a fundação da empresa.

Ao examinar os circuitos de relações públicas que conectam os pesquisadores da UCLA à polícia e os investidores do Vale do Silício à mídia, é possível perceber que praticamente todas as afirmações sobre a eficácia do PredPol retornam à própria empresa. Embora o *site* da PredPol anuncie "resultados de campo cientificamente comprovados", nenhuma parte desinteressada jamais comprovou as afirmações da empresa. O que é ainda mais

225. Ibid.

preocupante é que a PredPol ofereceu 50% de desconto no software para os departamentos de polícia que concordassem em participar do programa-piloto da empresa como "cidades-vitrine". O programa exigia que os departamentos de polícia colaborassem com a empresa por três anos e que fornecessem testemunhos que pudessem ser usados na comercialização do software. Por exemplo, o *SF Weekly* observa que:

> a cidade de Alhambra, a nordeste de Los Angeles, comprou o software da PredPol em 2012 por US$ 27.500. O contrato entre Alhambra e a PredPol inclui várias obrigações exigindo que a cidade realize propaganda e marketing em nome da PredPol. A polícia e os funcionários públicos de Alhambra devem "fornecer testemunhos, conforme solicitado pela PredPol", bem como "referências e facilitar apresentações a outras agências que possam utilizar a ferramenta PredPol".[226]

Em "*The Difference Prevention Makes: Regulating Preventive Justice*" [A diferença que faz a prevenção: regulando a justiça preventiva], David Cole descreve cinco grandes riscos que vêm com a adoção do "paradigma da prevenção" no policiamento. Ele observa que "não é só que não podemos saber a eficácia da prevenção; nossas avaliações estarão, provavelmente, sistematicamente distorcidas".[227] Outros manifestaram preocupações semelhantes com o PredPol. De acordo com O'Malley, "a *American Criminal Law Review* manifestou preocupações de que o programa poderia deformar as estatísticas criminais, seja aumentando a taxa de detenções nos quadrados vermelhos, por meio de policiamento extra, ou reduzindo-a falsamente, por meio da dispersão policial".[228]

---

226. Darwin Bond-Graham e Ali Winston, "All Tomorrow's Crimes".

227. David Cole, "The Difference Prevention Makes: Regulating Preventive Justice", *Criminal Law and Philosophy*, 2014, p. 5.

228. Nick O'Malley, "To Predict and to Serve".

A política dos dados do crime

O crime nunca foi uma categoria neutra. O que é considerado crime, quem é rotulado como criminoso e quais áreas são policiadas foram historicamente racializados. Brantingham, o antropólogo que ajudou a criar o PredPol, observou: "O foco nos dados de tempo e localização – em vez da demografia pessoal dos criminosos – reduz potencialmente qualquer preconceito que os policiais possam ter em relação à raça ou ao status socioeconômico dos suspeitos". Embora seja verdade que o PredPol é uma forma espacializada de policiamento preditivo que não mira indivíduos nem gera *heat lists*, o policiamento algorítmico espacial, mesmo quando não usa a raça para fazer previsões, pode facilitar a produção de um perfil racial a partir do cálculo de um substituto da raça, como a vizinhança e a localização. Além disso, os modelos preditivos são tão bons quanto os conjuntos de dados que utilizam para fazer previsões, e por isso é importante interrogar *quem* coleta os dados e *como* eles são coletados. Ainda que os dados sejam entendidos como frações neutras de informação sobre nosso mundo e nossos comportamentos, no domínio da justiça criminal, eles são um reflexo de quem se tornou alvo da vigilância e do policiamento. Se alguém cometer um crime em uma área que não é fortemente policiada – como em Wall Street ou nos subúrbios brancos –, nenhum dado será gerado. A confiança da PredPol nos dados podres coletados pela polícia pode criar um círculo vicioso que leva à calcificação das práticas policiais racializadas. Além disso, quando aplicada ao policiamento preditivo, a ideia de que "quanto mais dados melhor", pois isso melhoraria a precisão e a eficiência, justifica a vigilância por atacado e a expansão do policiamento e das operações carcerárias que geram os dados.

Embora o PredPol se apresente como racialmente neutro, sua compreensão de crime enquanto uma força objetiva que opera de acordo com as leis que governam os fenômenos naturais, da mesma forma que os tremores de terra secundários – e não como uma categoria construída socialmente que tem significado apenas num contexto social específico –, ignora a racialização *a priori* do crime e, especificamente, sua associação à negritude. Em *The Condemnation of Blackness: Race, Crime and the Making of Modern America* [A condenação da negritude: raça, crime e a produção da América moderna], o historiador Khalil Gibran Muhammad traça como "no alvorecer do século XX, quando os Estados Unidos passavam por rápida industrialização, urbanização e mudança demográfica, a negritude foi remodelada por estatísticas criminais. Por meio da criminalização racial, ela se tornou uma categoria racial mais estabilizadora do que a da branquitude."[229] Muhammad descreve como os dados foram usados principalmente por cientistas sociais do Norte para fazer a combinação entre negritude e criminalidade parecer objetiva e empiricamente sólida, justificando, assim, uma série de práticas sociais antinegro, como a segregação, a violência racial e o confinamento penal. A consolidação dessa noção "científica" da criminalidade negra também permitiu que populações de imigrantes anteriormente criminalizadas – como poloneses, irlandeses e italianos – fossem assimiladas à categoria da branquitude. À medida que os estadunidenses negros foram patologizados pelo discurso estatístico, a população se tornou cada vez mais simpática aos problemas dos grupos étnicos europeus. Em oposição a deficiências pessoais ou a uma inferioridade inata, a participação dos brancos em atividades criminosas passou a ser atribuída às desigualdades estruturais e à pobreza. De acordo com Muhammad, o censo de 1890 lançou muitas das bases para essa ideologia. Ele descreve como as estatísticas sobre as taxas mais altas de prisão entre os negros, particularmente nas penitenciárias do norte, foram "analisadas e interpretadas como a prova definitiva da verdadeira natureza criminosa dos negros".[230] Assim, o racismo biológico e cultural acabou sendo substituído pelo racismo estatístico.

---

229. Khalil Gibran Muhammad, *The Condemnation of Blackness: Race, Crime, and the Making of Modern Urban America*. Cambridge: Harvard University Press, 2010, p. 5.

230. Ibid., p. 37.

Embora os métodos desenvolvidos pela PredPol não sejam explicitamente racializados, eles o são de maneira implícita, na medida em que a geografia funciona como substituta da raça. Além disso, dado que o crime foi historicamente racializado, assumi-lo como uma categoria neutra – ou, antes, *natural* –, em torno da qual se organizam as práticas do policiamento preventivo, provavelmente reproduzirá os padrões racistas do policiamento. Uma vez que o PredPol se baseia nos dados de localização de crimes que já ocorreram e que a polícia está mais propensa a policiar bairros que são habitados majoritariamente por pessoas de cor (e a torná-las alvo de buscas e apreensões), os próprios dados nos quais o PredPol se apoia são sistematicamente viciados. Ao apresentar seus métodos como objetivos e racialmente neutros, a PredPol esconde como os dados e as categorias em que se baseia já estão moldados pelo racismo estrutural.

Conclusão

A história do policiamento no século XXI não pode ser reduzida à imagem estereotipada de policiais belicosos e idiotas em busca de oportunidades para pegar bandidos e exibir seu poder institucional. Como disse o diretor de desenvolvimento de negócios da PredPol, Donnie Fowler, no *Silicon Valley Business Journal*, o policiamento do século XXI poderia ser mais bem descrito como "uma história sobre nerds e policiais".[231] No entanto, mais do que uma história de um casamento improvável entre professores de processamento de dados e policiais que combatem o crime, a história do policiamento algorítmico, e do PredPol em particular, é também de íntima colaboração entre a polícia nacional, a universidade, o Departamento de Defesa, o Vale do Silício e a mídia. É a história de uma forma de tecno-governança que opera na intersecção entre o conhecimento e o poder. No entanto, a abordagem numérica e baseada em dados encampada pela PredPol foi adotada em vários setores. Tanto nas

231. Lauren Helper, "Coders vs. Criminals: PredPol Seeks to ScaleIts Crime-Prediction System", *Silicon Valley Business Journal*, 6 de dezembro de 2013.

finanças quanto no policiamento, houve uma reviravolta nas soluções técnicas adotadas para o problema da incerteza, soluções estas que buscam gerenciar o risco com o uso de modelos matemáticos complexos e não transparentes. Ainda assim, embora a linguagem do risco tenha substituído a linguagem da raça, tanto as finanças ajustadas ao risco quanto o policiamento algorítmico simplesmente codificam a desigualdade racial dentro do risco. É importante prestar atenção a essa mudança de paradigma, pois, uma vez construída a "infraestrutura carcerária digital", será quase impossível desfazê-la, e o estado de vigilância carcerário automatizado se espalhará por todos os lugares, fazendo incursões cada vez maiores em nossos cotidianos.[232] Não apenas o estado "inteligente" terá um conhecimento mais granular de nossos movimentos e atividades, mas também, à medida que o estado carcerário se tornar mais automatizado, ele aumentará sua capacidade de processar um número cada vez maior de pessoas, mesmo quando os orçamentos estiverem estagnados ou forem cortados.

Embora seja necessário identificar o lado invisível e algorítmico (ou "cibernético") do policiamento, é importante reconhecer que o policiamento algorítmico não substituiu o policiamento repressivo, mas é seu corolário. O "*soft control*" não substituiu as formas duras de controle. A polícia se tornou mais militarizada do que nunca como resultado dos US$ 34 bilhões em subsídios federais que foram distribuídos aos departamentos de polícia pelo Departamento de Segurança Interna após o 11 de setembro. Enquanto o policiamento repressivo tenta responder a eventos que já ocorreram, o policiamento algorítmico tenta manter a lei e a ordem a partir da prevenção ativa do crime. É possível, porém, que este último crie, na prática, uma situação que leve à multiplicação das ameaças ao invés da conquista da segurança? Como as práticas de policiamento preditivo são adotadas pelos departamentos de polícia locais em todo o país, talvez devamos considerar, como escreve o Tiqqun, que "a sociedade de controle é uma sociedade paranóica".[233]

---

232. R. Joshua Scannell, "Broken Windows, Broken Code", *Real Life*, 29 de agosto de 2016.

233. Tiqqun, "L'hypothèse cybernétique", p. 57.

5. O POLICIAL CIBERNÉTICO: ROBOCOP E O FUTURO DO POLICIAMENTO

Este ensaio é uma adaptação de uma performance multimídia originalmente concebida para o Cinema Cabaret do Filmforum de Los Angeles (com curadoria de Konrad Steiner). A performance também aconteceu durante o The Return of Schizo-Culture, no MoMA PS1, por ocasião do quadragésimo aniversário da Semiotext(e). Uma versão em vídeo da performance foi produzida para a exposição no The Kitchen do Whitney Museum of Art, com a assistência do curador Alexander Fleming. O vídeo pode ser visualizado em: https://youtu.be/bUbQh8HegLU.

Cresci com um irmão mais novo que tinha um boneco do RoboCop, e nos revezávamos para apertar o botão em seu peito que ativava uma voz eletrônica. O boneco do RoboCop tinha três frases: "Drogas são encrenca", "Pare com isso!" e "Sua vez, idiota". Para o RoboCop de brinquedo, os criminosos eram os inimigos, mas nós estávamos implicados; nós éramos o "você", os destinatários, os alvos potenciais. Nós éramos os idiotas do "Sua vez, idiota" – fomos nós, segurando o brinquedo, e não a empresa Omni Consumer Products (OCP), que usamos o corpo semimorto do agente Murphy como matéria-prima para a criação de um policial ciborgue projetado para limpar as ruas e abrir caminho para o comércio e o crescimento de uma Detroit distópica e sem lei.

Um policialzinho na caixa de brinquedos.

Aquele boneco do RoboCop parecia estar dizendo:

Todos são um inimigo potencial.
Não usem drogas, crianças, não entrem nessa merda.

Enquanto jovem, eu nunca usei drogas. Terá sido o RoboCop dentro da minha cabeça que me impediu de usá-las? Ainda posso ouvir o mantra que emanava da caixa de som em seu peito: *Drogas são encrenca.*

Esse era o RoboCop do início dos anos 1990, não o de 1987. O primeiro RoboCop foi lançado um ano antes de eu nascer. O antigo RoboCop estava em guerra com seus criadores. Claro, ele também tinha de lidar com os criminosos; sem criminosos, não há policiais. Mas os criminosos eram uma pista falsa. No fim das contas, eles eram apenas os lacaios dos homens de terno e gravata.

A busca do RoboCop por sua verdadeira origem revelou uma conspiração capitalista tecnocrática.

O RoboCop – ingênuo e quixotesco em sua crença de que o papel da polícia é proteger os cidadãos – representa uma certa *ideia* da polícia que ronda por aí como um fato público. Quando o RoboCop foi programado, suas três diretrizes principais eram: servir ao público, proteger os inocentes e cumprir a lei. Havia uma quarta, secreta: *Não mexer com o seu criador.*

Ele era um policial zeloso, mas, à medida que se humanizou, aprendeu que a natureza do policiamento mudou de tal maneira que perdeu sua legitimidade moral. Os interesses privados dominaram o departamento de polícia. Os homens da megacorporação OCP fazem repetidamente referência ao futuro do policiamento: setores públicos que antes não eram lucrativos, como prisões e polícias, são, na verdade, apenas mercados inexplorados.

> Qual é o futuro do policiamento?
> *Qual é o futuro do policiamento?*
> Um experimento tecnológico do policiamento ciborgue
> Metade homem, metade máquina
> Pele e circuitos
> Um conjunto recombinante
> De tecnologias policiais *soft* e *hard*.

Ele está equipado com uma pistola 9 mm e um Cobra Assault Cannon, mas também com um HD externo que permite que ele baixe informações do banco de dados da polícia e compare rapidamente esses registros com as informações que tem em mãos.

Qual é o futuro do policiamento? O RoboCop é isso. É onde a violência e a coerção das prisões e da polícia se encontram com uma contrainsurgência branda. De um lado, a militarização da polícia. De outro, formas cibernéticas de controle. A velha Detroit do RoboCop, devastada pelos efeitos da *Reaganomics*[234], se transforma no campo de testes da corporação para as tecnologias de guerra. Hoje em dia, a mineração de dados e a análise preditiva trabalham ao lado desses instrumentos da força bruta.

O que eu queria fazer era olhar para além daquilo que chamamos de policiamento – para além dos espetáculos da violência policial, imagens de Ferguson com policiais do choque totalmente equipados lançando bombas de gás lacrimogêneo dos tanques blindados. O que eu queria entender era a incursão do policiamento em nossas vidas cotidianas e como a tecnologia nos controla mesmo sem que saibamos disso. Eu queria olhar para o *intrusivo-invisível* a partir das projeções cinemáticas distópicas daquilo que o policiamento poderia se tornar. *Porque o futuro do policiamento é agora.*

234. N.T.: Políticas econômicas de Ronald Reagan.

Mas não percebemos tudo isso ao nosso redor?
Não sentimos, através de nossos sensores, que algo está errado?
Quando seguro meu iPhone na mão por muito tempo, quase posso sentir um câncer crescendo dentro dela.
Passar por câmeras de monitoramento cala sua psique?
Você ouve o sussurro da câmera de vigilância?
Seu corpo não é o seu corpo,
seu corpo é um ponto em uma rede,
algo a ser rastreado
ou pacificado
ou capturado
ou etiquetado
ou mirado por interesses comerciais.

O RoboCop não é o policial cibernético por excelência, embora ele personifique a transição para o tecnopoliciamento. O policial cibernético não tem rosto. Hoje podemos chamar o policial cibernético de *CompStat* – ele vive em bancos de dados na rede. Se espalha pelo mapa como radiação eletromagnética, atmosfera, sinais. É inalado. Se move através de mim. Me faz dormir antes que eu saiba que estou cansada. Me captura em um momento para o qual nunca me preparei. Quando olho para a câmera de vigilância, percebo que minha franja está desarrumada. Arrumo meu cabelo como se o monitor fosse um espelho. E não estou em exibição.

Me desintegro e sou enviada em pedaços
como informação para um servidor.
Mas onde estou?
Desmembrada,
dispersa pelo mundo,
guardada,
escondida
em um arquivo
empoeirado
e sem ar.

*

Em "*L'hypothèse cybernétique*" [A hipótese cibernética], o Tiqqun escreve sobre o que significa se tornar uma falha:

> Primeiro gesto: fabrico o real, destruo e me destruo destruindo. Essa é a fonte de toda sabotagem. O que meu comportamento representa neste momento não existe para o dispositivo que se destrói comigo. Nem 0 nem 1, sou o terceiro absoluto. Meu gozo supera o dispositivo. Segundo gesto: não respondo aos ciclos retroativos humanos ou mecânicos que tentam me cercar; como Bartleby, "prefiro não", me mantenho à distância, não entro no espaço dos fluxos, não me conecto, fico. Exerço minha passividade como uma força contra os dispositivos. Nem 0 nem 1, sou o nada absoluto. Primeiro: gozo perversamente. Depois: me reservo. Além. Aquém. *Curto-circuito e desconexão*. Nos dois casos, o *feedback* não ocorre e uma linha de fuga começa a ser traçada. Por um lado, uma linha de fuga externa que parece jorrar de mim; por outro, uma linha de fuga interna que me traz de volta a mim mesmo. Todas as formas de interferência partem desses dois gestos, linhas de fuga externas e internas, sabotagens e recuos, busca por formas de luta e pela assunção de diferentes formas de vida.[235]

235. Tiqqun, "L'hypothèse cybernétique", p. 74.

6. CONTRA A INOCÊNCIA: RAÇA, GÊNERO E POLÍTICA DE SEGURANÇA

Saidiya V. Hartman: *Eu acho que isso leva a uma das questões/problemas/crises éticas fundamentais para o Ocidente: o status da diferença e o status do outro. Significa dizer que, para se chegar a algum reconhecimento de humanidade comum, o outro tem de ser assimilado, ou seja, nesse caso, completamente deslocado e apagado: "Somente se eu puder me ver na posição do outro, poderei entender a crise dessa posição". Essa é a lógica dos discursos morais e políticos que vemos todos os dias – a necessidade de que o sujeito negro inocente seja vitimizado pelo estado racista para que se veja o racismo do estado racista. Você tem de ser exemplar em sua bondade, ao contrário de...*

Frank Wilderson: *Um crioulo em pé de guerra! [risos]*[236]

Enquanto lia o jornal local, me deparei com uma história que me chamou a atenção. Era um artigo sobre um menino de dezessete anos de Baltimore, chamado Isaiah Simmons, que morreu em uma instituição para menores em 2007, quando cinco ou sete conselheiros o sufocaram durante uma imobilização que durou horas. Quando Simmons já não respondia, os conselheiros jogaram seu corpo na neve e só chamaram a assistência médica depois de mais de quarenta minutos. No fim de março de 2012, o caso foi arquivado. Nenhum dos conselheiros envolvidos em seu assassinato foi acusado. Um artigo que encontrei na internet sobre o caso intitulava-se: "Acusações contra 5 são retiradas em caso de morte de infrator juvenil".[237] Ao enfatizar que quem morreu foi um jovem *infrator*, o artigo imediatamente classifica Simmons como um criminoso, sinalizando aos leitores que sua morte é irrelevante e, portanto, indigna de simpatia. Todos os comentários postados no artigo foram rudes e desdenhosos. O sentimento geral era de que sua morte não representava uma grande

236. Saidiya V. Hartman e Frank B. Wilderson, "The Position of the Unthought", *Qui Parle*, vol. 13, n. 2, 2003, p. 189.

237. "Charges Dropped Against 5 in Juvenile Offender's Death", *CBS Baltimore*, 29 de março de 2012.

perda para a sociedade. A notícia sobre o arquivamento do caso mal surtiu efeito.[238] Não houve clamor público, nenhum apelo à ação, nenhuma discussão em torno das inúmeras questões ligadas à morte de Simmons: encarceramento de jovens, racismo, privatização de prisões e cadeias (ele morreu em uma instalação privada), negligência médica, violência estatal e assim por diante.

Por semanas após a leitura do artigo, fiquei pensando nas seguintes questões: qual é a diferença entre Trayvon Martin e Isaiah Simmons? Quais casos estimulam os ativistas à ação e quais são ignorados? Na esteira de casos como os de Jena Six, Troy Davis, Oscar Grant, Trayvon Martin e outros de destaque,[239] tomei nota dos padrões que estruturam os apelos políticos, particularmente a maneira como a *inocência* se torna uma pré-condição para o lançamento de campanhas políticas antirracistas massivas. Essas campanhas geralmente se concentram em processar e punir severamente os indivíduos responsáveis por atos explícitos e localizáveis de violência racista, posicionando, assim, o estado e o sistema da justiça criminal como *aliados e protetores dos oprimidos*. Quando a "inocência" de uma vítima negra não é comprovada, ela não se torna uma

---

238. Embora tenha havido uma resposta crítica quando o caso *inicialmente* veio à tona.

239. Este artigo pressupõe algum conhecimento sobre casos de base racial que receberam grande atenção da mídia nos últimos anos. Para aquelas e aqueles que não têm familiaridades com esses casos:
Os Jena Six foram seis adolescentes negros condenados por espancar um estudante branco na Jena High School, na cidade de Jena, Louisiana, no dia 4 de dezembro de 2006, após o aumento de tensões raciais, incluindo a instalação de uma corda de enforcamento em uma árvore. Cinco deles foram inicialmente acusados por tentativa de homicídio.
Troy Davis foi um homem negro executado em 21 de setembro de 2011, por supostamente assassinar o policial Mark MacPhail em Savannah, Geórgia, embora houvesse poucas evidências que apoiassem a condenação.
Oscar Grant foi um homem negro baleado e morto pelo policial Johannes Mehserle, do Departamento de Polícia de Trânsito da Área da Baía de São Francisco, em Oakland, Califórnia, no dia 1º de janeiro de 2009.
Trayvon Martin foi um jovem negro assassinado aos 17 anos por George Zimmerman, um vigia de bairro voluntário, em 26 de fevereiro de 2012, em Sanford, Flórida.

porta-voz adequada para a causa.[240] Uma estrutura empática de sentimentos baseada em apelos à inocência fundamenta a política antirracista contemporânea. Dentro dessa estrutura, a empatia só se dá quando uma pessoa atende a padrões de autêntica vitimização e pureza moral, o que exige que as pessoas negras, nas palavras de Frank Wilderson, sejam limpas da "crioulização"[241]. O *reconhecimento* social, político, cultural e jurídico ocorre apenas quando uma pessoa passa por um processo de branqueamento e neutralização, tornando-se, assim, não ameaçadora. O modelo ativista do "porta-voz", que envolve o isolamento de casos considerados "exemplares", também tende a enfatizar a natureza individual e não coletiva das ofensas racistas. Enquadrar a opressão em termos de atores individuais é uma tática liberal que desmantela as respostas coletivas à opressão e desvia a atenção da violência estrutural.

Usar a "inocência" como a base para falar da violência antinegro é *um atrativo ao imaginário branco* – embora esses argumentos sejam certamente também reivindicados por pessoas de cor. Apoiar-se nessa visão reitera uma lógica que criminaliza a raça e constrói sujeitos dóceis. Uma política liberal de reconhecimento só consegue

240. Durante uma palestra na Morgan State University, Michelle Alexander descreveu sua desilusão com as respostas jurídicas ao problema do encarceramento em massa, que tendem a se curvar a uma política de respeitabilidade. Alexander descreve suas experiências como advogada para ilustrar seu ponto de vista. Enquanto trabalhava como advogada de direitos civis na American Civil Liberties Union (ACLU), um jovem negro apareceu com uma pilha de papéis depois de ouvir sobre sua campanha contra a discriminação racial. Os jornais documentavam em detalhes diversos casos de abuso policial (incluindo nomes, datas, números de crachás e descrições). A ACLU, entretanto, se recusou a representá-lo porque ele tinha condenação por crime relacionado a drogas, mesmo após alegar que as drogas haviam sido plantadas nele. Mais tarde, veio à tona um escândalo sobre policiais de Oakland que plantavam drogas em pessoas de cor, entre os quais estava um policial identificado por ele.

241. N.E.: No original, "*niggerization*". Derivado de "*nigger*", termo empregado nos Estados Unidos para designar de maneira pejorativa a população negra e comumente traduzido no Brasil como "crioulo", *niggerization* [crioulização] designa o processo de estereotipação dessa população e, no contexto mencionado por Wang, faz também referência ao vínculo historicamente construído entre pessoas negras e criminalidade.

reproduzir uma esquematização de culpa/inocência que é incapaz de lidar com o fato de que existe uma associação *a priori* entre negritude e culpa (criminalidade). Dizer *associação* talvez seja generoso demais – há uma fusão total dos termos. Como Wilderson observa em "*Gramsci's Black Marx: Whither the Slave in Civil Society?*" [O Marx negro de Gramsci: para onde foi o escravo na sociedade civil?], a resposta do policial à pergunta do sujeito negro — *por que você atirou em mim?* — obedece a uma tautologia: "Eu atirei em você porque você é negro; você é negro porque eu atirei em você."[242] Nas palavras de Frantz Fanon, a causa é consequência.[243]

Não apenas os homens negros são considerados culpados até que se prove o contrário, mas a própria negritude é considerada sinônimo de culpa.[244] Autêntica vitimização, passividade, pureza moral e adoção de uma posição imaculada são fatores necessários para se ter reconhecimento aos olhos do estado. Wilderson, citando o N.W.A., observa que "um crioulo em pé de guerra" não pode ser um sujeito a quem caiba empatia.[245] O desejo de reconhecimento obriga os sujeitos políticos a buscarem aliança com o estado e a se sacrificarem a fim cumprir com os padrões da vitimização. Essa também é a lógica das narrativas em torno do estupro e da vingança: só depois da degradação completa de uma mulher é que a população começa a tolerar sua raiva (fora dos filmes e livros,

---

242. Frank B. Wilderson, "Gramsci's Black Marx: Whither the Slave in Civil Society?", *Social Identities*, vol. 9, n. 2, 2003, p. 225-40.

243. Frantz Fanon, *Os condenados da terra*. Tradução de José Laurêncio de Melo. São Paulo: Civilização Brasileira, 1968, p. 29.

244. Em *Social Death: Racialized Rightless and the Criminalization of the Unprotected* (Nova York: New York University Press, 2012), Lisa Marie Cacho discute como, na lei estadunidense, sujeitos radicalizados são considerados culpados dos chamados crimes de status [*status crimes*], definidos como "atividades específicas que só são efetivamente reconhecidas como 'criminosas' quando anexadas a situações que invocam raça (membro de gangue), etnia ('estrangeiro ilegal') e/ou nacionalidade (suspeito de terrorismo)" (p. 43). Cacho argumenta que uma política de respeitabilidade não pode ser responsiva a grupos considerados "inelegíveis para a humanidade" (p. 6).

245. Saidiya V. Hartman e Frank B. Wilderson, "The Position of the Unthought".

mulheres violentas não são toleradas, mesmo quando têm os fundamentos "morais" para revidar, como mostram as altas taxas de mulheres que são presas ou condenadas à morte por assassinar ou agredir parceiros abusivos).

Embora às vezes seja necessário fazer apelos à "inocência" por razões estratégicas – a fim de ganhar um caso ou influenciar a opinião pública –, estas se tornam problemáticas a partir do momento em que fortalecem uma estrutura que transforma a política revolucionária e insurgente em algo inimaginável. A abolicionista penal Ruth Wilson Gilmore observa que, "embora salvar qualquer pessoa seja algo bom a se fazer, tentar afirmar a inocência enquanto uma estratégia fundamental de organização política significa fechar os olhos para o sistema e para como ele funciona".[246] Para Gilmore, o problema "não é descobrir como determinar ou provar a inocência de certos indivíduos ou certas classes de pessoas, mas atacar o sistema geral por meio do qual a criminalização se dá".[247] Os apelos à inocência também são anacrônicos porque não abordam a transformação e reorganização das estratégias racistas na era pós-direitos civis. Uma política pautada na inocência só é capaz de reconhecer exemplos de atos diretos e individualizados de violência racista, enquanto ofusca o racismo de um liberalismo supostamente daltônico que opera em um nível estrutural. Colocar a questão em termos de preconceito pessoal alimenta a falácia do racismo enquanto sentimento ou intenção individuais. Embora haja, certamente, uma dimensão psicológica e afetiva do racismo, este ultrapassa a dimensão individual na medida em que é moldado por normas sociais e representações midiáticas. O paradigma do racismo liberal daltônico encobre a raça sob a lógica do "senso comum" do crime e

---

246. Para Gilmore, o estado carcerário funciona "alterando os limites do que é entendido como criminoso para envolver e engolfar mais e mais pessoas para o território de elegibilidade da prisão". Ver Ruth Wilson Gilmore, "Race, Capitalist Crisis, and Abolitionist Organizing", em Jenna M. Loyd, Matt Mitchelson e Andrew Burridge, *Beyond Walls and Cages: Prisons, Borders, and Global Crisis*. Atenas: University of Georgia, 2012, p. 43.

247. Ibid.

da punição.[248] Isso efetivamente esconde o racismo porque não é considerado racista ser contra o crime. A violência do estado também é legitimada quando casos como o da execução de Troy Davis – nos quais os tribunais são investigados por preconceito racial – são tratados como excepcionais. A resposta política ao assassinato de Troy Davis não desafia a suposição de que as comunidades precisam que os criminosos sejam presos para que suas ruas estejam limpas, pois se baseia na alegação de que Davis não é um daqueles criminosos temidos, mas *um negro inocente*. A inocência, entretanto, é frequentemente um código para *não ameaçador à sociedade civil branca*. Troy Davis é diferenciado dos outros homens negros – os *maus* – e o sistema jurídico recebe o diagnóstico de estar *infectado* pelo racismo, mascarando o fato de que o sistema legal é o mecanismo constituinte por meio do qual a violência racial se realiza (apelos de última hora pelo direito a um julgamento *justo* revelam isso, pois presumem que julgamentos sejam honestos). Imagina-se que o estado está se desviando de seu suposto papel de protetor do povo, em vez de entendê-lo como seu principal perpetrador. H. Rap Brown fornece um lembrete bastante franco de que a palavra "justiça significa 'apenas nós, os brancos'.[249] Não há reparação por injustiças para os negros neste país."[250]

Embora existam inúmeros exemplos de racismo declarado, a morte social (e física) da pessoa negra se dá principalmente por meio dos discursos codificados da "criminalidade" e das formas mediadas da violência do estado realizadas por um aparato carcerário impessoal (polícia, prisões, sistema jurídico, promotores, comissões e oficiais de liberdade condicional, policiais penais e assim por diante).

---

248. Em "Methodologies of Imprisonment", Avery F. Gordon diz que "a maior parte do que se coloca como discurso crítico hoje cede, antes de tudo, à legitimidade da criminalização, ao cumprimento da lei e à moralidade da inocência" (p. 653). Ver "Methodologies of Imprisonment", *PMLA*, vol. 123, n. 3, 2008, p. 651-57.

249. N.T.: No original, "*justice means 'just-us white-folks'*". Em inglês, a pronúncia da palavra "*justice*" [justiça] é bastante próxima da pronúncia de "*just us*" [apenas nós].

250. H. Rap Brown, *Die, Nigger, Die!. A Political Autobiography*. Chicago: Lawrence Hill Books, 2002, p. 121.

Em outras palavras, incidentes em que um indivíduo preconceituoso ataca ou discrimina uma pessoa de cor podem ser identificados como racismo por "pessoas conscientes", mas o racismo que dá sustentação ao encarceramento sistemático de estadunidenses negros, sob o pretexto da Guerra às Drogas, é mais difícil de detectar e geralmente se mantém invisível porque está espacialmente confinado. E, quando se torna visível, não consegue despertar a simpatia da população, nem mesmo entre as lideranças negras. Como pergunta Loïc Wacquant, um estudioso do estado carcerário: "Qual é a chance de os estadunidenses brancos se identificarem com os condenados negros quando até mesmo a liderança negra lhes deu as costas?"[251]

O abandono dos condenados negros por organizações de direitos civis pode ser verificado na história dessas organizações. De 1975 a 1986, a NAACP[252] e a Urban League[253] identificaram o encarceramento como uma questão central, e, em particular, o encarceramento desproporcional dos estadunidenses negros passou a ser entendido como um problema estrutural e político. Porta-vozes de organizações de direitos civis associaram a prisão ao confinamento generalizado de estadunidenses negros. Prisioneiros negros foram, inclusive, como observa Wacquant, retratados como "irmãos, tios, vizinhos, amigos".[254] Entre 1986 e 1990, houve uma mudança dramática na retórica e na política oficial da NAACP e da Urban League, que demonstra a virada para uma política baseada na inocência. No início da década de 1990, a NAACP dissolveu

251. Loïc Wacquant, "Social Identity and the Ethics of Punishment", Center for Ethics in Society, Stanford University, 2007.

252. N.T.: A National Association for the Advancement of Colored People (NAACP) [Associação Nacional para o Avanço das Pessoas de Cor] é uma das mais antigas e influentes instituições em favor dos direitos civis nos Estados Unidos. Fundada em 1905 pelo grande intelectual negro W. E. B. Du Bois, entre outros, a associação tinha com um dos principais objetivos a revogação das leis Jim Crow.

253. N.T.: A National Urban League [Liga Urbana Nacional], anteriormente conhecida como National League on Urban Conditions Among Negroes [Liga Nacional para as Condições Urbanas entre os Negros], é uma organização de direitos civis, defensora da justiça econômica e social para os afro-americanos e contra a discriminação racial nos Estados Unidos.

254. Loïc Wacquant, "Social Identity and the Ethics of Punishment".

seu programa prisional e suspendeu a publicação de artigos sobre questões relativas à reabilitação e aos egressos. Ao mesmo tempo, essas organizações começaram a incorporar a retórica da responsabilidade individual e uma postura dura contra o crime, o que encorajou os negros a colaborarem com a polícia para tirar as drogas de seus bairros, chegando a endossar sentenças mais duras para menores e reincidentes.

Os condenados negros, inicialmente uma parte do "nós" articulado por grupos de direitos civis, tornaram-se *eles*. Wacquant escreve: "Esta [hesitação em defender os prisioneiros negros] é ainda mais reforçada pelo fato, observado há muito tempo por W. E. B. Du Bois, de que a posição tênue que a burguesia negra ocupa na hierarquia sociorracial se sustenta problematicamente em sua capacidade de se distanciar de seus irmãos indisciplinados da classe baixa: para compensar a deficiência simbólica da negritude, os afro-americanos de classe média devem comunicar aos brancos, com toda a ênfase, que eles 'não têm absolutamente nenhuma simpatia e nenhuma conexão com qualquer homem negro que tenha cometido um crime'". [255] Quando as lideranças e as pessoas negras de classe média se diferenciam das pessoas negras mais pobres, elas alimentam a noção de um excepcionalismo negro que é usada para desmantelar as lutas antirracistas. Essa classe de pessoas negras excepcionais (Barack Obama, Condoleeza Rice, Colin Powell) dá sustentação à imagem dos Estados Unidos como uma sociedade pós-racial.

A raiz dessa mudança na retórica e na política das organizações de direitos civis talvez esteja no receio em afirmar que existe uma fusão entre negritude e criminalidade. No entanto, ao não advogar pelos prisioneiros, elas reforçam e ampliam o estado penal, individualizando, despolitizando e descontextualizando a questão do "crime e da punição" e difamando aqueles com maior probabilidade de estarem submetidos à violência racializada do estado. Essa perda de identificação com as pessoas negras e pobres das áreas urbanas não se limita aos homens negros, mas também afeta as

255. Loïc Wacquant, "Deadly Symbiosis: When Ghetto and Prison Meet and Mesh", *Punishment & Society*, vol. 3, n. 1, 2001, p. 118.

mulheres negras, que são desprestigiadas na figura da Rainha do Bem-Estar[256], retratadas como um fardo preguiçoso e sexualmente irresponsável para a sociedade (particularmente para os trabalhadores brancos). O estado de bem-estar social e o estado penal complementam um ao outro, conforme demonstraram as declarações de Bill Clinton em 1998, que denunciavam presidiários e ex-presidiários que recebiam auxílio da seguridade social: Clinton condenava os ex-prisioneiros que recebiam a assistência social acusando-os de cometer, desonestamente, "fraude e abuso" contra "famílias trabalhadoras" que "jogam de acordo com as regras".[257] Além disso, essa complementaridade também é generificada. As mulheres negras são os amortecedores da crise social criada pelo estado penal: o encarceramento de homens negros aumenta profundamente o fardo imposto às mulheres negras, que são forçadas a buscar mais trabalhos, assalariados ou não (como os de cuidado), a criar sozinhas seus filhos, e que são punidas pelo estado quando seus maridos ou parentes são condenados por determinados crimes (por exemplo, uma família não pode receber auxílio-moradia se alguém em casa tiver sido condenado por um crime relacionado a drogas). A reconfiguração do estado de bem-estar social sob o governo Clinton (que impôs regulações mais rígidas aos beneficiários da previdência) intensificou ainda mais a reação contra as mulheres negras e pobres. Nesse contexto, o estado de bem-estar social é o aparato usado para regular as mulheres negras e pobres que não estão sujeitas à regulação do estado penal, o qual é dirigido principalmente aos homens negros – embora seja importante notar que a feminização da pobreza e a virada punitiva na política de crimes não violentos levou a um aumento de 400% na população carcerária feminina

256. N.T.: O termo "rainha do bem-estar" [Welfare Queen], popularizado por Ronald Reagan em sua campanha presidencial de 1976, referia-se, de forma pejorativa, a mulheres que supostamente recebiam pagamentos "excessivos" da proteção social por meio de algum tipo de fraude. O termo, que serviu para generalizar uma situação que não era amplamente verdadeira, acabou cunhando o estigma de preguiçosas, fraudulentas e criminosas sobre as mães solteiras negras, principais solicitantes dos auxílios.

257. Loïc Wacquant, "Deadly Symbiosis", p. 120.

entre 1980 e o final dos anos 1990.[258] Os padrões racistas do encarceramento e a agressão às pessoas pobres das áreas urbanas não são vistos como uma forma da violência racista do estado porque, aos olhos da população, os presidiários (junto com suas famílias e pessoas próximas) merecem tal tratamento. A política da inocência fomenta diretamente a cultura da difamação, mesmo quando ela é usada por organizações de direitos civis.

Espaço branco

> *[P]rogramas de TV sobre o crime frequentemente apresentam uma visão das prisões e dos guetos urbanos como "universos paralelos", onde a ordem social é drasticamente diferente e as conexões entre as estruturas sociais e a produção desses ambientes são convenientemente ignoradas. Embora sejam instituições públicas, as prisões, em particular, são removidas da experiência cotidiana dos Estados Unidos.*
>
> — Jessi Lee Jackson e Erica R. Meiners[259]

A paisagem urbana está organizada de acordo com uma política espacial de segurança. Corpos que despertam sentimentos de medo, nojo, raiva, culpa ou mesmo desconforto devem ser descartados e direcionados à remoção, a fim de garantir uma sensação de segurança aos brancos. Em outras palavras, o espaço que os brancos ocupam deve estar *limpo*. A visibilidade de corpos negros pobres (bem como de outras pessoas de cor, pessoas trans, pessoas em situação de rua, pessoas com deficiência e assim por diante) induz inquietação e, portanto, esses corpos devem ser contidos, controlados e removidos. As prisões e os guetos urbanos evitam que o

258. Ver Cassandra Shaylor, "'It's Like Living in a Black Hole': Women of Color and Solitary Confinement in the Prison Industrial Complex", *New England Journal on Criminal and Civil Confinement*, vol. 24, n. 2, 1998.

259. "Fear and Loathing: Public Feelings in Antiprison Work", *WSQ: Women's Studies Quarterly*, vol. 39, n. 1, 2011, p. 270-90.

espaço branco se contamine com corpos pretos e marrons pobres. Historicamente, os apelos à segurança sexual das mulheres permitiram a expansão da polícia e dos regimes penitenciários, ao mesmo tempo que evocaram a imagem racista do estuprador negro. Com a ascensão do movimento de libertação das mulheres na década de 1970, aumentou a atenção pública à violência sexual. Manuais e aulas de autodefesa, assim como marchas e manifestações da organização *Take Back the Night*[260], rapidamente se espalharam por todo o país. As décadas de 1970 e 1980 viram um aumento nas campanhas públicas direcionadas às mulheres das áreas urbanas, que alertavam para o perigo de aparecerem sozinhas em espaços públicos. O esquadrão do estupro da cidade de Nova York declarou que "as mulheres deveriam evitar ficar sozinhas em qualquer parte da cidade, a qualquer hora".[261] No *Rational Woman's Guide to Self-Defense* [Guia racional para a autodefesa da mulher] (1975), foi dito às mulheres que "uma dose de paranoia é realmente bom para todas."[262]

Ao mesmo tempo que o estado se afirmava como o protetor das mulheres (brancas), os Estados Unidos assistiram à expansão massiva das prisões e à criminalização da negritude. Pode-se dizer que o estado e a mídia aproveitaram, de forma oportunista, a energia do movimento feminista e se apropriaram de sua retórica para estabelecer o estado penal racializado enquanto controlavam, simultaneamente, o movimento das mulheres (promovendo a ideia de que o espaço público era inerentemente ameaçador a elas). Nesse sentido, o frenesi da mídia em torno da segurança das mulheres foi uma reação que buscou discipliná-las, reverter as vitórias obtidas pelo movimento feminista e promover a ideia de que, como escreveu Georgina Hickey, "as mulheres eram as únicas

260. N.E.: A organização *Take Back the Night* (TBTN) realiza ainda hoje, nos Estados Unidos e em diversos países, suas marchas e eventos homônimos em que abordam as diferentes formas de violência contra as mulheres.

261. Citado por Georgina Hickey em "From Civility to Self-Defense: Modern Advice to Women on the Privileges and Dangers of Public Space", *WSQ: Women's Studies Quarterly*, vol. 39, n. 1, 2011, p. 86.

262. Mary Conroy, *The Rational Woman's Guide to Self-Defense*. Nova York: Grosset & Dunlap, 1975, p. 8.

responsáveis pelo que lhes acontecesse no espaço público."[263] Em *In an Abusive State: How Neoliberalism Appropriated the Feminist Movement Against Sexual Violence* [Em um estado abusivo: como o neoliberalismo se apropriou do movimento feminista contra a violência sexual], Kristin Bumiller argumenta que o movimento feminista foi, na verdade, "um parceiro no crescimento exponencial da sociedade criminalizada". Ao insistir em "acusações e ativismo contra crimes sexuais graves", as feministas teriam auxiliado na criação de um modelo de policiamento e punição que adotou uma posição dura contra o crime.[264]

Independentemente de como se avalia a questão da colaboração das feministas com o estado, o alinhamento do encarceramento racializado com a proliferação de campanhas que alertavam as mulheres sobre os perigos de estupradores à espreita nas ruas não foi uma coincidência. Se a segurança das mulheres fosse uma preocupação genuína, as campanhas "feministas" não teriam se concentrado nos estupros anônimos ocorridos nos espaços públicos, já que estatisticamente é mais comum que uma mulher seja estuprada por alguém que ela conheça. Em vez disso, a segurança das mulheres forneceu um pretexto conveniente à escalada do estado penal, que foi usado na regulação e no descarte de certas populações excedentes. Para Wacquant, esse novo regime de controle social racializado tornou-se necessário após a crise dos guetos urbanos (provocada pela perda maciça de empregos e de recursos decorrentes da desindustrialização) e após a ameaça iminente dos movimentos radicais negros.[265] A enxurrada de levantes que ocorreu nos guetos negros entre 1963 e 1968, e principalmente após o assassinato de Martin Luther King em 1968, foi seguida por uma onda de revoltas prisionais (incluindo as prisões de Attica, Soledad, San Quentin e instalações em Michigan, Tennessee, Oklahoma, Illinois, West Virginia e Pensilvânia). Essas revoltas foram mais

263. Georgina Hickey, "From Civility to Self-Defense", p. 86.

264. Kristin Bumiller, *In an Abusive State: How Neoliberalism Appropriated the Feminist Movement Against Sexual Violence*. Durham: Duke University Press, 2009, p. xii.

265. Loïc Wacquant, "Deadly Symbiosis".

fáceis de conter e proteger dos olhos da população, já que estavam encobertas e abafadas pelas paredes da penitenciária.

A engenharia e a gestão do espaço urbano também demarcam os limites de nossa imaginação política ao determinar quais narrativas e experiências podem ser pensáveis. A construção midiática das prisões e dos guetos urbanos enquanto "universos paralelos" os caracterizam como zonas cinzentas, lugares distantes, fora da experiência cotidiana dos brancos. As reservas indígenas estadunidenses são outro exemplo de zonas "vazias" que os brancos só podem acessar por meio da fantasia das representações feitas pela mídia. O que acontece nessas zonas de abjeção e vulnerabilidade não costuma ficar registrado no imaginário branco. Para que uma "injustiça" seja registrada, ela deverá ser traduzida em termos mais compreensíveis.

Ao considerar as respostas da população aos casos de Oscar Grant e Trayvon Martin, é importante ter em mente que esses assassinatos ocorreram em espaços acessíveis ao imaginário dos brancos, o que lhes permitiu criar uma narrativa dos incidentes nos termos que lhes são familiares. Martin foi executado a tiros enquanto visitava parentes em um condomínio fechado; Grant foi assassinado pelo policial Johannes Mehserle na estação Fruitvale BART em Oakland. Esses espaços não são "universos paralelos" ou zonas vazias que residem fora da experiência e compreensão das pessoas brancas de classe média. Em que medida a atenção que esses casos têm recebido pode ser atribuída à invasão da violência nos espaços que os brancos ocupam? Como a população responde aos casos de violência racializada que ocorrem fora das zonas de conforto brancas? Ao descrever a espacialização das colônias, Frantz Fanon escreve sobre "uma zona de não ser, uma região extraordinariamente estéril e árida", onde "o negro não é um homem".[266] Nas regiões em que o negro não é um "homem", não há história a ser contada. Ou melhor, não existem sujeitos considerados dignos de uma história própria.

---

266. Frantz Fanon, *Pele negra, máscaras brancas*. Tradução de Sebastião Nascimento. São Paulo: Ubu, 2020, p. 22.

Tradução

Quando um caso de violência racista ocorre em território branco, como os de Trayvon Martin e Oscar Grant, ainda há o problema da *tradução*. Eu argumento que a política da inocência torna tal violência compreensível *apenas se a pessoa for capaz de ver a si mesma naquela posição*. Isso geralmente requer o enxerto de uma narrativa branca (apresentada como uma perspectiva neutra e universal) nos incidentes que conflitam com essa narrativa. Fiquei perplexa quando uma convocação para um protesto por Trayvon Martin, postada no *site Occupy Baltimore*, disse o seguinte: "O caso de Trayvon Martin é um símbolo da guerra contra a juventude em geral e da desvalorização dos jovens em todos os lugares." (Parece bastante improvável que George Zimmerman estivesse pensando: *tenho que atirar naquele garoto porque ele é jovem!*) Não há nenhuma menção à raça ou à antinegritude nessa declaração; raça, aqui, foi traduzida como *jovens*, uma condição que os brancos podem acessar com a imaginação. Na manifestação, os oradores disseram que o caso de "Trayvon Martin não é uma questão racial. É um problema de 99%!" Como Saidiya Hartman afirma em uma conversa com Frank Wilderson, "o outro precisa ser assimilado, ou seja, nesse caso, completamente afastado e apagado".[267]

No final de 2011, após Mark Duggan, um homem negro, ser assassinado pela polícia, explodiram revoltas em Londres e no Reino Unido. Muitos liberais e pessoas de esquerda foram incapazes de lidar com as manifestações indisciplinadas de raiva entre grupos de pessoas de cor pobres e desempregadas, e se recusaram a apoiar atos impulsivos que consideravam desordenados e delinquentes. Até mesmo gente de esquerda caiu na armadilha de enquadrar o estado e os proprietários (incluindo os proprietários de pequenos negócios) como vítimas, ao mesmo tempo que criticava os manifestantes por serem politicamente incoerentes e oportunistas. Slavoj Žižek, por exemplo, em um artigo cinicamente intitulado

267. Saidiya V. Hartman e Frank B. Wilderson, "The Position of the Unthought", p. 189.

"*Shoplifters of the World Unite*" [Ladrões de loja do mundo, uni--vos], repudiou os levantes referindo-se a eles como uma "explosão sem meta ou significado". Uma esquerda bem-intencionada que se sentiu obrigada a apoiar as revoltas o fez, muitas vezes, impondo à erupção amorfa uma narrativa de coerência e consciência política, não raro ressignificando os participantes como "o proletariado" ou como consumidores insatisfeitos cujos atos de roubo e saque teriam lançado luz sobre a ideologia capitalista.[268] Em vez de integrar em suas análises os elementos antissociais e indisciplinados das revoltas, essa esquerda foi rápida em rearticulá-los e expurgá-los, insistindo em interpretar o sujeito-agitador como, para usar uma frase de Gayatri Chakravorty Spivak, "uma consciência deliberada soberana".[269]

Após as revoltas em Los Angeles em 1992,[270] os comentaristas de esquerda – como uma forma de destacar a natureza política das ações das pessoas – muitas vezes optaram por definir o evento como uma *rebelião* em vez de uma *revolta*. Esta tentativa de reenquadrar o discurso público nasce com "boas intenções" (o desejo de combater o retrato que a mídia conservadora faz das revoltas como "pura criminalidade"), mas também reflete o impulso de conter, consolidar, apropriar e acomodar eventos que não se

268. Zygmunt Bauman descreveu os agitadores como "consumidores defeituosos e não qualificados". Žižek escreveu que "eles eram uma manifestação de um desejo consumista violentamente executado quando incapaz de se realizar da maneira 'adequada' – fazendo compras. Nessa medida, eles também contêm um momento de protesto genuíno, sob a forma de uma resposta irônica à ideologia do consumo: 'Você nos pede para consumir e, ao mesmo tempo, nos priva dos meios de fazê-lo adequadamente – então aqui estamos nós, consumindo da única maneira que podemos!' As revoltas são uma demonstração da força material da ideologia – tanto mais, talvez, para os tempos da 'sociedade pós-ideológica'. De um ponto de vista revolucionário, o problema das revoltas não está na violência em si, mas no fato de a violência não ser verdadeiramente autoafirmativa."

269. Gayatri Chakravorty Spivak, *The Post-Colonial Critic: Interviews, Strategies, Dialogues*. Nova York: Routledge, 1990, p. 109.

270. Revoltas eclodiram em Los Angeles em 29 de abril de 1992, depois que três policiais brancos e um latino do Departamento de Polícia da cidade foram absolvidos por espancar Rodney King (um homem negro) após uma perseguição em alta velocidade.

encaixam em modelos políticos baseados nas tradições euroamericanas brancas. Quando a grande mídia retrata as perturbações sociais como apolíticas, criminosas e desprovidas de significado, a esquerda costuma responder descrevendo-as como *politicamente fundamentadas*. Aqui, a confluência de tendências políticas e antissociais em uma revolta/rebelião não é reconhecida nem aceita. Certamente, alguns dos que participaram das revoltas em Londres estavam armados com análises precisas da violência estrutural e mensagens explicitamente políticas – os manifestantes não eram homogêneos, política ou demograficamente. No entanto, radicais simpáticos tendem a privilegiar as vozes daqueles que têm formação e são politicamente astutos, ao invés dar ouvidos aos que sabem visceralmente que o sistema os condenou e agem sem antes buscar aprovação moral. Algumas pessoas de esquerda e radicais relutaram em apoiar os elementos puramente disruptivos como, por exemplo, os expressos por uma mulher de Hackney, Londres, que disse: "Não estamos nos reunindo por uma causa, estamos zerando a Foot Locker"[271] – ou a excitação politicamente "irracional" de duas garotas paradas pela BBC enquanto bebiam um vinho saqueado. Quando questionadas sobre o que estavam fazendo, elas falaram da "loucura" alucinante daquilo tudo, da "boa farra" que estavam tendo, e disseram que estavam mostrando à polícia e aos ricos que "podemos fazer o que queremos".[272] Traduzir as revoltas em termos moralmente palatáveis é outra manifestação do apelo à inocência – agitadores, saqueadores, criminosos, ladrões e baderneiros não são as vítimas adequadas, não sendo, portanto, os atores políticos legítimos. A vitimização moralmente elevada tornou-se a pré-condição necessária para determinar quais queixas estamos dispostos a reconhecer e autorizar.

Dito isso, minha relutância em encaixar a raiva negra no ideário branco não é uma afirmação da viabilidade política de uma pura política da recusa. Anarquistas, esquerdistas radicais, pós-marxistas

---

271. Zoe Williams, "The UK Riots: The Psychology of Looting", *The Guardian*, 9 de agosto de 2011.

272. "London Rioters: 'Showing the Rich We Do What We Want'", *BBC News*, 9 de agosto de 2011.

e insurgentes brancos que aderem e fetichizam a posição de não ser "a favor de nada e estar contra tudo" também estão ansiosos para se apropriar de eventos como os da revolta de 2011 em Londres para suas próprias (não) agendas. Eles insistem em uma análise focada na crise do capitalismo, que relativiza a antinegritude e ignora formas de violência gratuita que não podem ser atribuídas apenas às forças econômicas. Tal como os discursos liberais contemporâneos, as interpretações pós-esquerdistas e antissociais geram narrativas políticas estruturadas por pressupostos brancos, que delimitam quais questões são colocadas e quais categorias são as mais úteis analiticamente. Por exemplo, o grupo francês de esquerda radical Tiqqun explora as maneiras pelas quais os sujeitos estão enredados no poder por meio de suas identidades, mas tende a se concentrar em formas de poder que operam por *um investimento na vida* (às vezes chamado de "biopolítica"), em vez de se concentrar, como Achille Mbembe escreve, "no poder e na capacidade de decidir quem pode viver e quem deve morrer" (o que às vezes é chamado de "necropolítica").[273] Esse pensamento é decididamente branco, pois afirma que o poder *não* é determinado por relações diretas de força ou violência, e que o capitalismo se reproduz induzindo-nos a produzir a nós mesmos, a expressar nossas identidades por meio de escolhas de consumo e a basear nossa política na afirmação de nossas identidades marginalizadas. A estudiosa feminista negra Joy James rejeita essa conceitualização de poder produtiva e que valoriza a vida. Respondendo à afirmação de Foucault de que "a rede carcerária não lança o elemento

273. A biopolítica e a necropolítica não são mutuamente excludentes. Embora as duas formas de poder coexistam e constituam uma a outra, a necropolítica "regula a vida sob a perspectiva da morte, transformando a vida numa mera existência abaixo do seu mínimo" (Marina Grzinic). Escrevendo sobre a conceitualização de necropoder de Mbembe, Grzinic observa que o necropoder requer a "destruição máxima de pessoas e a criação de 'mundos de morte' que são formas únicas da existência social nas quais vastas populações estão submetidas a condições de vida que lhes conferem o estatuto de 'mortos-vivos'". Embora Mbembe se concentre sobretudo na África, outros exemplos dessas paisagens mortais podem incluir prisões, Nova Orleans na esteira do furacão Katrina, a Palestina e assim por diante. Ver Achille Mbembe, *Necropolítica* (São Paulo: N-1 Edições, 2018).

inassimilável num inferno confuso, ela não tem lado de fora. [...] Economiza tudo, inclusive o que sanciona"[274], James escreve:

> A rede carcerária dos Estados Unidos mata. Porém, em suas prisões, mata mais pessoas negras do que de qualquer outro grupo étnico. As prisões estadunidenses constituem um "fora" da vida política dos Estados Unidos. [...] Foucault se cala perante a vulnerabilidade do prisioneiro aos espancamentos policiais, estupros, tratamentos de choque e ao corredor da morte. O encarceramento e as execuções penais são os procedimentos do estado para o descarte do inassimilável em um inferno externo de não existência. Nem tudo se economiza, nem todos são salvos.[275]

Como James afirma, as concepções que enxergam o poder como puramente generativo e disperso eclipsam completamente as realidades do policiamento, a militarização do sistema carcerário, o terrorismo exercido sobre as pessoas de cor, a violência institucional do estado de bem-estar social e do estado penal e a morte social de pessoas negras e marrons. Enquanto as prisões certamente "produzem" a raça, uma configuração generativa de poder que minimiza as relações diretas de força só pode ser teorizada a partir do lugar do sujeito branco.

Entre as tendências da esquerda radical, especialmente a teoria da comunização vai olhar para além da relação salarial em uma tentativa de compreender a dinâmica do capitalismo tardio. Escrevendo sobre o grupo Théorie Communiste [Teoria Comunista – TC], Maya Andrea Gonzalez observa que o "TC se concentra *na reprodução da relação capital-trabalho*, ao invés de na *produção do valor*. Essa mudança de foco permite que ele traga para seu escopo o conjunto de relações que realmente constroem a vida social capitalista

274. Michel Foucault, *Vigiar e Punir*, p. 249.

275. Joy James, *Resisting State Violence: Radicalism, Gender, and Race in U.S. Culture*. Minneapolis: University of Minnesota, 1996, p. 34.

– para além das paredes da fábrica ou do escritório."[276] No entanto, se essa "mudança de foco" pode lançar luz sobre as relações que constituem a *vida social* fora do local de trabalho, ela não faz o mesmo com a morte social, pois as relações definidas pela morte social não são redutíveis à relação capital-trabalho.

Em vez de reduzir a raça à classe, o pensador afropessimista Frank Wilderson chama nossa atenção para a diferença entre ser explorado sob o capitalismo (enquanto trabalhador) e ser rotulado como descartável ou supérfluo para o capitalismo (como o escravo, o prisioneiro). Ele escreve: "A ausência da subjetividade negra no centro do discurso radical é sintomática de uma incapacidade de lidar com a possibilidade de que o sujeito genitor do capitalismo (o corpo negro dos séculos XV e XVI) e o sujeito genitor que resolve a última crise de superacumulação do capital (o corpo negro (encarcerado) dos séculos XX e XXI) não assumam as formas das categorias básicas que estruturam o conflito dentro da sociedade civil: as categorias de trabalho e exploração".[277] O sociólogo cultural Orlando Patterson também insiste em compreender a escravidão nos termos da morte social, e não nos termos do trabalho ou exploração.[278] O trabalho forçado, segundo esses pensadores, sem dúvida faz parte da experiência do escravizado, mas não é o que define a *relação da escravidão*.[279] A exploração econômica não explica

276. Maya Andrea Gonzalez, "Communization and the Abolition of Gender". Em Benjamin Noys (ed.), *Communization and Its Discontents: Contestation, Critique, and Contemporary Struggles*. Nova York: Minor Compositions & Autonomedia, 2011, p. 224.

277. Frank B. Wilderson, "The Prison Slave as Hegemony's (Silent) Scandal", *Social Justice: A Journal of Crime, Conflict & World Order*, vol. 30, n. 2, 2003, p. 22.

278. Orlando Patterson, *Slavery and Social Death: A Comparative Study*. Cambridge: Harvard University Press, 1982.

279. Essa visão paradigmática e decididamente pessimista sobre a raça foi investigada recentemente, principalmente no livro *Race Defaced*, de Rodolfo Torres e Christopher Kyriakides. Baseando-se em exemplos dos Estados Unidos e da Grã-Bretanha, *Race Defaced* critica sistematicamente as doutrinas raciais "pessimistas", de esquerda e de direita, que tornam o projeto de emancipação humana impossível quando afirmam que o pensamento racializado é intrínseco à moderna ordem mundial capitalista. Segundo Kyriakides

o fenômeno do encarceramento racializado; uma análise do capitalismo que não aborde a antinegritude – ou que a considere apenas como um subproduto do capitalismo – é deficiente.

Espaço seguro

A estratégia discursiva de apelo à segurança e à inocência também se dá no nível micro quando os radicais brancos manipulam a linguagem do "espaço seguro" para manter seu poder em espaços de ativismo. Eles fazem isso ao silenciar as críticas de pessoas de cor sob o pretexto de que essas críticas os fazem sentir "inseguros".[280] Esse uso da linguagem do espaço seguro funde desconforto e perigo iminente real. A frase "não me sinto segurx" é facilmente manipulável porque coloca a situação nos termos dos *sentimentos pessoais* de quem fala, tornando difícil responder a ela criticamente (mesmo quando a pessoa é, digamos, racista), já que isso fere sua sensação pessoal de segurança. As conversas muitas vezes travam quando as pessoas politizam seus sentimentos de desconforto usando a linguagem do espaço seguro. O exemplo mais marcante que me vem à mente é o de quando uma mulher do *Occupy Baltimore* manipulou a linguagem feminista para defender a polícia depois que um dos "ocupantes" chamou policiais para lidar com um morador de rua. Quando os policiais chegaram ao local ocupado, eles foram verbalmente confrontados por um grupo de manifestantes. Durante o confronto, a mulher fez um esforço para amenizar a situação, colocando-se entre a polícia e os manifestantes e dizendo aos que estavam irritados com os policiais que não havia justificativa para excluir a polícia. No *Baltimore City*

---

e Torres, as doutrinas raciais pessimistas, como as que psicologizam o racismo e naturalizam o ódio, são politicamente insustentáveis. Ver *Race Defaced: Paradigms of Pessimism, Politics of Possibility* (Stanford: Stanford University Press, 2012).

280. Essa tática também é usada para silenciar e deslegitimar outras pessoas, como mulheres que falam muito alto ou pessoas *queer* que se envolvem em ações ilegais.

Paper, ela foi citada dizendo: "achei que eles estavam violando o espaço da polícia."[281]

A invocação da proteção e segurança pessoal pesa sobre nossos registros afetivos e emocionais[282] e pode, portanto, ser manipulada para justificar tudo, desde a discriminação racial à guerra. Quando as pessoas usam a linguagem do espaço seguro para falar às outras nos espaços de ativismo, aquela que tem a palavra é entendida como inocente e pode até amplificar ou politizar sua suposta inocência. Depois que a mulher do *Occupy Baltimore* saiu de lá como uma sobrevivente da violência e disse que estava traumatizada por terem gritado com ela *enquanto defendia os policiais*, muitas pessoas relutaram em tomar uma posição crítica em relação às suas ações e comentários abertamente classistas, pró-polícia e aporofóbicos, que incluíam afirmações como: "Há tantos mendigos bêbados por lá – sofrendo da horrível doença do vício –, o que me importa se eles estão lá ou não? Prefiro vê-los sendo tratados – é claro –, mas onde eles caem desmaiados é irrelevante pra mim."[283]

Sobreviver à violência generificada não torna a sobrevivente incapaz de perpetuar outras formas de violência. Da mesma forma, as pessoas acabam também mobilizando suas experiências com o racismo, a transfobia ou o classismo para se purificar. Quando elas se identificam com sua vitimização, é importante considerar criticamente se usam esse gesto como uma manobra tática para se construírem como inocentes e exercerem poder num determinado

281. Edward Ericson, "Occupy Baltimore Makes Up a Movement as It Goes Along", *City Paper*, 12 de outubro de 2011.

282. Em "Fear and Loathing", Jessi Lee Jackson e Erica R. Meiners oferecem a seguinte definição de afeto: "O afeto é a resposta do corpo ao mundo – amorfa, externa à consciência, não direcional, indefinida, cheia de possibilidades. Nessa concepção, o afeto é distinto da emoção, que é, por sua vez, entendida como o produto do afeto que se organiza em expressões pessoais de sentimento, moldadas por convenções sociais." O afeto é útil para pensar na maneira como "o criminoso" e "o terrorista" são vinculados a certos corpos racializados e como as pessoas respondem visceralmente à presença desses corpos, mesmo quando rejeitam conscientemente o racismo. Ver "Fear and Loathing", p. 272.

283. Esses comentários foram postados no artigo "Occupy Baltimore", no jornal *City Paper*.

espaço social. *Isso não significa deslegitimar as reivindicações feitas pelas sobreviventes*, mas sim rejeitar o conjunto de ideias ligado à inocência, examinar cada situação de perto e estar ciente dos múltiplos embates de poder que estão em jogo nos diferentes conflitos.

Do outro lado desse debate sobre segurança está a crítica radical *queer* dos modelos de "espaço seguro". Em um comunicado do Copenhagen Queer Festival, intitulado "Não haverá espaços seguros este ano", os organizadores do festival explicaram a decisão de remover as diretrizes dos espaços seguros do festival, oferecendo em seu lugar um apelo à "responsabilidade e à reflexão individual".[284] Eu vejo essa rejeição das formas coletivas de organização – e a relutância em pensar para além do indivíduo enquanto a unidade política fundamental – como parte de uma mudança histórica que vai da libertação *queer* para a performatividade *queer*, e que coincide com o advento do neoliberalismo e do estilo "cuide de si mesmx" de "política" da escolha.[285] Ao reagir contra o fracasso do

284. "No Safer Spaces 2011", *Politics – Cph Queer festival*, 2011. http://www.queerfestival.org/politics.html.

285. Os pós-esquerdistas, talvez respondendo ao modo como estamos fragmentados e atomizados no capitalismo tardio, também rejeitam, inflexivelmente, um modelo coletivo de mobilização política. Em "Communization and the Abolition of Gender" [Comunização e abolição do gênero], Maya Andrea Gonzalez defende "a inauguração de relações entre indivíduos definidos por sua singularidade". Em "Theses on the terrible community: 3. AFFECTIVITY" [Teses sobre a comunidade terrível: 3. Afetividade], a ideia de que a "comunidade" humana é um agregado de singularidades semelhante a mônadas está mais elaborada: "A comunidade terrível é um aglomerado humano, não um grupo de camaradas. Os membros da comunidade terrível se encontram e se agregam mais por acidente do que por escolha. *Eles não acompanham uns aos outros,* não conhecem uns aos outros." Em que medida a ideia de que a (não) estratégia singularista (leia-se, individualista) ou rizomática é a única opção fortalece o individualismo liberal? Em *One Dimensional Woman* [A mulher unidimensional], Nina Power discute como a escolha individual, a flexibilização e a liberdade são usadas para atomizar e colocar os trabalhadores uns contra os outros. Sem deixar de reconhecer a dinâmica atual do trabalho assalariado, ela mostra como o uso do "indivíduo" enquanto a principal unidade política é incapaz de lidar com questões como a discriminação das mulheres grávidas no local de trabalho. Ela afirma que pensar sob a perspectiva do indivíduo não é capaz de resolver a exploração do trabalho de cuidado das mulheres porque a natureza individualizada

espaço seguro com suspeita em relação a uma política articulada/explícita e a todas as formas de coletividade, aqueles que rejeitam as tentativas de compensar os desequilíbrios de poder em um espaço acabam, em última análise, achatando essas questões e perdendo a oportunidade de fazer perguntas críticas sobre a distribuição de poder, vulnerabilidade e violência, questões sobre como e por que certas pessoas cooptam a linguagem e a infraestrutura destinadas a responder a dinâmicas internamente opressivas.

Por outro lado, como fanoniana, concordo que remover todos os elementos de risco e perigo reforça uma política de reformismo que muitas vezes reproduz a ordem social vigente. A militância é enfraquecida pela política de segurança. Quando as pessoas bloqueiam qualquer ação que envolve risco, alegando que isso as faz sentir inseguras, torna-se impossível desenvolver um programa político revolucionário. Ao usar a teoria do privilégio para argumentar que as pessoas brancas têm o privilégio de poder se envolver em ações arriscadas, as pessoas de cor – pelo fato de serem as mais vulneráveis (mais atingidas pela polícia e sem os recursos para escapar da prisão etc.) – fazem uma avaliação correta dos diferenciais de poder entre os atores políticos brancos e não brancos, mas, em última análise, apagam as pessoas de cor da história da luta militante ao associar falsamente militância com branquitude e privilégio. Quando a análise do privilégio se transforma em um programa político que afirma que os mais vulneráveis não devem assumir riscos, a única política adequada torna-se a do reformismo e do recuo, uma política que necessariamente se rende ao *status quo* enquanto apaga o legado *Black Power* [poder negro] de grupos como os

---

dessa forma de trabalho serve como uma barreira para desfazer o fardo colocado sobre elas, que são as principais responsáveis pelo cuidado dos filhos. Ela também discute como a transição de um feminismo libertário para um feminismo da escolha faz com que "qualquer responsabilização da sociedade pela maternidade ou movimento em direção à divisão igualitária das responsabilidades dos cuidados infantis seja imediatamente bloqueado." Ver "Communization and the Abolition of Gender" de Gonzalez, em Benjamin Noys (ed.), *Communization and Its Discontents: Contestation, Critique, and Contemporary Struggles* (Nova York: Minor Compositions/Autonomedia, 2011); e Nina Power, *One Dimensional Woman* (Winchester/Washington: Zero Books, 2009).

Panteras Negras e o Exército de Libertação Negra.[286] Para Fanon, é precisamente o elemento do risco que torna mais urgente a ação militante: a libertação só pode ser conquistada quando se arrisca a vida. A militância não é apenas uma necessidade tática; seu duplo objetivo é transformar as pessoas e encorajá-las a "modificar fundamentalmente" seu ser,[287] retirando-as da passividade e livrando-as das "atitudes contemplativas ou desesperadas" cristalizadas em seus corpos.[288]

A política de segurança prioriza o conforto pessoal, que, por sua vez, inibe a ação em grupos ou espaços baseados no consenso. Por exemplo, quando as pessoas no *Occupy Baltimore* confrontaram os agressores sexuais, eu testemunhei uma assembleia geral (AG) ficar tão atolada em procedimentos de consenso que a única decisão tomada sobre os agressores no local foi encenar uma apresentação de dez minutos sobre espaços mais seguros para a próxima AG. Ninguém no grupo quis banir os agressores do *Occupy*. (Como disse Stokely Carmichael, "o liberal tem medo de se indispor com qualquer pessoa e, por isso, é incapaz de apresentar qualquer alternativa clara.")[289] Priorizar o conforto pessoal pode paralisar a energia e o ímpeto dos corpos em movimento. A política da inocência

286. Em *Black Is a Country*, Nikhil Pal Singh dá às leitoras e leitores uma "visão de longo alcance" do Movimento dos Direitos Civis que se concentra especificamente na criação de esferas não públicas do radicalismo negro, as quais resistem a "formas institucionalizadas de pertencimento nacional" e se afastam "da igualdade simbólica consagrada pela cidadania" em prol de uma política emancipadora fundada na "insurgência popular e nos sonhos globais" (p. 220-21). Em sua discussão sobre o movimento *Black Power*, no capítulo "Decolonizing America" [Descolonizar a América], Singh afirma que os Panteras Negras "foram uma ameaça ao estado não apenas porque eram violentos, mas porque abusavam do princípio de realidade do próprio Estado." (204) Para Singh, o poder do uso da violência dos Panteras Negras era sobretudo retórico: eles se apropriaram simbolicamente do monopólio da violência do estado e revelaram que a violência é a "própria condição de existência" do estado.

287. Frantz Fanon, *Os condenados da terra*, p. 26.

288. Ibid., p. 74.

289. Stokely Carmichael, *Stokely Speaks: From Black Power to PanAfricanism*. Nova York: Random House, 1971, p. 170.

e a política da segurança e do conforto estão relacionadas, pois ambas as estratégias reforçam a passividade. Conforto e inocência se alimentam um ao outro quando as pessoas baseiam suas demandas por conforto na inocência de seu lugar ou posição de sujeito. Talvez nem seja preciso dizer que o sujeito não ocupa uma posição eticamente inata. Embora eu seja uma mulher de cor *queer*, minha existência enquanto alguém que vive nos Estados Unidos está construída sobre a violência. Como uma pessoa não encarcerada, minha "liberdade" só é compreendida em contraposição ao cativeiro de pessoas como meu irmão, que cumpre uma pena de quarenta anos de prisão. Quando consideramos a segurança, às vezes deixamos de lado perguntas críticas sobre a relação coconstitutiva entre segurança e violência. Precisamos nos perguntar até que ponto a violência racial não é o lado implícito e necessário da segurança, especialmente da segurança das pessoas brancas. A segurança requer a contenção e a remoção de pessoas consideradas como ameaça. A sociedade civil branca promove um investimento psíquico no apagamento e na abjeção dos corpos sobre os quais projetam sentimentos hostis, permitindo-lhe ter paz de espírito em meio ao estado de violência perpétua.

A precária formação dos Estados Unidos exigiu o desaparecimento de sua população nativa, o que foi justificado pela associação do corpo indígena à sujeira. Andrea Smith diz que: "Essa 'ausência' é produzida pela transformação metafórica dos corpos indígenas em poluição da qual o corpo colonial deve se purificar constantemente".[290] As bases violentas da liberdade estadunidense e da segurança dos brancos passam, muitas vezes, despercebidas por aqueles que vivem em relativa segurança. Isso acontece porque suas vidas estão mediadas por elementos que tornaram essa violência invisível. Ou ainda porque, quando visível, essa violência pode ser considerada legítima e, assim, não ser registrada como violência (tal como a violência perpetrada pela polícia e pelas prisões). As conexões entre nossas vidas e a atmosfera generalizada de violência estão submersas em uma complexa rede de instituições, estruturas

290. Andrea Smith, *Conquest: Sexual Violence and American Indian Genocide*. Cambridge: South End Press, 2005.

e relações econômicas que legalizam, normalizam, legitimam e – acima de tudo – se constituem pela repetição dessa violência.

Abjeção e violência sexual

Quando a inocência é usada para selecionar os sujeitos adequados para uma identificação empática, ela também regula a capacidade que as pessoas têm de responder a outras formas de violência, como o estupro e a violência sexual. Quando uma mulher é estuprada, seu passado sexual é inevitavelmente usado contra ela, e a castidade serve como um medidor da validade de suas reivindicações. Mulheres "promíscuas", profissionais do sexo, mulheres negras, mulheres em situação de rua e pessoas viciadas em drogas não são vistas como vítimas legítimas de estupro – seu caráter moral é sempre questionado (já que elas estão sempre *pedindo por isso*). No sul da Califórnia, durante as décadas de 1980 e 1990, os policiais solicitavam o arquivamento de todas as investigações de queixas relacionadas a estupro e violência feitas por profissionais do sexo, membros de gangues e viciados em drogas, colocando-as em um arquivo com o carimbo "NHE": *Nenhum Humano Envolvido*.[291] Essa prática policial chama a atenção para o fato de que o estupro também é simultaneamente *não* estupro na medida em que *o estupro de uma pessoa que não é considerada humana não é registrado como tal*. Somente as pessoas consideradas "humanas" podem ser estupradas. O estupro é convencionalmente definido[292] como uma "relação sexual" sem "consentimento", e o consentimento requer

291. Ver Amy Scholder (ed.), *Critical Condition: Women on the Edge of Violence* (San Francisco: City Lights Books, 1993) e o ensaio de Elizabeth Sisco "NHI — No Humans Involved", apresentado no simpósio "Critical Condition – Women on the edge of violence", San Francisco, 1993.

292. O *New Oxford American Dictionary* dá uma definição peculiar: "crime, cometido por um homem, de forçar outra pessoa a ter relações sexuais com ele sem seu consentimento e contra sua vontade, especialmente pela ameaça ou uso de violência contra a vítima." Até que ponto essa definição normaliza a violência masculina ao definir o estupro como inerentemente masculino?

a participação de sujeitos em posse de uma individualidade plena. *As pessoas que não são consideradas humanas não podem dar consentimento.* O que quer dizer que não existe o reconhecimento de uma posição de sujeito a partir da qual elas possam expressar seus desejos.[293] Isso não quer dizer que os corpos construídos como estupráveis não possam expressar consentimento ou recusar o envolvimento em atividades sexuais – mas que suas demandas serão incompreensíveis porque são feitas de fora de uma feminilidade branca adequada.

Mulheres de cor são vistas como sexualmente desinibidas por natureza e, portanto, incapazes de acessar a *pureza* sexual no núcleo da feminilidade branca. Como Smith escreve em *Conquest: Sexual Violence and American Indian Genocide* [Conquista: violência sexual e genocídio indígena nos Estados Unidos], mulheres indígenas estadunidenses estão mais propensas ao estupro do que qualquer outro grupo de mulheres, mas a mídia e os tribunais tendem a prestar atenção apenas aos casos que envolvem o estupro de uma mulher branca por uma pessoa de cor.[294] Mulheres imigrantes sem documentos estão vulneráveis à violência sexual – não apenas porque não podem deixar ou denunciar parceiros abusivos devido ao risco de deportação, mas também porque a polícia, e os oficiais que patrulham as fronteiras, rotineiramente as estupram e agridem como forma de manipular a posição de poder que exercem sobre elas, fazendo uso da ameaça de deportação para submetê-las e silenciá-las. As mulheres negras também são sistematicamente ignoradas

293. Até que ponto a individualidade é uma pré-condição para a capacidade de dizer "não" e de ser ouvido? Como a própria individualidade é racializada? O trabalho de Dwight A. McBride sobre o testemunho de escravos examina a "impossibilidade" de eles "falarem sobre si mesmos enquanto indivíduos". McBride prossegue afirmando que a racialização funciona de forma semelhante em nossa sociedade: "Essa lógica vai longe para explicar por que os corpos brancos podem significar individualidade e por que os corpos negros – com seu acesso limitado à categoria de indivíduo – quase sempre significam corpos representativos. Experiências individuais dos escravos de horror, tortura e mutilação dos corpos não são em si significativas." Ver *Impossible Witnesses: Truth, Abolitionism, and Slave Testimony* (New York: New York University Press, 2001, p. 10-11).

294. Andrea Smith, *Conquest: Sexual Violence and American Indian Genocide.*

pela mídia e pelo sistema de justiça criminal. De acordo com a advogada e defensora dos direitos civis Kimberlé Crenshaw, "é menos provável que as mulheres negras denunciem os estupros que sofreram, que seus casos cheguem a julgamento, que seus julgamentos resultem em condenações e, o mais perturbador, é menos provável também que procurem aconselhamento e outros serviços de apoio."[295] As mulheres negras têm menos probabilidade de denunciar seus estupros porque o ato de buscar ajuda da polícia geralmente sai pela culatra: mulheres pobres de cor que chamam a polícia durante confrontos domésticos correm o risco de perder a custódia de seus filhos, de ser presas ou de sofrer violência sexual dos policiais. Dado que a infraestrutura que existe para apoiar as sobreviventes (amparo psicológico, abrigos e assim por diante) muitas vezes atende mulheres brancas e negligencia as comunidades de cor pobres, não surpreende que as mulheres de cor estejam menos propensas a fazer uso dos recursos para as sobreviventes. No entanto – ao observar a negligência generalizada da polícia, do sistema legal e das instituições sociais frente às populações mais vulneráveis –, é importante criticar a suposição de que o problema principal é a "negligência", pois essa suposição parte do princípio de que esses aparatos são neutros, que seu papel é proteger as pessoas oprimidas e que estariam apenas fazendo um mau trabalho. Mas, ao contrário, seu propósito é manter a ordem social e proteger os interesses proprietários dos brancos. Se essas instituições são elas próprias violentas, ampliar sua jurisdição não ajudará aquelas e aqueles que querem acabar com a ordem da supremacia branca, especialmente enquanto o racismo e o patriarcado perdurarem.

Em última análise, nossos apelos à inocência demarcam quais pessoas podem ser mortas e estupradas, mesmo que estejamos usando estrategicamente esses apelos para protestar contra a violência cometida sobre uma ou um de nossos camaradas. Quando desafiamos a violência sexual com apelos à inocência, montamos uma armadilha para nós mesmas, reforçando a suposição de que

295. Kimberle Crenshaw, "Mapping the Margins: Intersectionality, Identity Politics, and Violence Against Women of Color". *Stanford Law Review*, vol. 43, n. 6, 1991, p. 1251.

os corpos das mulheres cis brancas são os únicos que não podem ser violados porque apenas a feminilidade branca é sagrada.[296] Como Kimberlé Crenshaw escreve: "A antiga ênfase da lei do estupro no aspecto proprietário da castidade das mulheres resultou em menos preocupação com as vítimas de estupro cuja castidade havia sido de alguma forma desvalorizada".[297] Uma vez que "perde" sua castidade, a mulher não a "possui" mais e, portanto, essa castidade não pode ser "roubada". No entanto, a associação das mulheres de cor com a depravação sexual impede que elas possuam a castidade "valorizada".[298]

---

296. Porque a sexualidade das mulheres brancas deriva seu valor de sua capacidade de se diferenciar da sexualidade "desviante", tal como a sexualidade das mulheres de cor.

297. Kimberlé Crenshaw, "Mapping the Margins", p. 1266.

298. As primeiras leis do estupro enfocavam aspectos da "propriedade" da sexualidade das mulheres que as feministas liberais estão hoje tentando reivindicar. Feministas liberais articulam os debates sobre saúde da mulher, aborto e estupro em torno da noção dos *corpos femininos como propriedade*. No entanto, usar a autopropriedade corporal para fazer nossas reivindicações é contraproducente, pois certos corpos são mais valorizados do que outros. Feministas liberais também ecoam argumentos do livre mercado quando exigem que o estado não intervenha nos assuntos relacionados à nossa propriedade privada (nossos corpos), porque, como *proprietárias*, devemos ser livres para fazer o que quisermos com as coisas que possuímos. A fim de sermos donas de nossos corpos, primeiro temos de transformá-los em propriedade – em mercadoria –, que é uma conceitualização de nossa corporeidade que torna nossos corpos, antes de tudo, sujeitos à conquista e à apropriação. O discurso a favor do aborto que tem como foco o direito das mulheres de *fazer o que quiserem com sua propriedade* substitui a estratégia coletivista e liberacionista por uma estratégia baseada na escolha, fundada no individualismo liberal. (Colocar a questão da escolha no primeiro plano da política ignora a esterilização forçada de mulheres de cor e o acesso desigual a recursos médicos entre mulheres de classe média e pobres.) Enquanto os homens brancos buscam reconhecimento como *sujeitos*, mulheres e pessoas de cor são obrigadas a reivindicar seu reconhecimento como objetos, como *propriedade* (ou, se quiserem fazer suas reivindicações como sujeitos, devem convertê-las num discurso masculino branco). Nos Estados Unidos, o reconhecimento jurídico alcançava, inicialmente, apenas os homens brancos e suas propriedades. Esses são os termos do reconhecimento que operam hoje e que devemos recusar veementemente. Feministas liberais buscam a inclusão enquadrando a si mesmas como propriedade e como proprietárias.

Contra a inocência

A insistência na inocência resulta na recusa em ouvir as pessoas que são rotuladas como culpadas ou definidas pelo estado como "criminosas". Quando contamos com os apelos à inocência, excluímos formas de resistência que estão fora dos limites da lei e nos aliamos ao estado. Dessa forma, ignoramos que as pessoas definidas como "inimigas" na Guerra às Drogas e na Guerra ao Terror são racialmente definidas, e que gênero e classe delimitam aquelas que são dignas de reconhecimento legal. Quando o movimento *Occupy* estava a pleno vapor, li inúmeros artigos e encontrei participantes desejosos em policiar as táticas e a política daqueles que não se encaixavam num modelo não violento de resistência. A tendência era construir uma política a partir da posição de uma classe média branca excluída e remover, negar e diferenciar o movimento *Occupy* dos elementos "delinquentes" ou radicais, condenando a destruição de propriedades, os confrontos com policiais e – como no caso de Baltimore – as análises anticapitalistas e anarquistas. Quando Amy Goodman perguntou a Maria Lewis sobre os manifestantes "violentos" do *Occupy Oakland*, depois de mais de quatrocentas prisões feitas durante uma tentativa de ocupar o Centro de Convenções Henry J. Kaiser, que estava vazio, em Oakland, fiquei satisfeita que Lewis tenha afirmado, e não anulado, a raiva das pessoas:

> AMY GOODMAN: Maria Lewis, e quanto a alguns relatos que disseram que os manifestantes foram violentos?
> MARIA LEWIS: Com certeza. Houve muita raiva nesse fim de semana, e eu acho que a raiva que os manifestantes mostraram nas ruas, e que despertou uma grande reação, foi um reflexo de uma raiva maior em Oakland, que vem fervendo com a traição do sistema. Acho que, dia após dia, à medida que a economia piora, que o desemprego aumenta e que cresce a quantidade de pessoas em situação de rua, as pessoas estão percebendo que o sistema econômico, o capitalismo em

> Oakland, só nos prejudica. As pessoas estão realmente zangadas com isso e estão começando a reagir. E eu acho que isso é realmente inspirador.[299]

Embora o comentário ainda coloque a questão nos termos da crise capitalista, a resposta rearticula, de forma habilidosa, os termos da discussão ao: a) afirmar as ações imediatamente; b) recusar a purificação do movimento, integrando, em vez de excluir, os elementos "violentos"[300]; c) legitimar a raiva e os desejos dos manifestantes; e d) levar a atenção para a natureza estrutural do problema, em vez de fazer julgamentos morais sobre atores individuais. Em outras palavras, ela rejeita uma política de inocência que reproduz o cidadão "de bem" complacente. Stokely Carmichael pontuou bem quando disse: "A maneira como o opressor tenta impedir o oprimido de usar a violência como meio para alcançar a libertação é levantando questões éticas ou morais sobre a violência. Quero afirmar enfaticamente aqui que a violência, em qualquer sociedade, não é moral nem ética. Ela não é certa nem errada. É simplesmente uma questão de quem tem o poder de legalizar a violência".[301]

A prática de isolar os casos moralmente aceitáveis a fim de evidenciar a violência racista pressupõe, passivamente, a morte negra violenta e adere a uma perspectiva que fortalece e oculta os paradigmas atuais do racismo. Embora Trayvon Martin estivesse realmente desarmado, não devemos afirmar isso com um certo senso de satisfação. E *se* Martin estivesse armado? E se ele tivesse a possibilidade de se defender? Se a situação tivesse resultado na morte de George Zimmerman, e não de Martin, é improvável que a população tivesse ficado tão indignada e estimulada a agir da maneira que agiu.

299. Maria Lewis, em entrevista a Amy Goodman, "Occupy Oakland: Over 400 Arrested as Police Fire Tear Gas, Flash Grenades at Protesters", *Democracy Now*, 30 de janeiro de 2012.

300. No discurso liberal contemporâneo, a destruição da propriedade é considerada uma forma de violência.

301. Stokely Carmichael, *Stokely Speaks*, p. 168.

Antes da absolvição de Zimmerman, muitas pessoas na esquerda acreditavam que haveria "justiça para Trayvon", como se o tempo de prisão de Zimmerman pudesse, de alguma forma, compensar sua morte. Quando construímos a política em torno de padrões de uma vitimização legítima que requer um sacrifício passivo, o que estamos construindo é uma política que precisa da morte de um menino negro para provar seu ponto de vista. Não é surpreendente que o país, ou mesmo a liderança negra, não tenha conseguido se unir a CeCe McDonald, uma mulher negra trans que foi condenada por homicídio culposo[302] após um grupo de brancos racistas e transfóbicos atacarem a ela e a seus amigos, cortando sua bochecha com uma garrafa de vidro e provocando um conflito que levou à morte de um homem branco que tinha uma suástica tatuada. Mulheres trans de cor envolvidas em confrontos que resultam na morte de seus agressores são criminalizadas por terem sobrevivido. Quando Akira Jackson, uma mulher negra trans, esfaqueou e matou seu namorado depois que ele a espancou com um taco de beisebol, ela também foi condenada a quatro anos de prisão por homicídio culposo.

Casos que envolvem uma pessoa negra "inocente" (passiva) vitimizada também fornecem uma oportunidade para a consciência branca liberal se purificar e se enobrecer moralmente posicionando-se contra o racismo. Precisamos desafiar o uso de certos sujeitos racializados e generificados como instrumentos de alívio emocional para a sociedade civil branca, ou como corpos que podem ser substituídos em favor de analogias que amplificam o sofrimento branco (sendo a "escravidão" a analogia favorita). Embora devamos enfatizar que Troy Davis não matou o policial Mark MacPhail, talvez também devêssemos questionar por que a população ficou moralmente indignada com a morte de um policial e não com as 136 pessoas negras desarmadas assassinadas por policiais, seguranças e

302. N.E.: No original, "*second-degree manslaughter*". Optamos pela tradução do termo como "homicídio culposo" – apesar de haver divergências quanto a isso entre terminólogos do Direito Comparado – pela semelhança entre certos elementos destes dois tipos penais, principalmente a causa da morte da vítima, que ocorreria em razão de uma conduta negligente por parte do agente.

vigilantes somente no ano de 2012. Falar sobre esses assassinatos não vai trazê-las de volta. Seguir "na linha" não pode alterar a realidade se não colocarmos nossos corpos onde estão nossas bocas. Como diz Spivak, "nosso objetivo não pode ser o de continuar a observar nossa linguagem".[303] Rejeitar a política da inocência não é assumir uma certa postura teórica ou adotar uma certa perspectiva – é uma posição vivida.

303. Gayatri Spivak, *The Post-Colonial Critic*, p. 41.

7. O IMAGINÁRIO ABOLICIONISTA PENAL: UMA CONVERSA

[Uma mão estendida lhe oferece uma mecha de cabelo]
e, no entanto, não posso lhe dar o que nos atravessa:
este texto
que você perderá, pois todos estão perdidos

Isto eu sei: o que não posso reivindicar
[a alegria de uma força
que aparece e reaparece,
que ninguém detém,
porque não pode ser detida][304]

Sou estas palavras com você
como um amálgama
que [nos] une:
criaturas inatingíveis
em perpétuo processo
buscando o pequeno milagre
de nos encontrarmos aqui...

*

O falecido Mark Fisher disse uma vez que é mais fácil imaginar o fim do mundo do que o fim do capitalismo. O mesmo poderia ser dito das prisões: é mais fácil imaginar o fim do mundo do que um mundo sem prisões. E, no entanto, a prisão moderna, tal como existe nos Estados Unidos hoje, é uma invenção bastante recente. Embora os debates penológicos sobre sistemas concorrentes de punição e reabilitação tenham ocorrido no norte no início do século XIX, ao final da Guerra Civil, as instalações penitenciárias ainda eram incomuns em alguns estados fronteiriços. A Flórida – que agora tem um dos maiores sistemas penitenciários dos Estados Unidos – não tinha, ao final da Guerra de Secessão, nenhuma *instalação* penitenciária e teve de criar seu sistema penal do zero.

304. Philippe Pignarre e Isabelle Stengers, *Capitalist Sorcery: Breaking the Spell*. Houndmills/Nova York: Palgrave Macmillan, 2011, p. 137.

Apesar dessa conjuntura histórica recente, as prisões são hoje completamente naturalizadas. Imaginar e trabalhar por um mundo sem prisões – que é o projeto da abolição penal – exigiria não apenas que repensássemos as bases do papel do estado na sociedade, mas também que trabalhássemos pela transformação total de todas as relações sociais. Um projeto tão imponente e ambicioso como esse é fácil de ser rechaçado sob a acusação de irreal, utópico, impraticável, ingênuo – *um sonho irrealizável.* Mas e se – ao invés de reagirmos a essas acusações com contra-argumentos que demonstram, persuasivamente, que a postura abolicionista é a única postura sensata – usarmos estrategicamente essas mesmas acusações como um ponto de partida para mostrar como a própria prisão é um problema para o pensamento que só pode ser solucionado com *um modo de pensar que não se curve ao realismo do presente*? O reencantamento do mundo pode ser um instrumento para quebrar o realismo das prisões?

O que segue é uma série de perguntas – conversas com revolucionários, vivos e mortos, sobre a morte, os sonhos, a luta e a experiência fenomenológica da liberdade.

Há momentos em que quero entrar. Você me acompanhará até lá, ao lugar onde as paredes que respiram silenciosamente exalam uma canção de liberdade?

*

Dentro de uma cela escura, a revolucionária Rosa Luxemburgo se refugia em sua mente. Fora, a Primeira Guerra Mundial está a todo vapor. "Estamos em uma tumba". Fora, as pessoas criam novas memórias. Dentro, ela revive as antigas. Enquanto todos dormem, ela fermenta um segredo – viagens ao lugar onde se escuta o mistério. Sob o olhar vigilante do guarda noturno, ela enxerga para além das paredes um campo florido que um dia conheceu, ou pelo qual passeou em sonho. De onde vem essa pequena canção? Se ao menos...

Se ao menos soubéssemos ouvir corretamente
e empunhar nossa chama
contra a mentira que é uma prisão.

UMA DÚZIA DE ROSAS CONTRA O ESTADO POLICIAL

> *Algumas horas depois de o corpo de [Mike] Brown ser finalmente removido, os moradores ergueram um memorial improvisado com recordações e ursinhos de pelúcia no local onde a polícia o havia deixado. Quando a polícia chegou com os cães, um dos guardas deixou que um deles urinasse no memorial. Mais tarde, quando a mãe de Brown, Lesley McSpadden, colocou pétalas de rosas no formato de suas iniciais, uma viatura policial passou zunindo, esmagando o memorial e espalhando as flores. Na noite seguinte, McSpadden e outros amigos e familiares voltaram ao local do memorial e depositaram uma dúzia de rosas. Outra vez, uma viatura da polícia apareceu e destruiu as flores. Mais tarde, naquela mesma noite, a revolta começou.*
>
> — Keeanga-Yamahtta Taylor,
> *From #BlackLivesMatter to Black Liberation*[305]

Penso em como as pessoas se reuniram depois que Mike Brown foi morto – em como elas fizeram um memorial improvisado sobre o local manchado de sangue na rua onde ele foi assassinado pelo estado policial. O que eu vejo nesse encontro? A vontade das pessoas se opondo ao desejo da polícia de destruir – de esmagar todas as expressões públicas de luto. A demonstração de força da polícia é desnecessária, compensatória. Eles querem que acreditemos que seus carros sempre passarão por cima das pétalas de rosas. Eles estão convencidos de que seu uniforme, e o poder que lhe dá sustentação, os tornam intocáveis – diferentemente das pétalas de rosas dispostas nas iniciais MB. Eles tentaram apagar o nome "Mike Brown", mas ele ficará para sempre gravado na mente das pessoas em Ferguson. Destruam os memoriais, destruam as flores – e o povo ainda assim se erguerá.

Naquela noite, uma revolta floresceu do chão em que as flores do memorial haviam sido esmagadas.

---

305. Keeanga-Yamahtta Taylor, *From #BlackLivesMatter to Black Liberation*. Chicago: Haymarket Books, 2016, p. 154.

*

Certa vez, li um artigo sobre os sonhos de pessoas moribundas. Havia um ex-policial que não parava de ter pesadelos com as pessoas que havia violentado. Ele disse a uma enfermeira do asilo que "havia feito coisas ruins" no trabalho. Atormentado por seus sonhos, ele é "esfaqueado, baleado ou não consegue respirar".[306]

O último "não consigo respirar" de Eric Garner dá voltas no tempo e assombra os policiais que sufocam o mundo. O policial morreu cheio de arrependimento.

A consciência do policial pode estar certa de sua correção,
mas seu inconsciente sabe que fez coisas terríveis.
A destruição das flores do memorial é um ato de repressão.
Mas tudo o que se tenta apagar e se recusa a integrar
retorna com vigor ainda maior.
Se algum dia cruzasse com os policiais, eu lhes diria:

Antes de morrer, vocês encontrarão
as vidas que tiraram e violentaram.
Vocês, dirigindo por aí com sua
fantasia de invencibilidade feita de aço.
Vocês, que precisam profanar memoriais
para provar a si mesmos que são fortes –
para esconder essa fraqueza da imaginação:
uma viatura policial espalhando pétalas de rosas.

Seja lá o que vocês tentaram esmagar –
foi uma maneira de apagar a consciência
da sua própria morte?

E, ainda assim, toda vez que vocês tentaram destruir o memorial,
o povo voltou, com objetos que traziam de volta

306. Jan Hoffman, "A New Vision for the Dreams of the Dying", *New York Times*, 2 de fevereiro de 2016.

a memória de Mike Brown.
Vocês tentaram forçar o povo de Ferguson a esquecer.
O povo voltou
com vontade de levar
a memória para as ruas.

*

Ontem vi um *tweet* que dizia: *Lembre-se: perdemos em Ferguson. Perdemos em Standing Rock.*[307]

Vez após outra, o momento extático da revolta foi recebido com repressão ainda maior do que se podia prever.

A fissura não se tornou um lugar habitável. Não conseguimos nos agarrar às novas formas sociais que inventamos no processo da revolta. Os líderes do *establishment* foram enviados para neutralizar os manifestantes. Disseram-nos para voltar para casa. Fracassamos em fazer da revolução o nosso lar permanente.

Mas a centelha se mantém acesa,
subterrânea, esperando as condições adequadas.

307. N.T: Standing Rock é uma parte da reserva indígena Sioux, que se localiza no estado da Dakota do Norte e agrega, entre outros, os povos originários Dakota e Lakota. Sem negociação com esses povos e autorizada pela então administração federal de Trump, a empresa petroleira Energy Transfer Partners construiu um oleoduto subterrâneo que passa por debaixo do leito do Rio Missouri – que corta a Reserva –, contaminando o acesso à água e destruindo locais sagrados para esses povos, como o cemitério de Standing Rock. Em 2016, manifestantes montaram acampamentos na região para tentar impedir a passagem do oleoduto pelo rio, configurando o que foi a maior mobilização indígena em mais de cem anos.

O fantasma de Attica
O fantasma de Wounded Knee[308]
O fantasma de Ferguson
O fantasma de Harpers Ferry[309]
O fantasma do Haiti

A PRISÃO É A NOSSA SOMBRA

Nem prisioneiro, nem homem livre. Prisão é densidade. Ninguém passou uma só noite nela sem passar a noite toda massageando os músculos da liberdade, doloridos por vagar tão frequentemente nas calçadas, expostos, nus e famintos. Aqui está você, mergulhado nela, livre e desprendido do fardo da prova. Como é fácil, simples e rápido responder à agilidade de uma miragem. Ela está dentro de você, ao alcance da mão com que você bate nas paredes da cela. Está em você, no pássaro, no cair da chuva, no soprar dos ventos, no sorriso luminoso para uma rocha esquecida, no orgulho de um pedinte que repreende seus benfeitores quando são mesquinhos, em um diálogo desigual com o seu carcereiro quando você diz a ele:

308. N.T.: Wounded Knee, localizado na Reserva Indígena Pine Ridge, a sudoeste do estado da Dakota do Sul, foi palco de dois conflitos entre os indígenas e as forças oficiais do governo estadunidense. No primeiro, em 1890, realizou-se o massacre de mais de 150 nativos, que pôs fim às chamadas Batalhas Indígenas entre as tropas federais e os povos Sioux. O segundo ocorreu em 1973, quando membros do American Indian Movement ocuparam Wounded Knee por 71 dias para demandar melhores condições dentro da reserva indígena.

309. N.T.: *Harpers Ferry Raid* é como ficou conhecida a incursão de John Brown, e outros abolicionistas, na cidade de Harpers Ferry, na Virgínia, no ano de 1859. A intenção era assaltar o grande arsenal da cidade, distribuir armas entre os escravizados, criar redutos de resistências nas montanhas de Maryland e Virgínia e se aproveitar daquela localização como porta de entrada para a libertação do Sul. Todos foram mortos em batalha ou julgados e enforcados em seguida, como o próprio John Brown, que rapidamente se tornou mártir e símbolo do abolicionismo para os nortistas. Esse foi o principal incidente abolicionista às portas da Guerra Civil Americana (1861-1865), que, ao final do conflito, colocou fim à escravidão nos Estados Unidos.

> *Você – e não eu – é o perdedor. Você, que vive de privar os outros da luz, se afoga nas trevas de sua própria sombra. Você nunca estará livre de mim, a menos que minha liberdade fosse demasiadamente generosa. Ela então lhe ensinaria a paz e o levaria para casa. Você – e não eu – tem medo do que a cela está fazendo comigo. Você, que guarda meu sono, meu sonho e um delírio repleto de signos. Eu tenho a visão e você tem a torre, a pesada chave das correntes e uma arma apontada para um fantasma. Seu toque sedoso e seu perfume me dão sono. Você tem que ficar acordado, me observando, com receio de que o sono não tire a arma de sua mão antes que seus olhos possam vê-la. Sonhar é a minha profissão. A sua é um inútil bisbilhotar de uma conversa hostil entre a minha liberdade e eu.*
>
> — Mahmoud Darwish, *In the Presence of Absence*[310]

Ainda que o guarda se deleite
sua psique está perturbada
por um amontoado de fantasmas
que ladram e gemem
sob a luz da lua.

O poeta-prisioneiro assombra o guarda, que se torna prisioneiro de sua paranoia. A profissão do poeta é sonhar. A profissão do carcereiro é conter. O poeta é quem faz a luz. O guarda é quem a retira. *Ele, que vive de privar os outros da luz, se afoga nas trevas de sua própria sombra.* Os que construíram o pesadelo também se afogarão nele?

O prisioneiro conhece o verdadeiro significado da liberdade, enquanto o guarda sabe apenas como policiá-la.

Do que desiste o carcereiro quando se torna um instrumento do estado?

---

310. Mahmoud Darwish, *In the Presence of Absence*. Brooklyn: Archipelago Books, 2011.

O carcereiro se lembra do que significa amar, sofrer, massagear os músculos da liberdade ou imitar o exemplo do pássaro?

Eles não podem aniquilar o que levamos em nossos corações e mentes: a visão de um outro lugar ou a memória de um pássaro. Quantos poetas e revolucionários descobriram a liberdade dentro de uma cela?

FLORES SEPULTADAS

> *Ontem fiquei longo tempo deitada desperta – no momento nunca consigo dormir antes da uma hora, mas às dez já tenho de ir para a cama, porque a luz é apagada, então fico sonhando no escuro com várias coisas. Assim, ontem eu pensei: como é estranho que eu viva constantemente em um estado de alegre embriaguez – sem nenhum motivo especial. Aqui estou, por exemplo, numa cela escura, sobre um colchão duro feito pedra, na casa, ao redor de mim, reina o costumeiro silêncio de cemitério, a gente se sente como se estivesse num túmulo; através da janela a luz do poste que fica na frente da prisão e permanece acesa a noite inteira lança seus reflexos no teto. De tempos em tempos se ouve o ruído surdo de um trem que passa ou, bem perto da janela, a tossezinha da sentinela que dá uns passos lentos com suas botas pesadas para desentorpecer as pernas dormentes. Sob os passos dele o rangido da areia é tão desesperado que todo o vazio e a falta de perspectiva da vida ressoam na noite úmida e escura. Aqui estou eu, deitada, sozinha, envolta em todos estes panos negros da escuridão, do tédio, da falta de liberdade, do inverno – e meu coração bate com uma incompreensível, desconhecida alegria íntima, como se eu caminhasse à clara luz do sol por um prado florido. E no escuro sorrio à vida, como se soubesse de algum segredo mágico que castigasse tudo que há de mal e triste e o transformasse em pura claridade e felicidade. E procuro um motivo para essa alegria, não encontro nada e sorrio novamente – de mim mesma. Eu creio que o segredo não é senão a própria vida; se olharmos bem, a profunda*

escuridão da noite é tão bela e macia como o veludo; e o ranger de areia úmida sob os passos lentos e pesados da sentinela canta também uma pequena e bela canção da vida – basta que a saibamos ouvir. Em momentos como esse penso em você e gostaria tanto de lhe transmitir essa fórmula mágica de captar sempre e em qualquer situação o que há de belo e alegre na vida, para que você também viva em êxtase e caminhe como que sobre um prado colorido. Não pretendo de modo algum contentá-la com ascetismo, com uma alegria ilusória. Ofereço-lhe todas as alegrias verdadeiras dos sentidos que se possam desejar. Gostaria apenas de lhe dar também minha inesgotável serenidade íntima, para poder me tranquilizar a seu respeito, para que você pudesse caminhar pela vida envolta num manto bordado de estrelas que a protegesse de tudo quanto há de mesquinho, trivial e assustador.

— Rosa Luxemburgo, carta a Sophie Liebknecht (Breslau, antes de 24 de dezembro de 1917)[311]

Na escuridão da noite você viajou a um prado colorido e com sua poderosa imaginação teceu esse mesmo prado num manto de estrelas transmitido à sua camarada Sophie – para que ela o vestisse como um escudo contra todas as coisas terríveis. O que brotou em sua mente naquela noite enquanto você ouvia, silenciosamente, a areia ranger sob as botas da sentinela? Você estava aguçando sua capacidade de percepção para que pudesse se sintonizar em outra frequência. Você foi sensibilizada por sua cela, pelo tédio que a oprimia, até que a pressão da escuridão deu lugar à compreensão dos mistérios mais profundos do que significa estar viva – da conexão entre o desejo e a política.

Eu penso em seu destino, no destino de George Jackson, no destino de Fred Hampton – o estado deve saber quando o universo dá à luz um verdadeiro revolucionário. Ele deve reconhecer neles uma chama a ser apagada para que sua faísca não encontre e

311. Rosa Luxemburgo, *Cartas*, vol. III. Tradução de Mário Luiz Frungillo, Grazyna Maria Asenko da Costa e Pedro Leão da Costa Neto. São Paulo: Editora Unesp, 2011, p. 332-3.

incendeie a divina faísca em todos nós, que se espalharia até a derrubada do mundo tal como o conhecemos.

Sozinha em sua cela, você estava à flor da pele. Nada lhe escapava. A alegria interior que você sentia em contraste com o cenário sombrio da prisão de Breslau lhe deixou estonteada.

Imagino como você passou o tempo lá: estudando economia política e botânica, escrevendo cartas para suas e seus camaradas, montando seus herbários, preparando-se para a revolução, perdendo-se nas flores da sua imaginação.

O segredo era você. Você era o próprio princípio da vida. Você era a árvore que eles tiveram de cortar.

à indescritível maravilha
à liberdade que floresce da confusão
— Édouard Glissant[312]

AS ESTRELAS VISTAS DA PRISÃO

Em setembro de 1971, os prisioneiros de Attica se rebelaram, tomaram a prisão e talharam um pequeno espaço de liberdade: uma zona de libertação temporária através da qual podiam ver as estrelas.

> *Apesar do mau pressentimento, houve momentos de leveza e, para alguns, até mesmo uma sensação de alegria inesperada, pois os homens que não sentiam o ar fresco da noite há anos se deleitavam com essa estranha liberdade. Lá fora, no escuro, ouvia-se a música – "bateria, guitarra, vibrafone, flauta, sax [que] os irmãos estavam tocando". Esse foi o momento mais leve que muitos dos homens tiveram desde que entraram na prisão de segurança máxima. Aquela noite foi, de fato, um momento profundamente emocionante para todos eles. Richard Clark observou, com espanto, o momento em que os homens se abraçaram, e viu um deles cair em prantos porque fazia muito tempo que não tinha*

312. Édouard Glissant, *The Collected Poems of Édouard Glissant*. Minneapolis: University of Minnesota Press, 2005, p. 181.

"permissão para se aproximar de alguém". Carlos Roche viu as lágrimas de euforia escorrerem pelo rosto enrugado de seu amigo Owl, um homem idoso que estava encarcerado há décadas. "Sabe", disse Owl maravilhado, "faz vinte e dois anos que não vejo as estrelas". Como Clark mais tarde descreveu essa primeira noite da rebelião, embora houvesse muito receio sobre o que pudesse acontecer logo em seguida, os homens no Bloco D também se sentiram maravilhados, pois "não importava o que acontecesse depois, eles não poderiam tirar esta noite da gente".

— Heather Ann Thompson, *Blood in the Water*[313]

Algo floresceu nas fendas da prisão. Um campo de flores silvestres se impôs no céu noturno. O sangue estava a caminho. Alegria e pavor se misturavam, infundindo no ar uma poderosa fragrância de êxtase e incerteza.

Que sensação gloriosa foi descoberta naquela noite, e logo depois perdida, quando o governador Nelson Rockefeller ordenou à polícia que colocasse fim ao levante?

O sangue estava a caminho. O novo mundo nunca chegou. Quão terrível deve ter sido para W. E. B. Du Bois perceber que, ao crepúsculo da alvorada,[314] seguiu-se a escuridão, e não o brilho de um novo dia – o esforço de seu povo tornado ocaso. O sonho da libertação colapsou sobre uma pilha de escombros manchada de sangue.

O sangue estava a caminho. A batucada não duraria. Os prisioneiros seriam punidos por ousar olhar as estrelas.

Será que aqueles que construíram este Inferno algum dia se perguntarão – *Para que serviu tudo isso?* A subordinação de toda uma vida a esses sistemas que nos enjaulam. *Por que encobrir o céu?*

---

313. Heather Ann Thompson, *Blood in the Water: The Attica Prison Uprising of 1971 and Its Legacy*. Nova York: Vintage Books, 2017, p. 88.

314. N.T.: Referência à autobiografia de W. E. B. Du Bois, intitulada *Dusk of Dawn* [Crepúsculo da alvorada].

*

O deserto do Atacama no Chile é tão seco que os cadáveres ficam preservados para a posteridade e os vestígios das antigas comunidades permanecem intactos, como que imortalizados no âmbar. Devido à sua grande altitude e à ausência de umidade, o céu sobre o deserto do Atacama é totalmente limpo e permite uma visão desimpedida das estrelas. Ao longo dos anos, cientistas e astrônomos convergiram para essa região para construir poderosos telescópios de observação do cosmos.

Anos depois de Attica, em outro continente, presos políticos isolados no deserto do Atacama pelo ditador Augusto Pinochet, patrocinado pelos Estados Unidos, observavam as mesmas estrelas desde os confins de um campo de prisioneiros.

Patricio Guzmán [diretor de documentário]:
O que você sentiu ao observar
as estrelas de dentro da prisão?

Luís Henríquez [sobrevivente do campo de
concentração de Chacabuco]:
Todos nós tínhamos um sentimento...
...de grande liberdade.
Observando o céu e as estrelas,
maravilhando-nos com as constelações,
...nos sentíamos completamente livres.

Os militares baniram
as aulas de astronomia.
Eles estavam convencidos de que
os prisioneiros poderiam escapar...
...guiados pelas constelações.

Guzmán:
A dignidade de Luís reside em sua memória.
Ele não conseguiu escapar,
mas, ao se comunicar
com as estrelas,
conseguiu preservar
sua liberdade interior.
— *Nostalgia da Luz,* 2010[315]

Eu retorno às estrelas –
ao porquê de as pessoas se sentirem livres quando
olham para as estrelas.
Será porque, quando nos comunicamos com as
estrelas, nos tornamos
parte do Todo?
O todo da Vida –
nos sentimos como matéria e energia recicladas
congeladas em uma forma temporária
uma forma que não se sustenta
que um dia desmoronará.

O que eles sentiam quando olhavam para o
céu noturno?
A imensidão produzia uma sensação de liberdade?

Será que eles se lembravam – *há um mundo além das*
paredes desta prisão.
Terão sido transportados à infância, ao
mistério,
à primeira vez que contemplaram seu
lugar no Todo?

Em sua autobiografia *Dusk of Dawn*, Du Bois escreveu sobre a raça como uma prisão – que só poderia ser abolida por meio de uma revolução material e espiritual. Antecipando o arco do meu

315. *Nostalgia da Luz,* documentário dirigido por Patricio Guzmán (2010).

livro, ele escreveu que o problema imediato de seu povo estava em "garantir a existência, trabalho e renda, comida e casa, independência espiritual e controle democrático do processo industrial", mas que não se podia "concentrar todos os esforços no bem-estar econômico" – que seu povo "tinha de viver, comer e batalhar, mas também manter um contato inabalável com as estrelas".[316]

*

A MORTE QUE NÃO É MORTE, MAS O NASCIMENTO DE TUDO POSSÍVEL

> *O que é prisão? É imobilidade. "Homem livre, tu sempre amarás o mar!" (Baudelaire). É cada vez mais óbvio que a mobilidade é um dos signos do nosso tempo. Restringir um homem a sobreviver por onze anos nos mesmos quatro ou cinco metros quadrados – que no fim das contas se tornam vários milhares de metros dentro das mesmas quatro paredes abertas pela imaginação – pode justificar a vontade de um jovem em partir... para onde, por exemplo? Talvez para a China, e talvez a pé. Jackson foi esse homem e essa imaginação, e o espaço que ele percorreu foi bastante real, um espaço de onde ele trouxe observações e conclusões que golpearam a América branca (por "América" quero dizer também a Europa e o mundo que desmantela todo o resto, que o reduz à condição de uma força de trabalho precarizada – as colônias de ontem, as neocolônias de hoje). Jackson disse isso. Disse milhares de vezes e para todo o mundo. Ele ainda tinha verdades insuportáveis a dizer para nossas consciências. Para melhor silenciá-lo, a polícia da Califórnia... Mas o que estou dizendo? O livro de Jackson vai muito além do alcance dessa polícia.*
>
> — Jean Genet, sobre George Jackson[317]

316. W. E. B. Du Bois, *Dusk of Dawn!: An Essay Toward an Autobiography of a Race Concept*. Nova York: Routledge, 2017.

317. Jean Genet, "After the Assassination", em Albert Dichy, *The Declared Enemy: Texts and Interviews*. Stanford: Stanford University Press, 2004, p. 17.

Só posso ser executado uma vez.
— George Jackson, *Blood in My Eye*[318]

A linguagem não tem corpo.
A mensagem é um vírus.
A mensagem não pode ser assassinada.

NOVA VERSÃO DE UMA DECLARAÇÃO DE HUEY P. NEWTON, SERVO DO POVO, DO PARTIDO DOS PANTERAS NEGRAS, NO MEMORIAL REVOLUCIONÁRIO PARA GEORGE JACKSON:

Um exemplo revolucionário não pode ser morto
O soldado e seu espírito são coisa viva
Seu espírito fala, o corpo de George se move
Embora caído
Veja
Suas ideias vivem
Em corpos jovens
Nossas crianças dizem
É verdade
Haverá revolução
E seu legado será nosso
Nós acreditamos na imortalidade de George
Geração após geração
Nós conhecemos o povo
Nós acreditamos no povo
Na imortalidade vencemos
Seguimos
Não importa quão quieto
Quão mal feito
O amor não se importa com as falhas
Nenhuma dor o faz desistir
E nenhuma dor nos faz desistir
E por que ele viveu sua vida

318. George Jackson, *Blood in My Eye*, p. 181.

Por seu povo
A violência se expande e se contrai
Toda matéria viva custa a alguém o curso da morte
Se ela pudesse dar a si mesma a aparência dos algozes
— Nós não
Nós não possuímos o tipo de violência que a polícia possui
Oferecemos a ela a luta por tudo o que é possível
A audácia de aceitar o direito de fazer tudo
De preservar George
Eu vejo George crescendo em nosso sofrimento
Em trinta segundos haverá dor
A ordem da prisão que mata nossas histórias não fará nosso sofrimento morrer
Nós dizemos que haverá dor
Mas em todos nós cresce uma força
Por nós
Uma incrível vontade que vive na dor que conhecemos
Eu vejo dois tipos de morte
Uma morte não é morte
A outra é morte
George morreu uma não morte
Pois em todos nós há um George
Em nosso sofrimento há um George
Nos vejo morrendo a não morte
O dia em que George caiu não é o dia da sua morte
O futuro saberá a maneira como iremos morrer
Morte revolucionária
A maneira como sua mente determinou o nome das pessoas
Para mudá-las completamente ou tornar-se uma pluma
Nomeamos as pessoas O POVO
Apoiamos o nome
Em nome do povo, TODO O PODER
AO POVO TODO O PODER

IMAGINAÇÕES NO CATIVEIRO

> *Em primeiro lugar, eu diria que prisão é uma denominação precisa para nossa cultura contemporânea e que ela, enquanto cultura, pressupõe um certo conjunto de problemas e reforça uma reação dominante em nossa imaginação. Sylvia Wynter fala sobre reservas – que também é uma boa denominação para definir nossa cultura contemporânea –, querendo dizer que os povos indígenas estão confinados às reservas do estado da mesma forma que nossa imaginação também está confinada. A de todos nós. E eu também diria que, a partir do momento que as prisões se tornaram uma característica dominante dos Estados Unidos, nossa imaginação (de todos, não apenas daqueles de nós desproporcionalmente aprisionados) também foi aprisionada. A forma como imaginamos o trabalho, nossos relacionamentos, o futuro, a família, tudo, está tudo trancado.*
>
> — Alexis Pauline Gumbs[319]

Para onde quer que eu olhe, vejo sonâmbulos enfeitiçados pela prisão.

Qual contrafeitiço poderá quebrar o domínio que a prisão exerce sobre nossa imaginação?

Mas o feitiço nunca é total. A intensificação do desejo pela vida mina a capacidade da prisão de estruturar nossa vida mental.

Imaginação é excesso, é aquilo que a prisão nunca pôde conter, aquilo que sempre lhe escapará.

Quais caminhos noturnos temos de percorrer para entrar nessa frequência oculta – aquela vibração especial que Sun Ra acreditava que nos libertaria?

---

319. Walidah Imarisha, Alexis Pauline Gumbs, Leah Lakshmi Piepzna-Samarasinha, Adrienne Maree Brown e Mia Mingus, "The Fictions and Futures of Transformative Justice", *New Inquiry*, 20 de abril de 2017.

*

A DIALÉTICA DO SONHAR

> *A imaginação é constitutiva [...] Não é apenas sobrenatural, desconectada do movimento do mundo, a despeito das coisas. Ela é constitutiva no sentido de que se torna tão intensa e enraizada que se torna real por meio de sua intensificação e articulação. Isso coloca a teoria no campo da profecia, mas não da profecia do que vai acontecer. Em vez disso, ela é o que impulsiona a imaginação, o encorajamento desse poder de reconhecer que a vida pode ser, e de certa forma já é, diferente.*
>
> — Michael Hardt[320]

> *Sonhos e realidade são polos opostos. A ação é sua síntese.*
>
> — Assata Shakur[321]

Antes de Assata Shakur ser liberada da prisão, sua avó e sua família foram visitá-la, carregando um sonho: "Você vai voltar para casa em breve", disse sua avó. "Não sei quando será, mas você vai voltar para casa. Você vai sair daqui. E não vai demorar tanto assim." Ela prosseguiu: "Sonhei que estávamos em nossa velha casa na Jamaica... eu estava vestindo você... colocando suas roupas em você." A avó de Assata era conhecida por seus sonhos proféticos – eles aconteciam quando eram necessários, mas tornar reais aquelas visões era responsabilidade de seus destinatários, não apenas acreditando na veracidade das profecias, mas agindo de modo que elas se tornassem concretas.

320. Heather Davis e Paige Sarlin, "On the Risk of a New Relationality: An Interview with Lauren Berlant and Michael Hardt", *Reviews in Culture* vol. 2, n. 3, 2012.

321. Assata Shakur, *Assata: An Autobiography*. Chicago: Lawrence Hill Books, p. 260.

Quando Assata voltou para sua cela na prisão, ela só conseguia dançar e cantar. Ela escreveu: "Nenhum pensamento científico e racional poderia diminuir a emoção que eu sentia. Uma excitação formigante e vertiginosa tomou conta de mim. Eu me embriaguei com o otimismo arrogante e descuidado de minha família. Literalmente, dancei em minha cela, cantando '*Feet, don't fail me now*'. Eu cantei a parte dos '*feet*' [pés] bem baixinho, então acho que os guardas devem ter pensado que eu estava enlouquecendo, sapateando na minha cela e cantando 'pés', 'pés'".

Quando agimos de acordo com o sonho profético, o sonho passa a constituir diretamente a realidade.

*

A POLÍTICA DO SONHAR

> *Estamos construindo uma realidade que nunca vimos antes. Pedimos às pessoas que desenvolvam suas habilidades visionárias e sonhadoras, algo que não é facilmente aceito em nossa sociedade.*
>
> — Mia Mingus[322]

> *Acho que há um perigo inerente em fundir reformas militantes e estratégias de direitos humanos com a lógica que embasa o radicalismo antiprisional, que concebe a erradicação definitiva da prisão enquanto um lugar de violência estatal e repressão social. O que é necessário, ao menos em parte, é um novo vernáculo que possibilite esse tipo de sonho político. Quais são esses novos ensinamentos, estratégias de organização e linguagem política de que a abolição penal necessita?*
>
> — Dylan Rodriguez[323]

322. Mia Mingus *et al*, "The Fictions and Futures of Transformative Justice".

323. Angela Davis e Dylan Rodriguez, "The Challenge of Prison Abolition: A Conversation", *History Is a Weapon*. http://www.historyisaweapon.com/defcon1/davisinterview.html.

Às vezes não sei o que dizer nem como concluir.

Há algum tempo venho pensando em como levar a você a mensagem da abolição das prisões e da polícia, mas sei que, como poeta, não é meu trabalho conquistá-lx com um argumento persuasivo, mas transmitir-lhe uma *experiência vibracional* capaz de despertar o seu desejo por um outro mundo.

Há alguns anos, assisti à fala de Sonia Sanchez, ativista e poetisa do Black Arts Movement. Fiquei comovida com a maneira como ela parava sempre que sentia vertigem e começava a cantar espontaneamente como uma forma de encontrar de volta seu ritmo depois de quase desmaiar.

Em um haicai, Sonia escreve:

sem a sua
respiração residencial
eu perco meu compasso.[324]

Nossos corpos não são circuitos fechados. Seguramos e amparamos uns aos outros no compasso, marchando, cantando, abraçando, respirando.

Sincronizamos nossos ponteiros para que encontremos um ritmo através do qual a ânsia por viver possa se expressar coletivamente.

E assim colocamos o mundo em movimento.

Dessa forma, os poetas se tornam os guardiões do tempo da revolução.

*

324. Sonia Sanchez, "5 Haiku for Sarah Vaughan", em *Morning Haiku*. Boston: Bacon Press, 2010, p. 68.

PLANTANDO O SONHO

> *O que devemos construir sobre as cinzas de um pesadelo?*
>
> — Robin D. G. Kelley [325]

> *Não vou propor muito mais do que a concepção e realização de um espaço que deve ser o produto de uma imaginação coletiva moldada e remoldada pelo próprio processo de transformar os destroços e a memória nas sementes de uma nova sociedade.*
>
> — Robin D. G. Kelley[326]

Eu vejo
Eu vejo nossa sombra entre as árvores
Assistindo à roda girar

Eu vejo nossa sombra na parede como uma só
Eu vejo sua mão inquieta na teia da aranha
Sou a caverna de gelo e há água,
azul e branco profundos, uma luz no fundo
Eu sou igual ao meu amor por você

Solte seu cabelo, salgueiro
ao luar: o rio
nos embala em um sonho. Pesadelos
lançam galhos em nossos olhos. Eu anseio
pelo mundo que está diante de você,
o sinal que você coloca no quadro
do amanhã. Seus dedos tremulam
para sentir a grama
do vale,
onde um pé segue o outro
em direção ao riacho em chamas.

---

325. Robin D. G. Kelley, *Freedom Dreams: The Black Radical Imagination*. Boston: Beacon Press, 2002, p. 196.

326. Ibid.

Não sabemos que nome dar
à pedra que pulsa
empoleirada no topo da montanha.

Daqui, eu vejo por você
Veja o que eu perdi
quando você estava perdido
e eu só podia ouvir
o chamado das pedras

Um corpo, de volta
flutua rio abaixo
ornado de velas

Eu te envio o segredo
enquanto você dorme

As noites que você carregou no comprimento de uma mecha de cabelo –
O brilho implacável dos dentes dele –
Eu golpeio seu rosto para destravar sua mandíbula
e soltar a rosa que você leva dentro da boca

Sua língua está em carne viva
e sua boca
se enche de sangue

Meu bem
Meu bem,
Nos perdoe por ter caído tão longe
de onde você plantou a semente:

No fundo do mar, esperando
o corpo navegar pelo riacho

de volta para onde os escombros
deram à luz o primeiro
sonho

O ovo se quebra, a escuridão
vagueia em direção ao mar
descalça em seu anoitecer
desliza

E através dessa tristeza se apresenta
o caminho para o mar, uma trilha
gravada por um bando de tartarugas sonâmbulas
que se curvaram, uma a uma, em sua dor
até que uma única ficou
para carregar o sopro do tempo
de volta
à semente.

¶ Instead of prison walls—

Bloom flowery fields.

BIBLIOGRAFIA

Abreu, Manuel. "Incalculable Loss". *The New Inquiry*, 19 de agosto de 2014. Dagosto de 2014.

Agamben, Giorgio. *Homo Sacer: Sovereign Power and Bare Life*. Traduzido para o inglês por Daniel Heller-Roazen. Stanford: Stanford University Press, 1998. [ed. bras.: *Homo Sacer: o poder soberano e a vida nua*. Tradução de Henrique Burigo. Belo Horizonte: Editora UFMG, 2007].

______ *Means without End: Notes on Politics*. Minneapolis: University of Minnesota Press, 2000. [ed. bras.: *Meios sem fim. Notas sobre política*. Tradução de Davi Pessoa. São Paulo: Autêntica, 2017].

Angwin, Julia & Larson, Jeff. "Bias in Criminal Risk Scores Is Mathematically Inevitable, Researchers Say". *ProPublica*, 30 de dezembro de 2016.

"Alhambra Police Unveil Crime Crystal Ball". *SGV West Valley Journal*, 1 de março de 2013.

American Civil Liberties Union (ACLU). *War Comes Home at America's Expense: The Excessive Militarization of American Policing*. Nova York: American Civil Liberties Union, 2014.

Andrejevic, Mark. *Infoglut: How Too Much Information Is Changing the Way We Think and Know*. Nova York: Routledge, 2013.

Angwin, Julia & Larson, Jeff. "Bias in Criminal Risk Scores Is Mathematically Inevitable, Researchers Say". *ProPublica*, 30 de dezembro de 2016.

Bloom, Joshua & Martin Jr., Waldo E. *Black Against Empire: The History and Politics of the Black Panther Party*. Berkeley: University of California Press, 2013.

Bond-Graham, Darwin & Winston, Ali. "All Tomorrow's Crimes: The Future of Policing Looks a Lot Like Good Branding". *SF Weekly*, 30 de outubro de 2013.

Bozelko, Chandra. "The Prison-Commercial Complex". *New York Times*, 20 de março de 2016.

Brown, H. Rap (Jamil Abdullah Al-Amin). *Die, Nigger, Die!: A Political Autobiography*. Chicago: Lawrence Hill Books, 2002.

Bumiller, Kristin. *In an Abusive State: How Neoliberalism Appropriated the Feminist Movement against Sexual Violence*. Durham: Duke University Press, 2009.

Bunton, Derwyn. "When the Public Defender Says, 'I Can't Help'". *New York Times*, 19 de fevereiro de 2016.

Cacho, Lisa Marie. *Social Death: Racialized Rightlessness and the Criminalization of the Unprotected*. Nova York: New York University Press, 2012.

Campbell, Timothy C. & Sitze, Adam. *Biopolitics: A Reader*. Chapel Hill: Duke University Press, 2013.

Carmichael, Stokely. *Stokely Speaks: From Black Power to PanAfricanism*. Nova York: Random House, 1971.

Chen, Chris. "The Limit Point of Capitalist Equality: Notes Toward an Abolitionist Antiracism". *Endnotes*, vol. 3, n.p., setembro de. 2013.

Cobb, Jelani. "What I Saw in Ferguson". *New Yorker*, 14 de agosto de 2014.

Cole, David. "The Difference Prevention Makes: Regulating Preventive Justice". *Criminal Law and Philosophy*, 2014, p. 1-19.

Conroy, Mary. *The Rational Woman's Guide to Self-Defense*. Nova York: Grosset & Dunlap, 1975.

Crenshaw, Kimberle. "Mapping the Margins: Intersectionality, Identity Politics, and Violence Against Women of Color". *Stanford Law Review*, vol. 43, n. 6, 1991, p. 1241-99.

Darwish, Mahmoud. *In the Presence of Absence*. Brooklyn: Archipelago Books, 2011.

Davis, Heather & Sarlin, Paige. "On the Risk of a New Relationality: An Interview with Lauren Berlant and Michael Hardt". *Reviews in Culture*, vol. 2, n. 3, 2012.

Davis, Angela & Dylan Rodriguez. "The Challenge of Prison Abolition: A Conversation". *History Is a Weapon*. http://www.historyisaweapon.com/defcon1/davisinterview.html.

Dawson, Michael C. & Francis, Megan M. "Black Politics and the Neoliberal Racial Order". *Public Culture*, vol. 28, n. 178, janeiro de 2016.

——— "Hidden in Plain Sight: A Note on Legitimation Crises and the Racial Order". *Critical Historical Studies*, vol. 3, n. 1, 2016, p. 143-61.

Day, Iyko. "Being or Nothingness: Indigeneity, Antiblackness, and Settler Colonial Critique". *Critical Ethnic Studies*, vol. 1, n. 2, 2015, p. 102-21.

Departamento de Justiça dos Estados Unidos. Divisão de Direitos Civis. *Investigation of the Ferguson Police Department*. Washington, 4 de março de 2015.

Departamento de Educação dos Estados Unidos. "State and Local Expenditures on Corrections and Education". Julho de 2016.

DiIulio Jr., John. "My Black Crime Problem, and Ours". *City Journal*, 1996. https://www.city-journal.org/html/my-black-crime-problem-and-ours-11773.html.

——— "Let 'em Rot". *Wall Street Journal*, 26 de janeiro de 1995.

——— "The Coming of the Super-Predators". *Weekly Standard*, 27 de novembro de 1995.

Doty, Robert. *Bloomberg Visual Guide to Municipal Bonds*. Hoboken: Wiley Publishing, 2012.

"Dr. George Mohler: Mathematician and Crime Fighter". *DataSmart City Solutions*, 8 de maio de 2013.

Du Bois, W. E. B. *Writings*. Nova York: Library of America, 1987.

——— *The Souls of Black Folk*. Oxford & New York: Oxford University Press, 2007. [ed. bras.: *As almas do povo negro*. Tradução de Alexandre Boide. São Paulo: Veneta, 2021].

——— *Dusk of Dawn!: An Essay Toward an Autobiography of a Race Concept*. Nova York: Routledge, 2017.

Edsall, Thomas B. "The Expanding World of Poverty Capitalism". *New York Times*, 26 de agosto de 2014.

Ericson, Edward. "Occupy Baltimore Makes up a Movement as It Goes Along". *Citypaper*, 12 de outubro de 2011.

Esposito, Roberto. *Bíos: Biopolitics and Philosophy*. Minneapolis: University of Minnesota, 2008. [ed. port.: *Bios: biopolítica e filosofia*. Tradução de M. Freitas da Costa. Lisboa: Edições 70, 2010].

——— *Immunitas: The Protection and Negations of Life*. Cambridge & Malden: Polity, 2011.

——— *Terms of the Political: Community, Immunity, Biopolitics*. New York: Fordham University Press, 2013. [ed. bras.: *Termos da política: comunidade, imunidade, biopolítica*. Tradução de Luiz Ernani Fritoli. Curitiba: Editora UFPR, 2017].

Fagan, Jeffery *et al.* "Amici Curiae in Support of Petitioners". *Miller v. Alabama*, Estados Unidos, 132 S. Ct. 2455, 2012.

Fanon, Frantz. *Black Skin, White Masks*. New York: Grove Press, 1967. [ed. bras.: *Pele negra, máscaras brancas*. Tradução de Sebastião Nascimento. São Paulo: Ubu, 2020].

——— *The Wretched of the Earth*. New York: Grove Press, 2004. [ed. bras.: *Os condenados da terra*. Tradução de José Laurêncio de Melo. São Paulo: Civilização Brasileira, 1968].

Felton, Ryan. "Michigan Unemployment Agency Made 20,000 False Accusations". *The Guardian*, 18 de dezembro de 2016.

Ford, Ashley C. "My Father Spent 30 Years in Prison. Now He Out", *Refinery*, 1 de maio de 2017.

Ford, Matt. "What Caused the Great Crime Decline in the U.S.?". *The Atlantic*, 15 de abril de 2016.

Foucault, Michel. *"Society Must Be Defended": Lectures at the Collège de France, 1975–1976*. Nova York: Picador, 1997. [ed. bras.: *Em Defesa da Sociedade*. Tradução de Maria Ermantina Galvão. São Paulo: Martins Fontes, 2005].

——— *Discipline and Punish: The Birth of the Prison*. Nova York: Vintage Books, 1995. [ed. bras.: *Vigiar e punir: nascimento da prisão*. Tradução de Raquel Ramalhete. São Paulo: Vozes, 2014].

Fraser, Nancy. "Expropriation and Exploitation in Racialized Capitalism: A Reply to Michael Dawson". *Critical Historical Studies*, vol. 3, n. 1, 2016.

Freeman, Joshua. "If You Can Make It Here". *Jacobin Magazine*, 3 de outubro de 2014.

Garrett, Ronnie. "Predict and Serve". *Officer.com*, 10 de janeiro de 2013.

Genet, Jean. *The Declared Enemy: Texts and Interviews*. Stanford: Stanford University Press, 2004.

Gilmore, Ruth Wilson. "Race, Capitalist Crisis, and Abolitionist Organizing". In. Loyd, Jenna M.; Mitchelson, Matt & Burridge, Andrew (ed.), *Beyond Walls and Cages: Prisons, Borders, and Global Crisis*. Atenas: University of Georgia, 2012, p. 42-54.

Glissant, Édouard. *The Collected Poems of Édouard Glissant*. Minneapolis: University of Minnesota Press, 2005.

Gonzalez, Maya Andrea. "Communization and the Abolition of Gender". In. Noys, Benjamin (ed.), *Communization and Its Dis-*

contents: Contestation, Critique, and Contemporary Struggles. Nova York: Minor Compositions & Autonomedia, 2011.

Gordon, Avery F. "Methodologies of Imprisonment". *PMLA*, vol. 123, n. 3, 2008, p. 651-57.

Graeber, David. *Debt: The First 5,000 Years*. Nova York: Melville House, 2011. [ed. bras.: *Dívida: os primeiros 5.000 anos*. Tradução de Rogério Bettoni. São Paulo: Três estrelas, 2016].

Harcourt, Bernard E. *The Illusion of Free Markets: Punishment and the Myth of Natural Order*. Cambridge: Harvard University Press, 2012.

Harney, Stefano & Moten, Fred. "Michael Brown". *Boundary 2,* vol. 42, n. 4, 2015, p. 81-87.

Hartman, Saidiya V. & Wilderson, Frank B. "The Position of the Unthought". *Qui Parle*, vol. 13, n. 2, 2003, p. 183-201.

Harvey, David. "Neoliberalism and the City". *Studies in Social Justice* 1.1, inverno de 2007, p. 2-13.

——— *The New Imperialism*. Oxford: Oxford University Press, 2013. [ed. bras.: *O novo imperialismo*. Tradução de Adail Sobral e Maria Stela Gonçalves. São Paulo: Edições Loyola, 2013].

——— *Rebel Cities: From the Right to the City to the Urban Revolution*. Nova York: Verso, 2012. [ed. bras.: *Cidades Rebeldes: do direito à cidade à revolução urbana*. Tradução de Jeferson Camargo. São Paulo: Martins Fontes, 2014].

Helper, Lauren. "Coders vs. Criminals: PredPol Seeks to ScaleIts Crime-Prediction System". *Silicon Valley Business Journal*, 6 de dezembro de 2013.

Hickey, Georgina. "From Civility to Self-Defense: Modern Advice to Women on the Privileges and Dangers of Public Space". *WSQ: Women's Studies Quarterly*, vol. 39, n. 1, 2011, p. 77-94.

Hoff, Sam. "Professor Helps Develop Predictive Policing by Using Trends to Predict, Prevent Crimes". *Daily Bruin*, 26 de abril de 2013.

Hoffman, Jan. "A New Vision for the Dreams of the Dying". *New York Times*, 2 de fevereiro de 2016.

Horowitz, Jake, "Making Every Encounter Count: Building Trust and Confidence in the Police". *NIJ Journal* , n. 256, 2007, p. 8-11.

Imarisha, Walidah; Gumbs, Alexis Pauline; Piepzna-Samarasinha, Leah Lakshmi; Brown, Adrienne Maree & Mingus, Mia. "The Fictions and Futures of Transformative Justice: A Conversation with the Authors of *Octavia's Brood*". *The New Inquiry*, 20 de abril de 2017.

Jackson, George. *Blood in My Eye*. Baltimore: Black Classic Press, 1996.

Jackson, Jessi Lee & Meiners, Erica R. "Fear and Loathing: Public Feelings in Antiprison Work". *WSQ: Women"s Studies Quarterly*, vol. 39, n. 1, 2011, p. 270-290.

James, Joy. *Resisting State Violence: Radicalism, Gender, and Race in U.S. Culture*. Minneapolis: University of Minnesota, 1996.

——— (ed.) *Warfare in the American Homeland: Policing and Prison in a Penal Democracy*. Durham: Duke University Press, 2007.

Johnson, Lyndon B. "Special Message to the Congress on Law Enforcement and the Administration of Justice". 8 de março de 1965. Disponibilizado por Gerhard Peters e John T. Woolley, *The American Presidency Project*. http://www.presidency.ucsb.edu/ws/?pid=26800.

Johnson, Walter. "The Economics of Ferguson: Emerson Electric, Municipal Fines, Discriminatory Policing". *The Atlantic*, 26 de abril de 2015.

Kaplan, Jerry. *Humans Need Not Apply: A Guide to Wealth and Work in the Age of Artificial Intelligence*. New Haven: Yale University Press, 2016.

Katzenstein, Emily. "RA Debt". *Race and Capitalism*, 2 de março de 2016.

Kelley, Robin D. G. & Moten, Fred. "Do Black Lives Matter?: Robin D. G. Kelley and Fred Moten in Conversation". 6 de janeiro de 2015, Vimeo, 1:25:36, postado por Critical Resistance. https://vimeo.com/116111740.

——— *Freedom Dreams: The Black Radical Imagination*. Boston: Beacon Press, 2002.

——— "What Did Cedric Robinson Mean by Racial Capitalism?". *Boston Review*, 12 de janeiro de 2017.

Kirkpatrick, Lucas Owen. "The New Urban Fiscal Crisis: Finance, Democracy, and Municipal Debt". *Politics & Society*, vol. 44, n. 1, 2016, p. 45-80.

LaCommare, Paul. "Generating New Revenue Streams". *The Police Chief Magazine*, junho de 2010, p. 22-30.

Lapavitsas, Costas. *Profiting Without Producing: How Finance Exploits Us All.* Nova York: Verso, 2014.

Lazzarato, Maurizio. *The Making of the Indebted Man: An Essay on the Neoliberal Condition.* Los Angeles: Semiotext(e), 2012.

Levy, Jonathan. *Freaks of Fortune: The Emerging World of Capitalism and Risk in America.* Cambridge: Harvard University Press, 2012.

Lewis, Maria & Goodman, Amy. "Occupy Oakland: Over 400 Arrested as Police Fire Tear Gas, Flash Grenades at Protesters". *Democracy Now*, 30 de janeiro de 2012.

Lichtenstein, Alex. "Flocatex and the Fiscal Limits of Mass Incarceration: Toward a New Political Economy of the Postwar Carceral State". *Journal of American History*, vol. 102, n. 1, 2015, p. 113-25.

Lucchetti, Aaron. "Interest-Rate Deals Sting Cities, States". *Wall Street Journal*, 22 de março de 2010.

Luxemburgo, Rosa. *The Complete Works of Rosa Luxemburg,* vol. II. Londres: Verso, 2013.

——— *A acumulação do capital: estudos sobre a interpretação econômica do imperialismo.* Tradução de Luiz Alberto Moniz Bandeira. Rio de Janeiro: Civilização Brasileira, 2021.

——— *Cartas.* Tradução de Mário Luiz Frungillo, Grazyna Maria Asenko da Costa e Pedro Leão da Costa Neto. São Paulo: Editora Unesp, 2011.

Maciag, Mike. "Skyrocketing Court Fines Are Major Revenue Generator for Ferguson". *Governing*, 22 de agosto de 2014.

Markusen, Ann R. "Class and Urban Social Expenditure: A Marxist Theory of Metropolitan Government". In. Tabb, William K. & Sawers, Larry, *Marxism and the Metropolis: New Perspectives in Urban Political Economy.* Nova York: Oxford University Press, 1978.

Marriott, David. *Haunted Life.* New Brunswick: Rutgers University Press, 2007.

Marx, Karl & Engels, Friedrich. *Capital: A Critique of Political Economy.* Nova York: International, 1967. [ed. bras.: *O capital: crítica da economia política.* 3 volumes. Tradução de Flavio Kothe e Regis Barbosa. São Paulo: Nova Cultural, 1996].

Mbembe, Joseph-Achille. "Necropolitics". Traduzido para o inglês por Libby Meintjes. *Public Culture*, vol. 15, n. 1, 2003, p. 11-40. [ed. bras.: *Necropolítica.* Tradução de Renata Santini. São Paulo: N-1 Edições, 2018].

McBride, Dwight A. *Impossible Witnesses: Truth, Abolitionism, and Slave Testimony*. Nova York: New York University Press, 2001.

McCue, Colleen. "Connecting the Dots: Data Mining and Predictive Analytics in Law Enforcement and Intelligence Analysis". *Police Chief*, n. 10, 2003.

——— *Data Mining and Predictive Analysis*. Nova York: Butterworth-Heinemann, 2006.

Mohler, George O. "Self-Exciting Point Process Modeling of Crime". *Journal of the American Statistical Association*, n. 493, 2011, p. 100-8.

Morozov, Evgeny. "A Critique of Algorithmic Regulation". *The Observer*, 20 de julho de 2014.

Moten, Fred. "Blackness and Nothingness (Mysticism in the Flesh)". *South Atlantic Quarterly*, vol. 112, n. 4, 2013, p. 737-80.

——— "The Case of Blackness". *Criticism*, vol. 50, n. 2, 2009, p. 177-218.

Moya, Elena. "$2tn Debt Crisis Threatens to Bring down 100 U.S. Cities". *The Guardian*, 20 de dezembro de 2010.

Muhammad, Khalil Gibran. *The Condemnation of Blackness: Race, Crime, and the Making of Modern Urban America*. Cambridge: Harvard University Press, 2010.

Munchau, Wolfgang. "Politicians and Investors Adapt to the Age of Radical Uncertainty". *Financial Times*, 18 de junho de 2017.

Murray, Nancy. "Profiling in the Age of Total Information Awareness". *Race & Class*, n. 2, 2010, p. 3-24.

Newton, Huey P. *The Huey P. Newton Reader*. New York: Seven Stories Press, 2011.

"Norcross Police Roll Out Crime Predicting Technology". Vídeo no YouTube, 5:17. Postado por PredPol em 14 de novembro de 2014. https://www.youtube.com/watch?v=xJzz_NmzkeE.

Nostalgia for the Light. Documentário dirigido por Patricio Guzmán. 2010. Brooklyn, Nova York: Icarus Films, 2011.

Oliphant, Baxter. "Support for Death Penalty Lowest in More Than Four Decades". *Pew Research Center*, 29 de setembro de 2016.

O'Malley, Nick. "To Predict and to Serve: The Future of Law Enforcement". *Sidney Morning Herald*, 31 de março de 2013.

O'Neill, Cathy. *Weapons of Math Destruction: How Big Data Increases Inequality and Threatens Democracy*. Nova York: Broadway Books,

2016. [ed. bras.: *Algoritmos de destruição em massa: como o Big Data aumenta a desigualdade e ameaça a democracia*. Tradução de Rafael Abraham. Santo André: Rua do Sabão, 2020].

Patterson, Orlando. *Slavery and Social Death: Comparative Study*. Cambridge: Harvard University Press, 1982.

Pew Research Center. "Low Approval of Trump's Transition but Outlook for His Presidency Improves". Dezembro de 2016. http://assets.pewresearch.org/wp-content/uploads/sites/5/2016/12/08135748/12-08-16-December-political-release.pdf.

Pignarre, Philippe & Stengers, Isabelle. *Capitalist Sorcery: Breaking the Spell*. Houndmills & Nova York: Palgrave Macmillan, 2011.

Platt, Eric. "US Muni Bonds Unlikely Home for the Huddled Masses". *Financial Times*, 12 de maio de 2016.

Police Activity. "Police Dashcam Footage of Philando Castile Fatal Shooting". Vídeo no YouTube, 9:48. 20 de junho de 2017. https://www.youtube.com/ watch?v=PMKcWz5nNoM.

"Policing and Profit". *Harvard Law Review*, vol. 128, n. 6, 2015, p. 1723-46.

Power, Nina. *One Dimensional Woman*. Winchester & Washington: Zero Books, 2009.

The Prison in Twelve Landscapes. Documentário dirigido por Brett Story. 2016.

Rancière, Jacques. *The Politics of Aesthetics: The Distribution of the Sensible*. London: Bloomsbury Academic, 2016. [ed. bras.: *A partilha do sensível: estética e política*. Tradução de Mônica Costa Netto. São Paulo: Editora 34, 2005].

Robertson, Campbell. "For Offenders Who Can't Pay, It's a Pint of Blood or Jail Time". *New York Times*, 19 de outubro de 2015.

Sances, Michael W. & You, Hye Young. "Who Pays for Government? Descriptive Representation and Exploitative Revenue Sources". *The Journal of Politics*, vol. 79, n. 3, 2017, p. 1090-94.

Sanchez, Sonia. *Morning Haiku*. Boston: Beacon Press, 2010.

Scannell, R. Joshua. "Broken Windows, Broken Code". *Real Life*, 29 de agosto de 2016.

Scholder, Amy (ed). *Critical Condition: Women on the Edge of Violence*. San Francisco: City Lights Books, 1993.

Shakur, Assata. *Assata: An Autobiography*. Londres: Zed Books, 2016.

Shaylor, Cassandra. "'It's Like Living in a Black Hole': Women of Color and Solitary Confinement in the Prison Industrial Complex". *New England Journal on Criminal and Civil Confinement*, vol. 24, n. 2, 1998.

Shields, Yvette. "Ferguson, Mo., on Path to Insolvency, Gets Downgrade to Junk". *The Bond Buyer*, 17 de setembro de 2015.

Singh, Nikhil Pal. *Black Is a Country: Race and the Unfinished Struggle for Democracy*. Cambridge: Harvard University Press, 2004.

Smith, Andrea. *Conquest: Sexual Violence and American Indian Genocide*. Cambridge: South End Press, 2005.

Smith, Susan. "The Growth of Predictive Analytics in Law Enforcement". *Law Officer*, 25 de março de 2014.

Spivak, Gayatri Chakravorty. *The Post-Colonial Critic: Interviews, Strategies, Dialogues*. Nova York: Routledge, 1990.

Stillman, Sarah. "The Economics of Police Militarism". *New Yorker*, n.p., 15 de agosto de 2014.

Streeck, Wolfgang. *Buying Time: The Delayed Crisis of Democratic Capitalism*. Nova York: Verso, 2017. [ed. bras.: *Tempo comprado: a crise adiada do capitalismo democrático*. Tradução de Marian Toldy e Teresa Toldy. São Paulo: Boitempo, 2018].

Talai, Andrew B. "Drones and Jones: The Fourth Amendment and Police Discretion in the Digital Age". *California Law Review*, vol. 102, 2014, p. 729.

Taylor, Keeanga-Yamahtta. *From #BlackLivesMatter to Black Liberation*. Chicago: Haymarket Books, 2016.

Thompson, Heather Ann. *Blood in the Water: The Attica Prison Uprising of 1971 and Its Legacy*. Nova York: Vintage Books, 2017.

Tiqqun. "L'hypothèse cybernétique". *Tiqqun 2*, 2001. https://schisme.org/tiqqun/tiqqun-2.

Torres, Rodolfo & Kyriakides, Christopher. *Race Defaced: Paradigms of Pessimism, Politics of Possibility*. Stanford: Stanford University Press, 2012.

Turbeville, Wallace C. "The Detroit Bankruptcy". *Demos Report*, 20 de novembro de 2013.

Vlahos, James. "The Department of Pre-Crime". *Scientific American*, n. 1, 2011, p. 62–67.

Wacquant, Loïc. "Social Identity and the Ethics of Punishment". Conferência realizada no Center for Ethics in Society, Stanford University, 2007.

——— "Deadly Symbiosis: When Ghetto and Prison Meet and Mesh". *Punishment & Society*, vol. 3, n. 1, 2001, p. 95-133.

Wagner, Peter & Sarabi, Brigette. *The Prison Index: Taking the Pulse of the Crime Control Industry*. Springfield: Prison Policy Initiative, 2003.

Walsh, Mary Williams. "Puerto Rico's Fiscal Fiasco Is a Harbinger of Mainland Woes". *New York Times*, 20 de maio de 2016.

Weisburd, David & Neyroud, Peter. *Police Science: Toward a New Paradigm*. Cambridge & Washington: Harvard Kennedy School Program in Criminal Justice Policy and Management & National Institute of Justice, 2011.

Welsh, Brandon. "Technological Innovations in Crime Prevention and Policing. A Review of the Research on Implementation and Impact". *Criminology & Public Policy*, n. 1, 2002, p. 129-32.

Wilderson, Frank B. "Gramsci's Black Marx: Whither the Slave in Civil Society?". *Social Identities*, vol. 9, n. 2, 2003, p. 225-40.

Williams, Zoe. "The UK Riots: The Psychology of Looting". *The Guardian*, 9 de agosto de 2011.

——— "The Prison Slave as Hegemony's (Silent) Scandal". *Social Justice: A Journal of Crime, Conflict & World Order*, vol. 30, n. 2, 2003, p. 18-28.

Wolpert, Stuart. "Can Math and Science Help Solve Crimes?". *US News*, 2 de março de 2010.

AGRADECIMENTOS

Cerca de cinco ou seis anos atrás, Chris Kraus me pediu para escrever um pequeno livro para a Semiotext(e). Propus escrever um livro sobre a "solidão revolucionária" – um tema inspirado no ensaio de Joy James sobre Assata Shakur, chamado "*Framing the Panther*". Eu queria escrever uma hagiografia revolucionária, com Safiya Bukhari e Yuri Kochiyama como os santos padroeiros dos prisioneiros políticos. Minha intenção era entender como (principalmente) as mulheres negras e marrons e militantes trans dos anos 1960 e 1970 navegaram entre as tensões de suas organizações e movimentos revolucionários, como essas pessoas desenvolveram uma política de cuidado na encruzilhada de lutas repletas de misoginia e transfobia e, em última análise, como sobreviveram ao colapso dos sonhos e movimentos revolucionários que as sustentavam – como lidaram com a traição, a repressão estatal, o confinamento, as represálias e os sentimentos de isolamento. Enquanto trabalhava nesse projeto, criei um banco de dados para minha pesquisa e escrevi mais de cinquenta rascunhos de seções e capítulos, mas acabei descartando tudo e decidi começar meu livro para a Semiotext(e) do zero. Este é o livro que ganhou vida. O único vestígio que resta do livro sobre a solidão revolucionária que ficou na gaveta é uma gravação de áudio de uma palestra que dei em uma conferência sobre gênero e militância na Universidade de Waterloo, em Ontário. Mas quero acreditar que esse livro também vive em algum lugar do mundo como uma espécie de *sonho adormecido* que pode um dia ganhar corpo.

*

Em primeiro lugar, eu gostaria de agradecer aos meus amigos e camaradas, que me mantêm viva e que são uma fonte inesgotável de estímulo político e intelectual: Lily Hoang, Joohyun Kim, Francesca Manning, Caitlin Manning, Emilie Connolly, LaKeyma Pennymon, Farah Khimji, Tyler Reinhard, Hanna Hurr, Ruby

Brunton, Banu Guler, Ripley Soprano, Derek-theFriendship-Theorist, Hannah Black, Lara Lorenzo, Eric Linsker, John DeWitt, Justin Mueller, Jon Booth, Corinne Wolfson, Nathanaëlle Soler, Nat Raha, Christopher Soto, Oki Sogumi, Jack Frost, Laura Silverman, Ryan Cull, Konrad Steiner, Holly Kent-Payne, Clutch Fleischmann, Matthew Polzin, Dana Ward, Anne Boyer, Ariana Reines, Bhanu Kapil, Fred Moten, Lauren Berlant, Brandon Shimoda e tantos outros! Minha alma gêmea platônica, Dylan Retzinger, cuidou de mim durante meu período mais sombrio – devo minha vida a você, D.

O primeiro ensaio que escrevi e que está nesta coleção foi "Contra a violência", que apareceu inicialmente em *LIES: A Journal of Materialist Feminism* e que mais tarde foi reimpresso, em 2014, como parte da série de panfletos "*Whitney Biennial*", da Semiotext(e). O ensaio não existiria se não fosse pelo apoio editorial do coletivo LIES, minhas companheiras do Baltimore Feminist Reading Group e pelas muitas horas que passei discutindo afropessimismo com o ativista e interlocutor Lawrence Grandpre, de Baltimore. Ele foi escrito enquanto eu morava na casa punk Good Void (à qual nos referimos como "culto gótico marxista"), em Baltimore, onde passei incontáveis horas na cozinha discutindo com John Stachelski sobre dialética Hegeliana *versus* substância em Spinoza (eu era a spinozista).

Os primeiros rascunhos de alguns dos ensaios que aparecem neste livro foram lidos por Chris Chen, Francesca Manning, Caitlin Manning, LaKeyma Pennymon, Jose Rosales e Rona Lorimer. Obrigada por seus comentários tão atenciosos! Chris sempre foi um leitor fiel e me ajudou a ver como o risco atravessa os domínios das finanças, da delinquência juvenil e do policiamento preditivo, o que me levou a escrever um capítulo adicional. A análise de Ruth Wilson Gilmore sobre o estado carcerário a partir da perspectiva da economia política também foi uma grande inspiração para mim. O ceticismo de Michael Ralph sempre me levou a testar os limites do meu pensamento. Sherah Bloor e o *workshop* de poesia da Harvard Divinity School também me ajudaram a refinar "O imaginário abolicionista penal".

Muitos dos ensaios deste livro foram preparados enquanto eu fazia meu doutorado, por isso tenho uma dívida eterna com meus professores, mentores e interlocutores da Universidade de Harvard, mais precisamente Elizabeth Hinton, Brandon Terry, Cornel West, Walter Johnson, Vincent Brown, John Comaroff, Mari Ruti, Steven Jungkeit, Federica Pedriali, Homi K. Bhabha, Jamaica Kincaid, Peter Galison, Henry Louis Gates Jr. e Lawrence Bobo. A primeira vez que tive um sentimento de pertencimento em Harvard foi no curso "Capitalismo e Crise", de Steve. Guardo com carinho nossas discussões depois da aula no Border Café!

Maxine Bartow editou meticulosamente todo o manuscrito e trouxe ordem ao caos. Ryan McGinnis ajudou com as citações e revisão, e Janique Vigier ajudou com a publicidade. Chris Kraus também me deu um *feedback* geral. Obrigada, equipe editorial!

Hedi El Kholti diagramou o livro e faz quase tudo na Semiotext(e) – você merece ser agradecido milhões de vezes! Também agradeço muito a todas as excelentes pessoas da Semiotext(e). Vocês me deram permissão para escrever um livro não convencional e explorar os temas das prisões, da polícia e do capitalismo racial em uma série de registros diferentes – a partir da economia política, do direito, do discurso, da tecnologia, da poesia, da crítica cultural, da teoria política e da autobiografia.

Minha psicanalista, Margaret Cramer, me ajudou a construir a estrutura psíquica necessária para dar à luz este livro. Sem você, provavelmente eu ainda estaria perdendo a batalha para meus demônios.

Obrigada, minha querida mãe e meu querido pai, por me trazerem a este mundo e por comprarem duas cópias deste livro para aumentar minhas vendas, mesmo sabendo que vocês poderiam tê-las de graça! Obrigada, Danny, meu amado irmãozinho, por deixar sua alma sincera e linda irradiar – você sempre traz boas vibrações. Obrigado, Randy, por estar ao meu lado quando éramos mais jovens. Eu rezo para que você volte para casa um dia.

Por último, mas não menos importante, Alex Moll, meu amor, meu apoio, que me emprestou seus ouvidos por muitas e muitas horas durante os estágios finais deste livro. *Muchas gracias, mi pololo!*

Agradeço infinitamente ao Universo – bendita seja esta chance de viver. De aprender e criar.

Até a próxima…

— Jackie Wang

QUEM FEZ ESTE LIVRO

Bruno Xavier

Graduado em Geografia pela Universidade de São Paulo (USP) e em Ciências Econômicas pela Pontifícia Universidade Católica (PUC-SP). É mestre em Geografia Humana pela USP e pela Center University of New York, onde travou contato, a partir da participação no seminário *The Center for Place, Culture and Politics*, com as discussões que entrelaçam as crises econômicas à problemática do cárcere na história estadunidense – naquele momento realizadas presencialmente entre Ruth Gilmore e David Harvey.

Gabriel Kerhart

É poeta, integrante do grupo Riverão. Vende livros, faz oficinas e trabalha como designer. Participou das exposições GIL70 e TOM ZÉ 80. Publicou nas revistas: Artéria, Errática, Circuladô.

Guilherme Estevão

É geógrafo, mestre em Geografia Humana pela Universidade de São Paulo e professor de educação básica. Pesquisador da área de geografia urbana e relações raciais, compõe o NEPEN – Núcleo de Estudantes e Pesquisadoras Negras do Departamento de Geografia da USP.

Helena Barbosa

Graduada em Letras-Tradução pela Universidade de Brasília (UnB) e em Direito pelo Centro Universitário de Brasília (UniCEUB). Mestra em Estudos da Tradução pela Universidade de São Paulo, onde integra o Grupo de Estudos, Pesquisas e Ação em Feminismos, Gênero e Tradução. É tradutora, advogada indigenista, intérprete forense em formação e batuqueira nas horas vagas.

Jackie Wang

Jackie Wang é uma estudante do estado onírico, pesquisadora em estudos negros, abolicionista penal, poeta, performer e rata de biblioteca. Tem mestrado e doutorado na Universidade de Harvard em Estudos Africanos e Afro-Americanos e é Professora Assistente em Estudos Americanos e Étnicos na Universidade do Sul da Califórnia. É autora de vários zines punk, incluindo *On Being Hard Femme*, bem como das coleções de poemas reunidas em *Tiny Spelunker of the Oneiro-Womb* (Capricious) e no premiado *The Sunflower Cast a Spell To Save Us From The Void.*

Maria Teresa Mhereb

É tradutora graduada em Ciências Sociais pela Universidade Estadual Paulista (Unesp) e em Letras pela Universidade de São Paulo, onde também é doutoranda em Estudos da Tradução e cocoordenadora do Grupo de Estudos, Pesquisas e Ação em Feminismos, Gênero e Tradução. Já editou, preparou e traduziu diversos livros. Entre as autoras que traduziu estão Eleanor Marx, Silvia Federici, Sylvia Pankhurst e Louise Michel.

Revista Comando

É um coletivo gráfico formado pelos artistas Guilherme Boso e Frederico Heer. Seus trabalhos são construídos a quatro mãos em xilogravura e serigrafia para construção de murais, álbuns, séries de cartazes, ilustrações, revistas e livros de artista.

Dados Internacionais de Catalogação na Publicação (CIP)
(Câmara Brasileira do Livro, SP, Brasil)

Wang, Jackie
Capitalismo carcerário / Jackie Wang ; tradução Bruno Xavier Martins. -- 1. ed. -- São Paulo : Igrá Kniga, 2022. -- (Raça & capitalismo ; 1)

Título original: Carceral Capitalism
ISBN 978-65-997941-0-0

1. Custos (Lei) - Estados Unidos 2. Multas (penalidades) - Estados Unidos 3. Taxas administrativas - Estados Unidos I. Martins, Bruno Xavier. II. Título III. Série.

22-112679 CDD-330.15

Índices para catálogo sistemático:

1. Capitalismo americano : Economia 330.15

Aline Graziele Benitez - Bibliotecária - CRB-1/3129

Fazem parte da Coleção Raça & Capitalismo:

Jackie Wang
Capitalismo Carcerário

Ruth W. Gilmore,
Califórnia Gulag: prisões, crise do capitalismo e abolicionismo penal.

Este livro foi composto em Adobe
Garamond Pro, Helvetica Neue e
impresso em papel Pólen Natural 70 grs.

1ª edição: junho de 2022.
Tiragem de 1.000 exemplares.
2ª tiragem: janeiro de 2024 - 1.000 exemplares
3ª tiragem: junho de 2025 - 1.000 exemplares
São Paulo, Brasil.